国家自然科学基金重点项目：政府资产负债测度核算的
理论方法与政策研究（项目编号：71333014）

政府资产负债表：国际标准与实践

主编◎王　毅　郭永强

中国金融出版社

责任编辑：张　铁
责任校对：张志文
责任印制：丁淮宾

图书在版编目（CIP）数据

政府资产负债表：国际标准与实践（Zhengfu Zichan Fuzhaibiao：Guoji Biaozhun yu Shijian）/王毅，郭永强主编 .—北京：中国金融出版社，2015.11

ISBN 978 -7 -5049 -8227 -8

Ⅰ.①政… Ⅱ.①王…②郭… Ⅲ.①国家行政机关—资金平衡表—编制—研究—中国 Ⅳ.①F231.1

中国版本图书馆 CIP 数据核字（2015）第 278599 号

出版发行 中国金融出版社
社址 北京市丰台区益泽路 2 号
市场开发部 （010)63266347，63805472，63439533（传真）
网上书店 http：//www.chinafph.com
（010)63286832，63365686（传真）
读者服务部 （010)66070833，62568380
邮编 100071
经销 新华书店
印刷 北京松源印刷有限公司
尺寸 169 毫米×239 毫米
印张 21.25
字数 370 千
版次 2015 年 11 月第 1 版
印次 2015 年 11 月第 1 次印刷
定价 65.00 元
ISBN 978 -7 -5049 -8227 -8/F.7787
如出现印装错误本社负责调换 联系电话（010)63263947

前　言

2013 年我们课题组申报的“政府资产负债测度核算的理论方法与政策研究”获国家自然科学基金重点项目资助。之后我们便着手进行两方面研究：一方面研究编制政府资产负债表的国际标准及有关国家的实践，另一方面研究我国政府资产负债表的编制。现在编写的《政府资产负债表：国际标准与实践》就是我们研究第一方面内容的成果。

最初我们确定研究的国家有英国、美国、加拿大、澳大利亚、日本和新西兰，后来又增加了南非和泰国。课题启动初始我们确定研究的内容为：政府资产负债核算的有关法规依据、制度规定及操作实践等。研究中发现，各国政府资产负债核算很少有专门的法律或规章制度，大都散见于各种法律规章制度之中，有的具体操作实践也并未对外公布。鉴于此，我们研究内容集中在以下五个方面：一是有关国家政府资产负债表编制的基本情况，包括编制的发展完善过程、主要依据及现阶段政府资产负债表的主要内容；二是有关国家政府资产负债表的核算主体范围及层次，即政府机构的范围及层次；三是有关国家政府资产负债表的核算客体范围与分类，即资产负债的范围与分类；四是有关国家资产负债表的编制；五是有关国家资产负债表的初步分析。这些内容是研究编制我国政府或国家资产负债表需要了解和掌握的。本书没有对有关国家政府资产负债表的编制进行比较。

本书由王毅、郭永强主持编写。本书几易其稿。初稿第一章至第七章分别由郑桂环、高一铭、陈一非、雷进贤、王伟斌、戴国海和胡资斌编写。参与修改并最终定稿的人员是：王毅（第一章），郭永强（第二章、第三章、第四章、第六章），叶翔（第五章、第七章），罗猛（第八章），贾晶磊（第九章）。全书由杜金富总纂并审定。张璇、潘曾云、单漫于协助做了一些资料收集和前期整理工作。国家统计局许宪春和徐雄飞提供了大量的指导意见，在此一并感谢。

由于编者受资料以及水平等各方面的限制，书中可能存在不足，欢迎读者批评指正。

作者

2015 年 8 月

目　　录

第一章　政府资产负债表编制的一般准则

目前国际公认的政府资产负债表编制的准则有：联合国等机构制定的《国民经济核算体系2008》和2001年国际货币基金组织出版的《政府财政收支统计手册》。在政府资产负债表核算方面，这两个国际准则的主要内容有：对政府机构部门范围和层次的界定；对核算的资产负债进行定义和分类；制定核算的方法。这三个方面的准则也构成了政府资产负债核算的基本框架。本章主要介绍政府资产负债核算的框架及一般准则。

第一节　政府部门范围和层次的界定

国民经济核算中的政府部门与我们通常所说的行使行政权、与立法和司法机构并列的政府部门不是一个概念。国民经济核算的政府部门是从对经济体的影响来定义的，政府部门作为国民经济的一个部门，也要从事生产并提供公共产品。根据其提供的公共产品是免费或价格是否具有显著经济意义等，把政府部门划分为狭义政府部门、一般政府部门和公共部门。

一、狭义政府部门

政府部门作为经济部门是政府单位和机构单位的汇总。经济部门是对经济目标、功能和行为相同的机构单位的归并。政府单位的经济目标是为了向社会或住户提供公共产品，即非市场性货物和服务，并对收入和财富进行再分配。政府单位提供公共产品的方式有两种：一种方式是向非营利机构提供资助，由非营利机构组织生产；另一种方式是由政府直接组织生产，这些公共产品被视为政府单位的最终消费。

政府作为机构单位是通过政治程序设立的，在特定区域内对其他机构单位拥有立法权、司法权或行政权的法律实体。其主要功能有，用来源于税收或其他收入的资金承担为社会和住户提供货物和服务的责任；通过转移手段进行收入和财富的再分配；从事非市场生产。政府单位通常具有以下特点：一是政府单位通常有权通过税收或从其他机构单位强制转移获得资金。政府单位必须通过对其他单位征税或接受其他政府单位的转移为自己筹措资金；在追求其政策目标过程中必须有权支出上述资金中的部分或全部。它必须能够自行借入资金。二是政府单位通常会做出以下不同的最终支付：第一类，由政府统一组织实施、资金来源于一般税收或其他收入、向整个社会免费提供公共服务（如公共管理、国防、司法和公共卫生等）所发生的实际或虚拟支出。第二类，向单个住户免费或以没有显著经济意义的价格提供货物服务所发生的支出。这些支出是政府在追求其社会或政治目标过程中有意发生的，资金来源于税收或其他收入，即便个人可能根据其使用情况支付了费用。第三类，为了收入或财富的再分配而向其他机构单位（主要是住户）的转移支付。

在所有的国家，都存在一个规模和权力方面起重要作用的国民政府，并由主预算账户所覆盖。正是由这个单一的中央政府单位来完成全国行政、立法和司法等基础性活动，其收入以及其花费和支出通常由财政部或与其功能相当的部门通过由立法授权的一般预算来规约和控制。组成这一中央政府单位的各部委、部门、机关、理事会、委员会、司法当局、立法实体以及其他实体，大多都不是独立的机构单位，而只是这一主要中央政府机构单位的一部分，因为它们一般无权以其自身的名义拥有资产、发生负债或进行交易。如果存在省级或地方政府，则这些政府也可能拥有一个涵盖核心执法、立法和司法权力的主要政府单位。此外，也可能存在具有独立法律身份和充分自主的政府实体。设立此类实体常常是为了实现某些具体的功能，比如道路建设，或卫生、教育服务的非市场生产。如果这些实体保有全套的账户，以自己的名义拥有货物或资产，依法从事可进行核算的非市场活动，有能力以自身名义发生负债和对外订立契约，则它们可作为单独的政府单位处理。这些单位常被称作预算外单位。

狭义政府有两种划分方法，一是划分为中央政府、省级政府和地方政府，这些政府通常包括其所负责的社会保障基金。二是将社会保障基金单列，划分为四级：中央政府、省级政府、地方政府、社会保障基金。社会保障基金是一种致力于运作一个或多个社会保障计划的特殊政府单位。社会保障基金必须满足作为一个机构单位的一般要求，即必须区别于政府单位的其他活动而另行组织，单独持有其资产和负债，并以自身的名义从事金融交易。社会保障基金也属于政府单位。

二、广义政府

广义政府部门包括所有的狭义政府部门和所有政府控制并主要由政府提供

融资的非市场非营利机构。前面我们已经介绍了政府部门，下面介绍政府控制的非市场非营利机构。

（一）非营利机构的定义

非营利机构是这样一类法律或社会实体，其创建目标虽然也是生产货物和服务，但其法律地位不允许建立并控制它们或为其提供资金的单位用该实体获得收入、利润或其他财务收益。

非营利机构（NPI）的主要特征有：

1. NPI 是按照法律程序成立的法律实体，被承认独立于成立它、向它提供资金、控制或管理它的个人、公司或政府单位而存在。NPI 的宗旨通常会在其成立时明确记载在机构章程的条文或类似文件中。在一些国家，尤其是发展中国家，非营利机构可能是一个非正式实体，其存在虽被社会承认但并不具有任何正式的法律身份；成立此类 NPI 的目的是为个体住户或住户群提供非市场货物或服务。

2. 许多 NPI 的控制者是团体，团体的成员有平等的权利，包括对所有影响 NPI 事务的重大决定的平等投票权。成员对 NPI 的运营承担有限责任。

3. 不存在对 NPI 的利润或权利具有索取权的股东。所有成员都无权分享 NPI 通过生产活动所创造的任何利润或盈余，这些利润要存留在 NPI 中。

4. NPI 的政策决定通常归属于一组管理人员、理事会或类似的团体。它们是全体成员以简单多数原则投票选出来的。这些管理人员就相当于公司董事会中的董事，并负责任命付酬的经理人员。

5. NPI 的称谓来自于如下事实：控制 NPI 的团体的任何成员都不可以从其运营中获得财务利益，也不能将其所挣得的任何盈余划归己有。但这并不意味着 NPI 不能通过其生产获得营业盈余。

在有些国家里，NPI 享有优惠的税收政策，如免征所得税等，但这并非必然如此，也不是认定 NPI 的决定性因素之一。

对于政府单位拥有的生产者单位，区分市场 NPI 和非市场 NPI 是很重要的，因为这关系到把 NPI 归属到哪一个经济部门。NPI 不一定从事非市场生产。

（二）政府控制的非营利机构

控制一个 NPI 被定义为：具有决定其总体政策或规划的能力。所有归入一般政府部门的 NPI 应该在统计记录上保持其 NPI 的身份，以方便对全体 NPI 进行分析的需要。判断一个 NPI 是否被政府所控制，应该考虑以下五个控制标志：

1. 官员的任命

根据 NPI 的章程、协会的规定，或其他可授权文书，政府有权任命管理 NPI 的高级管理人员。

2. 授权文书的其他条款

授权文书可能含有有别于管理人员任命的条款，该条款实际上允许政府决定 NPI 总体政策或规划的重要方面。例如，授权文书可以规定或限制 NPI 的功能、目标或其他一些经营方面的事项，从而使得管理层的任命变得较不重要，甚至无所谓；授权文书也可以赋予政府更换关键人员或否决任命提名的权利；其他可能形成控制的条款还包括：要求在预算和资金安排上预先征得政府的同意；不允许 NPI 未经政府同意而修改章程、宣布解散或终止与政府的关系。

3. 合约安排

政府和 NPI 间合约安排的存在，可能会允许政府决定 NPI 总体政策或规划的关键方面。只要 NPI 对其政策或规划的最终决定权达到一个显著的程度，比如能够违反合约安排并承担后果，除了通行的规则要求外，能够无须征得政府同意即可修订自己的章程或宣布解散，则可认为它未受政府控制。

4. 资金来源状况

一个 NPI 的资金若主要来源于政府，则可能受政府控制。但一般而言，如果 NPI 能够保持其对政策或规划的决定权达到如上条所述的显著程度，则可认为它未受政府控制。

5. 风险暴露

如果政府公开地让自己暴露在与 NPI 活动有关联的所有或大部分的财务风险面前，那么这样的安排会形成控制。当然仍然需要判别是否满足以上两条所涉及的不受控制的条件。

在有些情况下，只需以上一个方面的标志就足以识别控制，而在另一些情况下，需要把多个方面的标志结合起来识别控制的存在。综合各方面指标做出的判断肯定具有主观性。

（三）广义政府部门的分部门

根据广义政府单位是否包括社会保障基金，对广义政府单位分类有两种方法。第一种方法是，所有社会保障基金都可以根据经营它们的政府层次进行分类，并与那一级的其他广义政府单位合并起来。假设所有三级政府都存在，分部门将是中央政府、州政府和地方政府（见图1-1）。第二种方法是，将全部社会保障基金合并一个单独的分部门，将所有其他广义政府单位按其层次进行分类。这两种方法适应不同分析的需要。在一个国家，哪一种方法更适合，取决于社会保障基金的组织及其重要性，取决于社会保障基金的管理在多大程度上是独立于政府单位的。如果社会保障基金的管理与政府的总体经济政策在短期与中期的要求紧密结合，以至于为了总体经济政策而有意调整缴款和福利，那么从概念上来说，就难以在社会保障基金的管理与政府的其他经济职能之间进行任何明确的区分。在一些国家，社会保障基金可能处于发展的初期，这就难以将社会保障基金作为中央政府、州政府或地方政府等同等的单独的分部门。除了根据政府的层次和是否存在社会保障基金而划分的分部门外，还可以根据有关单位是由该级政府的立法预算提供资金还是由预算外来源提供资金来划分其在每一级政府中所处的分部门。从分析的角度来说，由于这些单位有不同的经费来源并且公众对其操作进行不同类别的监督，人们往往希望对这些单位进行单独的分类。

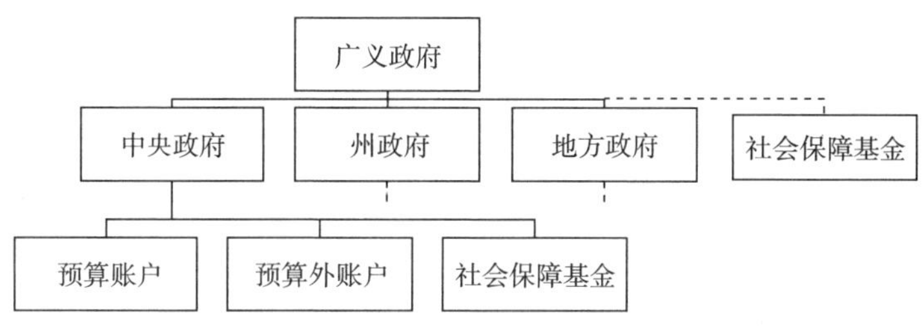

图 1－1　广义政府的分部门

1. 中央政府

一国中央政府的政治权力遍及该国的整个领土。中央政府可以对所有居民机构单位和该国从事经济活动的非居民单位征税。中央政府往往负责为整个社会提供集体服务。如国防、外交、公共秩序、安全以及该国社会和经济制度的运作。此外，它可以为各个住户的利益提供服务，如教育或医疗卫生，还可以向其他单位包括其他层次的政府进行转移支付。

编制中央政府的统计数据特别重要，因为中央政府在货币和经济分析方面发挥特殊的作用。财政政策主要是通过中央政府对经济中的通货膨胀压力和通货紧缩压力产生影响。一般只有在中央政府层次上，决策机构才能制定并实行旨在实现全国经济目标的政策。其他层次的政府既不以全国的经济政策作为其目标，也不具备中央政府具有的获得中央银行信贷的渠道。

2. 州政府

州政府是出于政治与行政管理的目的而设立的仅次于国家的行政单位，一国可分成若干行政区域。这些区域可以用其他术语来描述，例如，州、省、府、共和国、专区和行政区。为了便于表述并与《1993 年国民账户体系》保持一致，以下将这一级政府称为州政府。

州政府立法、司法和行政权力遍及一个州的整个区域（往往包括众多地方），但是不延伸到其他州。在一些国家可能没有州和州政府。在那些具有联邦宪法的国家，州政府可能被赋予相当大的权力和承担相当大的责任。

州政府往往具有财政权力，对常驻其管辖区域的机构单位或在其管辖区域从事经济活动的机构单位征税。一个实体要确定为政府单位，它必须能够以自己的名义拥有资产、筹集资金并产生负债，它还必须至少有权支出或分配它根据自己的政策得到的税收或其他收入的一部分。但是，该实体可以从中央政府得到转移支付，这些转移支付与某些指定的目的挂钩。州政府还应能够独立于外部行政管理控制，任命自己的官员。如果在一个州运作的一个政府实体完全依靠来自中央政府的资金，并且如果中央政府还规定这些经费的支出方式，那么，该实体政府应作为中央政府的一个机构处理。

如果存在州政府，那么其主要部门将构成一个机构单位，其方式类似于中央政府的核心部门。此外，可能有在州政府的权限下运作的机构，它们具有单独的法律身份和足够的自主权，能够构成其他机构单位。还可能有一些机构单位，其权力延伸到两个或两个以上的州，但是它们要对相应的州政府负责。这些单位也应包括在州政府部门中。

3. 地方政府

地方政府单位的立法、司法和行政权力限于最小的地理区域。地方政府的权力范围一般远远小于中央政府或州政府的权力范围，这些政府可能有权力，也可能没有权力对其管辖区域内的机构单位或在其管辖区域内从事经济活动的机构单位征税。它们往往严重依靠上级政府的赠与，它们还可能在一定程度上作为中央政府或州政府的代理机构。但是，要作为机构单位来处理，它们必须有权以自己的名义拥有资产、筹集资产和通过借款产生负债；它们还必须对如何支出这些资产具有一定的自主权，它们应能独立于外部行政管理控制，任免自己的官员。

地方政府往往向当地居民提供广泛的服务，其中一些服务可能由来自更高层次的政府的转移支付提供资金。地方政府的统计数据涵盖广泛的政府单位，例如县、自治区、市、镇、乡、市行政区、学区和水区或卫生区。通常负有不同责任的政府单位可能具有对同一地理区域的权力。例如，代表一个镇、县和学区的不同的政府单位可能具有对同一区域的权力。此外，两个或两个以上相邻的地方政府可以组织一个具有地区权力的政府单位，该单位对这些地方政府负责。这些单位也应包括在地方政府子部门中。

地方政府一些最典型的职能包括：（1）教育设施，相对于由地方政府承担的主要成本来说，用户对这些设施支付的费用很少；（2）医院和社会福利设施，如幼儿园、托儿所和福利院；（3）公共卫生及有关实体，如水净化处理系统和工厂、废物收集和处理机构、公墓和火葬场；（4）文化、娱乐和体育设施，如电影院、音乐厅、博物馆、艺术画廊、图书馆、公园和露天场所。

如果一个政府单位既为州政府服务，也为一个或一个以上的地方政府服务，那么该政府单位纳入在其运作和经费方面占主导地位的那级政府中。在一些国家，在中央政府与地方层次上的最小政府机构单位之间，存在不止一级政府。在这些情况下，这些中间层次的政府和与它们关系最为密切的那级政府（州政府或地方政府）划为一组。

三、公共部门

公共部门包括广义政府部门和政府控制的公司。广义政府部门我们在前面已经作了介绍。政府控制的公司又称为公共公司，主要从事商业活动。

（一）公司与准公司

1. 公司

公司是一个法律实体，其目的是向市场提供货物或服务，并以此作为公司所有者获得利润或其他财务收益来源；它由股东集体所有，股东有权任命负责常规管理的管理者。公司主要特征有：

（1）公司是依法设立的实体，法律上假定的存在是永久的，而且规定公司的存在独立于其所有者，即股东。

（2）公司对自己的行为负全部法律责任，所有者通常承担有限责任。

（3）公司从事市场活动，创造营业盈余，这些盈余可以分配给其所有者，也可以保留在公司内部作为营运资本或用于其他目的。

依法成立的法人公司可以有多种名称：公司、法人企业、公营有限公司、公营公司、私营公司、股份公司、有限责任公司、有限责任合伙企业等。

根据从事的经济活动及功能的差异，公司可以划分为两种类型：即金融性公司和非金融性公司。金融性公司是指从事金融中介以及与金融中介密切相关的辅助金融活动的公司，其主要功能是在资金需求与供给之间充当中介。非金融性公司是指主要面向市场生产货物与非金融服务的公司。

一个公司经常拥有其他公司的股份，对其他公司实行部分或完全的控制，常见的公司间的关系有：

（1）子公司与母公司。如果公司 A 拥有公司 B 半数以上的表决权或可以任命公司 B 半数以上的董事，则称公司 A 控制公司 B，公司 B 称为公司 A 的子公司，公司 A 称为公司 B 的母公司。

（2）联合公司与持续公司。如果一组公司之间存在多重控制链，则称这一组公司构成一个联合公司。

（3）附属公司。如果一个子公司完全由母公司所拥有，其生产活动在本质上是附属性的，则该公司称为附属公司。

2. 准公司

所谓准公司是指功能类似于公司的非法人企业。一个非法人企业要被视为准公司，必须具备如下几个条件：（1）它必须能够编制包括资产负债表在内的一整套账户；（2）其资产和负债必须能与其所有者的资产和负债区别开来；（3）它与其所有者之间的资本和收入流量可以被识别出来。一旦被确定为准公司，它被视为一个独立的机构单位，而不是依附于其法定所有者。

准公司包括如下几种情形：（1）由政府拥有的、从事市场生产的、像私营公司一样运营的非法人政府企业；（2）由住户拥有的、从事市场生产的、像私营公司一样营运的非法人单位；（3）由非常住单位完全或部分拥有的、在较长的时期内在一国从事大规模经济活动的常住非法人企业，包括合资企业、分支机构、办事处、代理机构和附属企业。

（二）政府控制的公司

如果一家公司由一个政府单位或另一家公营公司或某种政府单位和公营公司的组合形式所控制，则称其为公营公司。此处的控制是指具有决定公司总体政策的能力。此处的“公司总体政策”应作广义的理解，指与作为市场生产者的公司的战略目标相关联的财务和运营方面的关键政策。

因为政府是通过颁行法律、实施法规、发布命令等方式来行使权力的，这就需要仔细地判定，是否由于此种权力的行使而导致了某家公司总体政策的确定并因此控制了该公司。应用于全社会所有单位或某一行业所有单位的法律法规不应视为对这些单位的控制。

具有决定公司总体政策的能力，并不必然意味着直接控制公司的日常活动或运营，在正常情况下，是由公司的官员来管理这些事务的，而且管理方式是与公司总体目标相一致并且支持总体目标的。决定公司总体政策的能力也并不必然意味着直接控制公司在专业、技术或科研等方面的一切决定，即使这些方面一般被看作是公司的核心竞争力。例如，一家从事飞机适航性认证的公司，虽然公司整体政策中具有由政府单位确定其总的运营、财务政策（包括适航标准等）的内容，但公司按照政府的各项审批意见，执行专业或技术方面的规定，不应该被认为是受到控制。

由于控制公司的安排多种多样、差异很大，无法（也没有必要）明确给出一张罗列各种需要考虑的要素的清单。但是，以下还是列出了八个标志，它们通常是最重要，也是最可能想到的要素。

1. 控制大多数有投票意愿者

在一股一票制的基础上，拥有多数股票通常就可形成控制。股票分直接持有或间接持有，应该加总所有其他公共实体拥有的股票。如果不是一股一票制的决定机制，应该基于其他公共实体拥有的股票是否达到多数进行判断。

2. 控制董事会或其他主管团体

根据现行的法律、规章、契约或其他协议可以预料，拥有任免董事会或其他主管团体多数成员的能力将构成控制。如果能影响理事成员的选择，甚至拥有对任命提议的否决权也是一种控制形式。如果是另一个团体负责任命董事，那么就有必要检查其构成成分以判定公共影响力的大小。如果政府负责任命首期董事，但不控制对董事的更换，那么该单位在最初任命到期之前，属于公共部门的一部分。

3. 控制关键人员的任免

如果对董事会或其他主管团体的控制较弱，那么对关键管理人员的任命就是决定性的，关键管理人员包括：首席执行官、主席、财务主管等。不直接参与公司日常经营事务的董事若处在关键的位置上，如决定高级职员收入的薪酬委员会，也会与控制力相关。

4. 控制实体中关键的委员会

董事会或其他主管团体下设的委员会将能决定实体的关键经营和财务政策，若公共部门的成员在这些委员会中占多数，就能形成控制。此类委员会的会员资格系依据公司的章程或其他可用工具而获得的。

5. 黄金股和期权

政府可能拥有公司，尤其是私营化公司的黄金股，在某些情况下，黄金股给予政府一些保留权力以保护公共利益，例如，阻止公司变卖某些种类的资产，任命在某些情形下具有很大权力的特设董事。黄金股本身并非控制权的标志，但如果黄金股的权力确实赋予政府在特定情形下决定一实体之总体政策的能力，而且这些特定情形是现实存在的，该实体就应从黄金股权力可以实施之日起归入公共部门。政府单位或公营公司在某些情形下会拥有购买公司股票的期权，这在概念上与上述黄金股的安排有相似之处。就期权问题有必要考虑：如果行使期权的条件得到满足，期权所允许购买的股票数量和购买的后果是否意味着政府通过行使期权就具有了“决定实体的公司总体政策的能力”。一般而言，一个实体的状态应根据政府在正常条件下决定公司政策的实际能力而定，而非战争、动乱或自然灾害等例外经济或其他形式。

6. 管制和控制

管制适用于一个类别或行业中的所有实体，而控制则是针对个体公司的，两者间的界限有时难以辨清。政府通过管制介入经济的例子很多，尤其是在垄断和公用事业私有化等领域。在一些重要领域可能存在管制性介入，例如在实体并未转让其公司总体政策控制权的情况下设定价格。实体能选择进入或者留在高度管制的环境中运营，意味着该实体并未受到控制。只有当管制收紧到能有效支配实体开展业务的方式的程度，才可认为管制是一种形式的控制。如果一个实体在诸如是否向公共部门实体发生融资、与之进行商业交往或其他交易等问题上保留了单方面的决定权，那么该实体就具有最终决定公司政策的能力，就是一个不受公共部门实体控制的实体。

7. 以大客户身份实施控制

如果一个公司的全部销售只以一个或一组公共部门单位为客户，客户显然就具有了支配性的影响。若有少量私营部门客户存在，则通常意味着公司还能独立地做出一些决定，因此就不应把它看作受控制的实体。一般而言，若能明确证实某一公司因为公共部门的影响而不能选择与非公共部门客户交易，则意味着该公司已受到公共部门的隐性控制。

8. 通过政府借款实施控制

贷款方经常把能施加控制作为贷款的条件。如果政府通过贷款，或提供比通常情况（如一个健康的私营部门实体向银行借款时）更多的担保来实施控制，则控制是显性的。类似地，只要政府准备提供贷款，就可能有隐形的控制。

上述某一个标志就足以确定控制的存在，但对其他一些情况来说，则需要一组标志共同确定控制的存在。综合各方面标志做出的判断从本质上讲肯定是具有主观性的，但在类似情况下做出的判断必须是明显类似的。

（三）公共部门的划分

为了满足分析的需要，可以对公共部门进一步划分。通常有两种划分方法。

第一，可以将公共部门划分为广义政府部门，以及由所有公共公司构成的另一个子部门。公共公司子部门又可以进一步划分为非金融性公共公司与中央银行以外的公共金融性公司和中央银行。

第二，可以根据与广义政府部门相同的方式将公共部门按政府层级进行划分。这样划分的子部门有：中央政府公共部门、省级政府公共部门和地方政府公共部门。每一个子部门又包含相应层级的广义政府部门以及该层级政府单位控制的所有公共企业。如果一个单位由两个不同层级的政府单位控制，则必须根据诸如控制单位所施加的控制程度等因素，将该单位分配到某一层级的政府。

第二节　资产负债核算的范围与分类

上一节我们介绍了政府资产负债核算的主体——政府部门，这一节我们介绍政府资产负债核算的客体——资产负债。

一、资产和负债的定义

首先，我们定义资产的界限，其次，描述资产的两个类型：金融资产与非金融资产，并定义与金融资产相对应的负债。

（一）资产界限

政府财政统计中记录的所有资产都是经济资产，这些资产是具有以下特点的实体：机构单位对这些资产行使单个或集体所有权；这些资产的所有者通过在一定时期内持有或使用这些资产获得经济利益；这些资产是能以货币计量的。

1. 资产必须是持有者或所有者能够实际拥有或控制的实体

这是对持有者而言的，不能为持有者拥有或控制的实体不构成其资产。当政府对某实体建立并行使所有权时，该实体就成为经济资产，不论谁得到利益。例如，政府可能拥有国家公园的土地，其目的是让土地的利益能够直接赋予整个社会。

一些实体也可能是经济资产，但它们的所有权尚未被建立或行使。例如，不可能建立对大气和某些其他自然资产的所有权。在其他一些情况下，可建立所有权，但不太可能行使所有权。例如，政府拥有某块土地，但这块土地太遥远或难以达到，因此，政府不能有效地行使，或不想行使对这块土地的所有权。

在这种情况下，就需要根据政府实施控制的程度来判断这块土地是否应被划作经济资产。

在有些情况下，政府可能通过行使主权或赋予它们的其他权力来创造经济资产。例如，政府可能有权行使对某些本不具有所有权的自然资产的所有权，如指定为专有经济区的国际水域的自然资源。只有当政府运用其权力建立和行使对这些资产的所有权时，它们才成为经济资产。

政府拥有和使用的有些资产与公司很相像，例如办公楼、政府雇员的服务、办公设备及一起被用来提供集体或个人服务（如一般行政服务）的其他商品和服务。但政府还经常拥有某些资产，这些资产的服务直接被广大公众消费；或者鉴于历史和文化的重要性，需要维护这些资产。因此，将资产界线运用于广义政府部门时，经常包括比一般由私人组织拥有的资产更广泛的资产。也就是说，政府单位通常拥有：（1）一般用途资产，其他单位可能以类似的方式拥有和使用这些资产，如学校、铺路设备、救火车、办公楼、家具和计算机；（2）基础设施资产，它们是不可移动的非金融资产，一般不具有其他用途，为整个社会带来好处，例如街道、高速公路、照明系统、桥梁、通讯系统。

2. 资产能为持有者或所有者获得经济利益

由于政府的角色不同于企业和个人，政府持有或所有的资产，其经济利益可能为公众所获得。这些资产提供的利益除通过其作为价值储存手段外，一些利益由商品和服务生产过程中使用的资产（如建筑物或机器）而获得；一些利益则是资本利得，如金融资产、土地及某些其他资产的所有者获得的利息、股息和租金。

某一实体若要成为经济资产，必须能够提供经济利益，这种经济利益是在某一给定时点上已存在的，或在可预见的将来预期到的技术、科学知识、经济基础设施、可用的资源及相对价格的条件下可以取得的。因此，对于已发现的矿藏，只有当它已经进行商业开采或预期在可预见的将来变得可商业开采时，才是经济资产。

3. 资产是能以货币计量的

也就是说，资产应该有价格。资产在任一给定时点的价值是其当期市场价值。当期市场价值的定义是，在定值日获得资产所必须支付的货币数额。考虑到资产的年限、状况及其他相关因素，这一货币数额取决于资产的所有者能从持有或使用该资产中获得多少经济利益。从一些资产中可预期获得的剩余利益随时间的推移而减少，这会降低资产的价值。由于价格的变化，剩余利益的价值可能增加或减少。

（二）金融资产或负债

金融资产包括金融债权、货币黄金及国际货币基金组织分配的特别提款权。金融债权是资金所有者通过合同赋予债务者使用资金并到期归还的一种债权和债务关系。金融债权是资产，因为它通过融出资金为债权人提供利益。债权人可能以利息或其他财产收入的支付或持有收益的形式获得额外的利益。典型的金融债权包括现金、存款、贷款、债券、衍生工具及应收账款。

作为金融债权基础的多数合同（也称为工具或金融工具）是在债权单位向债务单位提供资金，债务单位同意在将来偿还资金时产生的。许多情况下，金融债权通过表明债务人和债权人之间关系的正式文件予以确定。因此，这些正式文件就是金融工具。然而，在有些情况下，金融债权通过债权人隐含地向债务人提供资金而产生。例如，若某一单位在支付义务到来时（如销售之后立即转移销售税）不进行支付，政府单位就可能获得对这一单位的债权。在其他一些情况下，政府财政统计体系创造某项债权，以便显示某一交易的经济实质。例如，在金融租赁下获得资产时，创造一项名义贷款。无论金融债权是如何产生的，当债务人支付了合同中确定的数额时，这一金融债权就消失了。当一项金融资产产生时，作为该金融资产对方的债务人同时产生了相同价值的负债。负债是向持有相应金融资产单位提供经济利益的义务。

公司及类似法律组织形式发行股票和其他权益视为金融债权，尽管其持有者不具有对公司的固定或事先确定的货币求偿权。然而，股票和其他权益赋予其所有者以任何股息或其他有所有权分配的形式获得利益的权利，并且所有者在持有这些资产时通常预期获得持有收益。一旦发行单位破产清算，股票和其他权益就成为剩余价值的求偿权。

由于将股票和其他权益视为金融债权，它们也必须被视为发行单位的负债。如果公共公司正式发行股票或另一形式的权益，那么股票就是该单位的负债，也是拥有该股票的政府或其他单位的资产。如果公共公司未发行任何类型的权益，那么就要估算隐含存在的股份。广义政府单位不被其他单位所有。因此，从不估算它们的股票或其他权益。

或有资产或负债不被看作资产和负债，因为它们是不确定项目。另外，坏账准备金和一般准备金也不作为资产或负债处理，可以列为净值。

货币黄金和特别提款权不是金融债权，这意味着它们不是任何单位的负债。然而，它们通过作为储存手段而提供经济利益，它们还作为支付手段结清债权并为其他类型的交易提供融资。因此，它们在传统上被视为资产。

（三）非金融资产

非金融资产是除金融资产以外的所有经济资产。非金融资产不代表对其他单位的债权。像金融资产一样，非金融资产也是价值储存手段。多数非金融资产通过商品和服务生产过程中对其的使用或以财产收入的形式提供利益。

非金融资产可能作为生产过程的产出而产生、自然产生或作为社会构成物。生产资产划分为固定资产、库存或贵重物品。固定资产是在生产过程中重复或连续使用一年以上的生产资产；库存是生产者为出售、在生产中使用或在将来某个时候使用而持有的商品和服务；贵重物品是具有相当高价值的生产商品，主要作为长期的价值储存手段而持有，一般不用于生产或消费。自然资产及社会构成物都称为非生产资产。自然资产包括土地、地下矿藏、在开放领海内的鱼等。社会构成物包括专利和租赁。

二、非金融资产及其分类

非金融资产包括固定资产、库存、贵重物品和非生产资产。表 1 –1 列出了非金融资产的完整分类。

表 1 –1　　非金融资产分类

非金融资产	战略性储存
固定资产	其他库存
建筑物和构建物	原料和供给品
住宅	在制品
非住宅建筑	制成品
其他构建物	用于转售的商品
机器和设备	贵重物品
交通设备	非生产资产
其他机器设备	土地
其他固定资产	地下资产
培育资产	其他自然资产
无形固定资产	无形非生产资产
库存	

（一）固定资产

固定资产是在生产过程中重复或连续使用一年以上的生产资产。固定资产的显著特征并不是从某种物理意义上讲是耐用的，而是能够在较长时间内在生产中重复或连续使用。一些商品，如作为燃料使用的煤，它们在物理上可以长期存储，但不是固定资产，因为它们只能使用一次。

一些固定资产（主要是建筑物和构建物）的生产可能跨越两个或两个以上的会计期间。如果是通过销售合同所要求的分阶段付款而获得未完工构建物，那么，对于任何已分阶段支付的款项，在购买者的资产负债表上列为固定资产，而不是金融资产。类似地，自己建造的固定资产视为固定资产，而不是在制品库存。

通过金融租赁获得的固定资产（主要是机器和设备）视为使用者或承租者而非法定所有者或出租者购买和拥有。对这种固定资产的获得视为由一项金融债权（划作贷款）提供融资。例如，如果一家银行购买铁路车厢，然后将其租赁给国家铁路系统，那么该铁路车厢记录为铁路系统的资产，并记录一项贷款，作为铁路系统的负债及银行的资产。

武器（如导弹、火箭和炸弹）不作为固定资产，因为它们只能使用一次，而不是在生产中重复或连续使用。扩展而言，发送这些武器的车辆、其他设备和构建物（如战舰、潜艇、军用飞机、坦克、导弹运载器和导弹仓库）也不作为固定资产。另外，军队拥有一些构建物和设备，它们的使用方式与民用生产者使用的类似项目基本相同，如军用机场、码头、学院、医院和办公机器，它们视为固定资产。参与公安或警察活动的非军事组织使用的所有轻武器和装甲车辆划作固定资产，尽管这些物品被武装部队拥有时不是资产。

固定资产进一步划分为建筑物和构建物、机器和设备及其他固定资产。

1. 建筑物和构建物

建筑物和构建物包括住宅、非住宅建筑和其他构建物。建筑物和构建物的价值包括现场清理和准备的费用以及与有关构建物成一整体的固定装置、设施和设备的价值。

一些构建物是对土地的重大改良，如为防洪、排水或垦荒而建造的堤坝、沟渠和海堤。建造这些资产是为了获得更多或更好的土地，不是为了直接用于生产商品和服务的。它们的价值包括在土地价值之内。

同时，作为历史古迹的建筑物和构建物包括在相应类别的建筑物和构建物之内。历史古迹是在建筑、历史或文化上具有特殊意义的构建物或遗址。它们通常向公众开放，参观者进入古迹或其周围地区通常要交费。广义政府单位通常用历史古迹生产文化或娱乐类型的服务。然而，只有当历史古迹的重要性除所有者之外被人们所承认时（通常是通过出售或正式鉴定），才能直接对它们进行定值。应以最新的出售价格为历史古迹定值。如果没有销售价格，可采用其他定值方法，如保险鉴定价值等。

（1）住宅。住宅是完全或主要用于居住的建筑物，包括车库和相关构建物。作为主要住所的水上房屋、驳船、住房拖车和大篷车也包括在内。为军人获得的住宅也包括在内，因为它们的使用方式与平民所获得的住宅相同。由于存在正常的住宅交易，房地产市场上观察到的价格可以补充或替代以减记重置成本进行的定值。

（2）非住宅建筑。非住宅建筑是除住宅外的所有建筑物。包括办公楼、学校、医院、公共娱乐建筑、仓库和工业建筑、商业建筑、旅馆和饭店。对于为军事目的而获得的建筑物和构建物，只要它们与为生产目的而获得的民用建筑类似，并可以相同的方式使用，也包括在这一类别内。

（3）其他构建物。这一类别包括除建筑物外的所有构建物。主要有：①高速公路、街道、道路、桥梁、高架桥、隧道、铁路、地铁和机场跑道；②排水道、航道、港口、水坝及其他水利设施；③与地下资产开采有关的矿井隧道和其他构建物；④通讯线路、电路和管道；⑤户外体育和娱乐设施。对于为军事目的而获得的构建物，只要它们与民用构建物类似，并可以同样的方式使用，也包括在内。

2. 机器和设备

机器和设备包括交通设备及其他机器和设备。构成建筑物或其他构建物整体组成部分的机器和设备包括在建筑物或构建物的价值之内，而不列入机器和设备。便宜的、并以相对稳定的数量购买的工具（如手工工具）不作为固定资产，除非它们构成机器和设备存量的很大一部分。

（1）交通设备。交通设备由运送人员和物体的设备构成，包括机动车辆、拖车和半拖车、船舶、铁路机车和车辆、飞机、摩托车及自行车。现有汽车、飞机及一些其他类型的交通设备的市场在给出有关资产的价格方面可能具有足够的代表性，可作为交通设备定价的参照物。

（2）其他机器和设备。它们包括除交通设备外的所有机器和设备。主要有：一般和特殊用途机器，办公、会计和计算机设备，电子机器，收音机、电视和通讯设备，医疗器械，精密和光学仪器，家具，手表和钟，乐器，以及体育用品。

3. 其他固定资产

其他固定资产包括培育资产和无形固定资产。

（1）培育资产。培育资产包括重复或连续使用一年以上、以生产其他商品或服务的动物和植物。动物种类有：饲养牲畜（包括鱼和家禽），奶牛，羊或其他用于毛生产的动物，以及用于运输、赛跑或娱乐的动物。植物包括树、藤、果树、坚果、树液、树皮及树叶产品。使用一次的动物和植物，如为宰杀而饲养的牛以及为取材而种植的树，划作库存而非固定资产。

只有在广义政府单位的直接控制和管理下进行培育的动物和植物才是培育资产或库存。所有其他动物和植物要么划作非生产资产，要么不属于经济资产。

这一类别的动物通常可以根据某一给定年龄的类似动物的当期市场价值来进行定值。植物不太可能具有这种信息，它们更有可能以减记重置成本来定值。

（2）无形固定资产。无形固定资产包括矿物开采，计算机软件，娱乐、文化和艺术原作以及其他杂项无形固定资产。若要将每一项资产划作固定资产，必须有意在生产中使用该资产一年以上，而且其使用必须限于对该资产建立了所有权的单位或所有者授权的单位。对研究和发展、工作人员培训、市场调查及类似活动的开支不作为无形固定资产，即使它们中的一些可能带来将来的好处。因此，它们视为开支。

矿物开采是为了发现新的可进行商业开采的石油、天然气及其他地下资产的储藏而进行的开采。从开采中获得的信息将在几年内影响信息获得者的生产活动。开采所发现的资产的价值以开采花费的资源的价值进行衡量，因为不可能对所得信息进行定值。除实际的实验钻井和挖洞的成本外，矿物开采包括核发执照前期工作、核发执照、获得及评估成本；航空测量及其他调查；以及为进行开采所产生的交通和其他成本。过去进行的、价值尚未完全注销的开采应以当期的价格和成本重新定值。

计算机软件包括预期使用一年以上的系统软件和应用软件的计算机程序、程序说明及支持文档。软件包括从其他单位购买和自己开发的。对预期在生产中使用一年以上的计算机数据库的购买、开发或扩展的大额开支也包括在内。

如果从其他单位购买计算机软件，其价值应以支付的数额为基础；如果是以自己生产的计算机软件，其价值是以生产成本为基础。过去年份生产的、尚未完全注销的软件应以当期价格或成本重新定值。

娱乐、文化和艺术原作是指记录戏剧表演、音乐演出、体育赛事及文化和艺术产出的原始影片、录音、手稿、磁带和模型。当它们实际被交易时，应以当期市场价格进行定值。否则，应以获得价格或生产成本为基础进行定值，并以当期价格适当重新定值及减记价值；或以预期未来收入的净现值为基础进行定值。

其他杂项无形固定资产包括未另分类的新信息和专业知识，其使用限于对该信息建立了所有权的单位或所有者授权的其他单位。应以当期减记的生产成本或预期未来收入的现值对这些资产进行定值。

（二）库存

库存是生产者为今后销售、在生产中使用或其他用途而持有的商品和服务。库存划分为战略性储备及其他库存。库存应以资产负债表日期的当期市场价格进行定值，而不是其获得价格。原则上，多数类型的库存都有当期市场价格。但在实际中库存的价值经常是通过价格指数调整库存的账面或获得价值来估计的。

1. 战略性储存

战略性储存包括出于战略性目的及为应付突发事件而持有的商品、市场监管组织持有的商品以及对本国具有特殊重要意义的初级产品（如谷物和石油）。对于一些政府，这种储存可能数量很大，是政府政策的重要组成部分。

2. 其他库存

其他库存包括原料和供应品、在制品、制成品及用于转售的商品。

（1）原料和供应品。原料和供应品包括欲作为生产过程的投入品而持有的所有商品。广义政府单位可能持有各种商品作为原料和供应品，包括办公用品、燃料和粮食。每一广义政府单位都可能持有一些原料和供应品，至少包括办公用品。原料和供应品通常可根据同样商品的当期市场价格进行定值。

（2）在制品。在制品是这样的商品，即它们已被生产者部分加工、组合或装配，但若无进一步加工通常不会出售、装运或移交其他单位，同一生产者将在下一期间内继续该商品的生产。主要生产非市场服务的广义政府单位可能没有或几乎没有在制品，因为多数这种服务的生产是在较短时间内或连续完成的。

在制品库存以到资产负债表日期为止产生的生产成本的当期价格来定值。正在生长的木材及其他培育作物的价值，可以通过以当期价格出售最终产品的未来收入及使产品生长成熟的成本贴现值来估计。

（3）制成品。制成品包括作为生产过程的产出、仍由生产者持有、在供应给其他单位之前不打算再进一步加工的商品。只有当广义政府单位生产用于出售或向其他单位转移的商品时，才会持有制成品。制成品库存以当期出售价值进行定值。

（4）用于转售的商品。用于转售的商品是出于再出售或向其他单位转移的目的而获得、不再进一步加工的商品。用于转售的商品可能由其所有者进行运输、储存、定级、分类、清洗或包装，以便以对顾客更有吸引力的方式进行转售，但它们没有其他形式的改变。任何广义政府单位，如果以具有经济意义的价格出售商品（如博物馆纪念品），就可能拥有用于转售的商品库存，这一类别还包括广义政府单位购买的用于向其他单位免费或以不具有经济意义的价格提供的商品。用于转售的商品库存以其当期重置成本定值。

（三）贵重物品

贵重物品是具有相当高价值、主要作为储存手段而获得和持有、主要不是用于生产或消费目的而生产的商品。预期它们的实际价值将会升值，至少不会贬值；并且它们在正常条件下不会随时间而退化。贵重物品包括：(1) 宝石和贵金属，例如，不打算作为生产过程的中间投入品的钻石、非货币黄金、黄金和白银；(2) 作为艺术作品或古董的绘画、雕塑及其他物品；(3) 由宝石和贵金属制成的具有较高价值的珠宝饰物、收藏品及其他杂项贵重物品。

如果贵重物品有组织良好的市场，它们可用当期市场价格定值，包括任何代理费和佣金。如果没有这种市场，可用它们的保险额（用于防止火灾、偷盗或其他风险）来定值。

（四）非生产资产

非生产资产包括对其行使所有权的有形自然资产以及作为社会构成物的无形非生产资产。自然资产包括土地、地下资产、其他自然资产、无形非生产资产。如果尚未或不能对自然实体行使所有权，那么它们就不是经济资产。

1. 土地

土地是地面本身，包括覆盖的土壤、相关的地表水及对土地的重大改良（在实物上无法与土地分开），但不包括以下内容：(1) 在土地上或穿过土地建造的建筑物和其他构建物，如道路、办公楼和隧道；(2) 培育的葡萄园、果园及种养的其他树木、动物和作物；(3) 地下资产；(4) 非培育生物资源；(5) 地下水资源。相关地表水包括任何水库、湖泊、河流及其他内陆水，可以对其行使所有权，因此，它们可作为各单位间交易的主体。

在实物上无法与土地分开的重大改良的价值包括在土地的价值之内。这种改良要么提高土地的数量、质量或生产率，要么防止土地退化。重大改良的例子包括：通过建造堤坝、海堤和水闸而退海造地；清理森林以使土地首次用于生产；排干沼泽里的水；为防洪而建造防浪堤、海堤或其他障碍物。重大改良的价值通常由其减记重置成本来决定。

土地的价值差别很大，取决于其地点及适合或批准的用途。因此，在确定土地的当期市场价格时，必须考虑这些因素。在一些情况下，将土地的价值与在土地上建造的构建物的价值分开可能很困难或不可行。一个定值方法是，计算从评估中得到的土地价值与构建物价值的一般比率。另一个定值方法是，从土地和构建物结合的市场价值中减去构建物的当期减记重置成本。

2. 地下资产

地下资产是指石油、天然气、煤（包括无烟煤、烟煤和褐煤）、金属矿藏（包括黑色、有色和贵金属矿石）及非金属矿藏（包括石场、粘土和砂场、化学和肥料矿藏以及盐、石英、石膏、天然宝石、沥青、泥炭储藏）。矿井及其他开采地下资产的设施是固定资产，而非地下资产。

储藏可能位于地表之上或之下，包括海底的储藏，但它们必须是经济上可开采的。储藏的价值通常估计为从商业开采中得到的预期净收益的现值，但如果地下资产的所有权在市场上频繁改变，也可能得到合适的价格。

3. 其他自然资产

其他自然资产包括非培育生物资源、水资源及电磁波谱。非培育生物资源是这样的动物和植物，即对它们行使所有权，但它们的自然生长和/或繁殖不在任何单位的直接控制、责任和管理之下。例如，商业上可开发的原始森林和渔场。它只包括那些经济价值未包含在相关土地价值之内的资源。由于这种资产不太可能具有可观察到的价格，其价值通常由预期未来收益的净现值决定。

水资源是含水层和其他地下水，这些水足够稀缺，从而可对其行使所有权和/或使用权；可出于经济目的开采或可能不久即可开采；其经济价值不包括在相关土地的价值中。由于这种资产不太可能具有可观察到的价格，其价值通常由预期未来收益的净现值决定。

电磁波谱包括声音、数据和电视传播中使用的无线电频率。电磁波谱的价值通常由预期未来收益的净现值决定。如果签订了使用电磁波谱的长期合同，可用它作为估计资产总价值的基础。

4. 无形非生产资产

无形非生产资产是法律或会计行为证明的社会构成物。一些社会构成物赋予其所有者参与某些特定活动或生产某些特定商品或服务的权利，而禁止其他单位也这样做，除非得到所有者的许可。资产的所有者可通过将资产的使用限于其自身而获得垄断利润。无形非生产资产包括专利实体、租赁和其他合同以及购得的商誉。在可能的情况下，实际在市场上交易的无形资产应当以当期价格定值，否则有必要用预期未来收益的净现值来估计。

专利通过法律或司法决定为发明提供保护。可以得到保护的发明如物质构成、过程、机制、电气和电子线路和装置、药方以及人工培育的新的生物种类。

可划作经济资产的租赁和其他合同包括：土地、建筑物和其他构建物的租赁；开采矿藏或电磁波谱的特许权或专有权；与运动员和作家签订的合同；购买尚未生产出来的有形资产的期权。

购得的商誉是购买一家企业所支付的数额与该企业资产净值之间的差额。因此，商誉的价值包括尚未单独确定为资产的、对企业具有长期利益的任何因素，以及由一组资产并不是单个资产的简单拼凑，而是被有机地结合使用的事实所创造的价值。购得的商誉应以其获得成本减去累计备抵来定值，并进行适当的重新估值。

三、金融资产与负债及其分类

由于某一给定的金融工具对金融资产和负债而言是共同的，对金融工具的同样的描述可以用于这二者。金融资产和负债的分类主要基于有关金融工具的流动性和法律特征，这些流动性和法律特征描述了从属的债权人—债务人关系。金融工具的流动性包括可流通性、可转让性、可交易性及可转换性等特征。

金融资产与负债一般分为：货币黄金和特别提款权、通货和存款、债务证券、贷款、股权和投资基金份额、保险技术准备金、金融衍生工具、其他应收/应付款。

（一）货币黄金和特别提款权

货币黄金包括纯度至少为995/1000的金币、金链和金条。这些金币、金链和金条：（1）由执行货币当局职能的单位所有；（2）是本国官方储备的组成部分。货币当局通常是中央银行，但广义政府部门的一些单位也可能执行货币当局的一些职能。

货币黄金是这样一种金融资产，即不存在对另一单位的相应的负债。它由有组织的市场中的当期价格或货币当局之间的双边安排来定值。

政府单位持有的、不符合货币黄金定义的黄金视为非金融资产，要么属于库存，要么属于贵重物品。以黄金计值的存款、贷款和证券视为存款、贷款和证券，而不视为货币黄金。黄金掉期视为贷款。

特别提款权是一种国际储备资产，它由国际货币基金组织创造，分配给成员国以补充现有储备资产。特别提款权仅由国际货币基金组织成员国的货币当局及数量有限的经授权的国际金融机构持有。特别提款权是没有对应负债的金融资产，接受特别提款权分配的成员国没有无条件的偿还义务。只有当广义政府单位作为货币当局时，它才持有特别提款权。

特别提款权代表了从国际货币基金组织的其他成员国无条件获得外汇或其他储备资产的权利。它们可被出售、作为贷款或用于结清金融债务。特别提款权的价值由国际货币基金组织确定，是经选择的主要货币的加权平均。

（二）通货和存款

通货包括纸币和硬币。它们由中央银行或政府单位发行，是发行单位的负债。本币具有固定的名义价值。根据合并原则，作为同一单位或部门的资产和负债的货币应被冲销。政府单位持有的未发行货币不视为资产。不作为法定货币流通的黄金和纪念币划作非金融资产，而不是货币。

外币的价值以资产负债表相关日期有效的汇率转换为本币。可能有必要按本币或外币对所持有的货币总额进行细分。是否有必要做这种划分取决于所拥有的外币的数量。

存款也是具有固定名义价值、用于支付的金融资产。它们是价值储存手段，有些类型的存款还是直接的交换手段，有的可以获得利息，有的赋予存款持有者得到特定服务的权利。国内存款的价值是其名义价值，即当存款变现时，债务人根据合同有义务向债权人偿还的数额。

多数政府单位可能持有各种存款作为资产，包括外币存款。政府单位还能以存款的形式产生负债。例如，法院或税收当局在一项争议解决之前可能持有担保存款。可能有必要按以本币还是外币计值对存款进行细分。

存款可以是可转让的或不可转让的。可转让存款包括符合以下特征的所有存款：（1）在无罚款或不受限制的情况下可随时平价交换；（2）可通过支票、汇票、汇划、直接借记/贷记或其他直接的支付形式直接用于向第三方支付，开支票不受限制的货币市场共同基金股份也包括在内。一些类型的存款账户带有某些有限的可转让特征。例如，一些存款限制每一期间内向第三方支付的次数，或规定向第三方的单笔支付的最低数额，必须进行判断并决定这些有限转让的存款属于可转让存款还是属于不可转让存款。

不可转让的存款包括以存款形式代表的所有其他金融债权，包括以下存款：（1）允许随时提现、但不允许直接向第三方转账的活期存款。（2）储蓄和定期存款，包括不可流通的大额存单。可流通的大额存单划作证券，而不是存款。（3）金融公司的股票或类似存款形式的负债，这种负债从法律上或者在实际中能随时或在相对较短的时间内兑现。（4）具有转让限制的货币市场共同基金股份，如规定每一期间内可开出的支票数量或每张支票的最低金额，这些限制使其不能作为可转让存款。（5）包括在本国广义货币指标中的回购协议。（6）进口商在进口前需持有的存款。（7）已过入存款人账户、但在承诺存款公司收到被存款人的项目（如支票或汇票）之前不能提款的可转让存款。（8）强制性储蓄存款。这种存款产生于某种官方要求，即工人收入的一部分必须放入一个存款账户，一定时期后才能使用，或从该账户中提取的款项只能用于某些特定的目的。（9）按本国政策进行外汇配给而冻结的外币存款。（10）在清算或重组前被关闭的金融公司的存款。（11）对基金组织的债权，作为国际储备的一部分，但不是以贷款形式。

（三）债务证券

债务证券是可流通的金融工具，作为某单位具有需要结清的债务的证明，这种债务是通过提供现金、金融工具或其他一些具有经济价值的项目而结清的。证券通常规定利息支付和本金偿还的时间表。

债务证券包括：（1）短期债券；（2）长期债券和有担保的债券，包括可转为股票的长期债券；（3）商业票据；（4）可流通的大额存单；（5）可交易的存款收据；（6）通过循环承购便利和债券发行便利发行的票据；（7）证券化的抵押贷款和信用卡应收款项；（8）事实上可交易的贷款；（9）支付固定收入，但在公司解散时不参与残余价值分配的优先股；（10）银行承兑汇票。

短期债券、可流通的大额存单、银行承兑汇票及商业票据都是短期证券，它们赋予持有者在规定的日期收到预先确定的固定数额的无条件的权利。它们以比预先确定的固定数额少的数额折价发行和交易，这一差额取决于利率和到期时间。如果没有这些证券的市场价值，那么应以发行价格加应计利息定值，利息额由原始发行价格中隐含的利率决定。

长期债券和有担保的债券是长期证券，它们赋予所有者得到固定货币收入或合同确定的可变货币收入（主要指利息）的无条件的权利。多数长期债券和有担保的债券还赋予所有者在一个（或几个）规定的日期得到一项（或几项）作为本金偿付的固定数额的无条件的权利。但永久性债券没有到期日。

零息债券是在债券期限内无定期支付的长期证券。与短期证券类似，这种债券折价发行，到期时连同应计利息一次性支付。高折价债券是要求在债券期限内定期支付的长期证券，但支付数额大大低于市场利率。

如果没有长期证券的市场价值，应以发行价格加上尚未支付的应计利息进行定值。重要的是高折价债券和零息债券不应以面值定值。

一些公司债券可转换成同一公司的股票，只要债券持有者愿意转换。如果这种转换期权单独交易，那么它就被视为一项单独的资产，划作金融衍生工具。

（四）贷款

贷款是在以下情况下产生的金融工具，即债权人直接将资金借给债务人，并收到一份不可流通的文件，作为资产的证明。这一类别包括抵押贷款、分期贷款、租购信贷、为贸易信贷和预付款提供融资的贷款、回购协议、由金融租赁隐含产生的金融资产和负债、以对基金组织的贷款为形式的债权或负债等。普通贸易信贷和类似的应收/应付账款不是贷款。

通常需要以名义价格为贷款定值，因为贷款不在市场上定期交易。可在二级市场上交易的贷款应划作非股票证券，并应以与其他类型的非股票证券相同的方法，按市场价格或公平价值进行定值。

以金融租赁获得商品时，势必发生所有权从出租人向承租人的转移，即使从法律上讲租赁商品仍是出租人的财产。这是因为所有权的所有风险和收益事实上都转给了承租人。所有权的这种变化势必由贷款提供融资，该贷款是出租人的资产，是承租人的负债。

证券回购协议是这样一种安排，即一方以一定的价格出售证券，得到现金，并承诺在将来某个日期（通常是一天或几天后）或开放期限内按固定价格购回同样的或类似的证券。这种交易的经济本质是担保贷款（或存款），因为所有权的风险和收益仍属于原始所有者。因此，表面上的购买者向表面上的出售者提供的资金被视为贷款，尽管存在法律上的所有权改变，有关证券仍记在借款人的资产负债表上。

证券贷款是这样一种安排，即证券持有者将证券转给借入者，在某一规定的日期或在持有者要求时，借入者须归还同样的或类似的证券。与证券回购协议一样，所有权的风险和收益仍属于原始所有者。如果借入者提供现金作为担保品，那么对这种安排的处理方法与回购协议相同。如果借入者提供非现金担保品，那么就不记录交易。在这两种情况下，有关证券仍在其原始所有者的资产负债表上。

黄金掉期是货币黄金与其他储备资产（通常是外汇存款）进行交换的回购协议。黄金贷款与证券贷款的形式相同，应以同样的方式处理。

当向第三方出售从回购协议或证券贷款获得的证券时，就产生了卖空。在这种情况下，卖方的资产负债表上应包括一项负资产，数额等于被出售的证券的当期市场价值。

（五）股权和投资基金份额

股权和投资基金份额包括所有这样的工具和记录，即在所有债权人的债权都得到偿付后，对公司的残余价值具有求偿权。多数权益证券不赋予持有者得到事先确定的收入或在公司解散时得到一个固定数额的权利。权益的所有权通常由股份、股票、参股证书或类似文件来证明。股票和其他权益不可能作为广义政府单位的负债，但它们可由这些单位作为资产持有。

除公司的普通股外，以下类型的证券划作股权和投资基金份额：（1）政府单位对准公司的所有权股权的价值；（2）合伙公司或有限合伙公司的权益；（3）在公司解散时可参与残余价值分配的优先股份或股票；（4）共同基金股份。

若有可能，股权和投资基金份额应以其在股票交易所或其他有组织的金融市场上的当期价格定值，包括有活跃交易的公共公司的股票。政府单位持有的公共公司的未交易的股票及所有准公司的权益等于该公司或准公司的资产总值减去其他负债总值。对所持有的不定期交易的私人公司股票的价值进行估计时，使用与该公司在盈利、股息历史和前景方面都相当的上市股票的价格。这一价格可能向下调整，以考虑不上市股票可交易性或流动性较差这一情况。

（六）保险技术准备金

保险技术准备金包括住户对养老金和寿险准备金的净权益、保险费预付款、未决索赔准备金。广义政府单位作为非寿险计划及非自主或未设基金的养老金计划的经营者，可能产生保险技术准备金负债；它们作为非寿险保险单持有，可能持有资产。广义政府单位不太可能产生与寿险有关的负债或持有与寿险有关的资产。公共金融公司（包括自主养老基金）可参与包括寿险在内的所有类型的保险计划。

参与退休计划的个人拥有对经营该计划的单位的债权。当个人满足规定的标准（通常是达到议定年龄及/或工作年限）时，向其支付福利，从而债权得到清偿。这些债权以及经营养老基金的单位的相应负责的性质取决于所承诺的福利类型。

养老金计划的两个主要类型是规定福利的计划和规定缴款额的计划。在规定福利的计划之下，雇主向参与计划的雇员所承诺的养老金福利的水平是得到保证的，由公式（基于参与者的工作年限和工资）决定。规定福利的养老金计划的负债是所承诺的福利的现值。在规定交款额的计划之下，雇主向该基金的缴款额度是确定的，但将要支付的福利取决于基金的资产。规定缴款额的养老金的负债是基金资产的当期市场价值。

政府雇员的养老基金可以由公共保险公司或私人保险公司代表政府进行管理，或者可以作为自主或非自主养老基金由政府组织和管理。从性质上讲，未设基金的计划必须由雇主（可以是广义政府单位或公共公司）组织和管理。

由保险公司经营的或作为自主养老基金的养老金计划可具有净值。如果基金的资产超过其退休福利的负债，则净值为正；如果基金的资产少于其退休福利的负债，则净值为负。与其他公共公司一样，这一净值由建立基金的一个或若干个雇主所有。非自主养老基金不是一个单独的单位，基金的资产属于雇主。然而，雇员拥有对雇主的债权，雇主具有与所承诺福利的现值相等的负债。

如果一家公共公司是寿险企业，那么它必须针对未偿寿险和年金保险单保留有准备金。住户拥有对企业的债权，数额等于预期支付的保险赔偿费的现值。因此，寿险企业具有同等数额的负债。

对于社会保障计划，政府不将政府将来支付退休金和其他福利的承诺视为负债，不论社会保障基金或其他分类账户的资产水平有多高。对于到期应支付、但尚未支付的福利，其支付负债划作其他应付账款。

多数保险费是在保险期间开始时支付的，由此产生了非寿险保险费的预付。因此，在任何一个给定时点，已付保险费的一部分不能算做保险企业的收入，因为它是为了应付将来的风险。预付保险费的价值由合同剩余期间内的风险与整个合同期间内的风险的比率来决定。

保险费预付款是保险单持有者的资产，是保险企业的负债。广义政府单位可购买保险（通常是非寿险）管理其风险。广义政府单位还可经营保险计划，如洪水保险或存款保险。因此，广义政府单位的预付保险费可能同时以资产和负债两种形式存在。

未决索赔准备金是非寿险计划经营者为了支付尚未清算的索赔或成为有争议的索赔预计要付出的金额而持有的准备金。当导致索赔的不测事件或事故发生时，就产生了保险经营者认可的有效索赔。这些准备金是受益人（最终将得到这些准备金，作为对其索赔的补偿）的资产，是保险经营者的负债。未决索赔准备金的价值是预期在理赔（包括对有争议索赔的理赔）过程中支付数额的现值。

（七）金融衍生工具

金融衍生工具是与某一特定金融工具、指标或商品相联系的金融工具，特定金融风险本身可以通过金融衍生工具在金融市场上进行交易。金融衍生工具的价值衍生自标的项目的价格，这一价格称为参考价格。“标的项目”一词可能与某种商品、金融资产、利率、汇率、另一个金融衍生工具、两个价格之间的价差、指数、一揽子价格等有关。标的项目的可观察到的市场价格或指数对于计算任何金融衍生工具的价值是必不可少的。如果不能为一个金融衍生工具定值，原因是标的项目没有通行的市场价格或指数，那么这一金融衍生工具就不能视为金融资产。与许多其他金融债权不同，金融衍生工具没有需要偿还的本金额，也没有应计的投资收入。

金融衍生工具分为两大类：远期型合同（包括掉期）和期权合同。在远期型合同下，两方同意在某一特定的日期以商定的价格交换特定数量的标的项目（可以是实际或金融产品）。合同开始时即交换了具有相等市场价值的风险，合同本身价值为零。一定时间过后，每一方风险的市场价值才会出现不同，从而一方产生了资产，另一方产生了负债。在远期型合同的期间内，债务人与债权人关系在数量和方向上都可能发生变化。

1. 远期型合同

常见的远期型合同包括利率掉期、远期利率协议、外汇掉期、远期外汇合同及交叉货币利率掉期。

（1）利率掉期是在一定时间内交换与一种货币的一定名义数额本金的利息支付或收入有关的现金流量。但本金从不交换。

（2）远期利率协议是这样一种安排，即双方同意在某一特定交割日对一定名义数额的本金支付某一利率。如果市场通行利率高于商定的利率，远期利率协议的买方则从卖方得到支付；如果市场通行利率低于商定的利率，远期利率协议的卖方则从买方得到支付。

（3）外汇掉期是指，即期卖出/买入一种货币，同时远期买入/卖出同一种货币。

（4）远期外汇合同是双方同意在将来某一商定的日期以商定的汇率交易某一特定数量的外币。

（5）交叉货币利率掉期（有时称为货币掉期）是交换与利息支付有关的现金流量，并在合同结束时以商定的汇率交换本金。在合同开始时也可能交换本金。

2. 期权

期权是这样一种合同，即期权购买者有权利但没有义务在某一给定期间内或在某一给定日期以事先确定的价格购买（买入期权）或出售（卖出期权）某一特定的金融工具或商品。可针对多种基础工具出售或开立期权，如权益、利率、外币、商品及特定的指数。期权的卖方承诺在买方要求时出售或购买特定数量的基础工具或商品，买方为此向卖方支付一定价格。

（1）认购股权证是一种形式的期权。它们是可交易的工具，赋予持有者在特定期间内以特定的条件从认购股权证的发行者（通常是公司）手中购买一定数量的股票或债券的权利。还有货币权证（基于购买一种货币所需另一种货币的数量）及交叉货币权证（与第三种货币相连）。

（2）保证金是为履行金融衍生工具合同下的实际或潜在义务而以现金或担保品进行的支付，可退还的保证金包括为保护交易方免受违约风险而存入的现金或其他担保品，但这种现金或担保品仍归存入者所有。以现金支付的可退还的保证金是存款，而不是金融衍生工具。以证券或其他非现金资产支付的保证金仍保留了它们作为证券或其他资产的特征。不可退还的保证金使金融衍生工具合同下产生的负债减少。

许多金融衍生工具都具有市场价值，因为它们在活跃的市场上交易。如果没有市场价值，那么可使用其他公平价值方法，如期权模型或贴现现值。如果没有期权的当期市场价值，那么可以用已付或应付的期权价格定值。

3. 雇员股票期权

雇员股票期权是雇主与雇员在某日（授权日）签订的一种协议，根据协议，在未来的约定时间（含权日）或紧接着的一段时间（行权期）内，雇员能以约定价格（执行价格）购买约定数量的雇主股票。

（八）其他应收/应付款

其他应收/应付款包括贸易信贷和预付款，以及其他应收到或应支付的杂项资金。所有这些资产和负债应以债务人根据合同有义务支付给债权人以取消债务的数额定值。

贸易信贷和预付款包括：（1）直接向商品和服务的购买者提供的贸易信贷；（2）对正在进行或将要进行的工作的预付款，如建造过程中的分阶段付款，或商品和服务的预付款。这种信贷产生于收款的正常拖延，也产生于有意提供零售商贷款以便为销售提供融资。贸易信贷不包括贷款、非股票证券或为贸易提供融资而发行的其他负债。如果政府单位发行本票或其他证券，以合并几项贸易信贷下的支付，那么该本票或证券划作非股票证券。对在制品的预付款的价值仅指划作库存的在制品。

其他杂项应收/应付账款包括应计但尚未支付的税款、股息、证券的购买和出售、租金、工资和薪金、社会缴款、社会福利及类似项目。原则上，应计但尚未支付的利息应被加入有关资产的本金中去，而不包括在此类别中。然而也认识到，存款和贷款的应计利息可能需遵循各国做法，划作应付账款。对于应收税款和/或应付工资，如果数额较大，应单独列出。

第三节 政府资产负债表的编制

在明确核算的主体和客体后，本节介绍资产负债表核算的一般原则、方法及编制。

一、记账的一般原则

核算的数据主要来源于会计记录。会计记录必须明确记账的方法和记录时间。

（一）复式记账

政府资产负债核算以复式记账为基础。复式记账是相对单式记账法而言的。单式记账法是比较简便但不完整的记账方法。它对每笔交易只记录一次。复式记账法是一种比较完整系统的记账方法。每笔交易必须记录两次，一次作为使用（或资产变化），一次作为来源（或负债变化）。两次交易总额必须相等，这样才能检查账户的一致性。会计平衡公式为：资产 = 负债 + 所有者权益，按照数学方程式的原理描述，等式两边同时增加或减少同一数值，等式仍然成立。

（二）记录时间

记录时间是指记录交易的时间。交易一经确定，必须决定其发生的时间，以便汇编在某一会计期间全部交易的结果。

确定交易时间的一个问题是，在一个行为开始发生与其最终完成之间往往存在较长的一段时期。例如，许多商品的购买从卖方与买方签订合同开始，然后开始生产所订商品，完成生产后商品从卖方所在地抵达买方所在地，卖方准备并邮寄发票，买方邮寄支票，卖方收到支票，将支票存入卖方银行，最终支票由卖方银行支付。即使这样，交易可能还没有完成，因为可能还有退货或索赔。上述每一个不同时点都具有一定的经济影响，并可能导致在政府核算体系中发生多项交易，但是每一笔交易只能有一个记录时间。

总的来说，有四种制度确定记录时间：权责发生制、到期支付制、承诺制和现金收付制。

1. 权责发生制

在权责发生制下，交易在经济价值被创造、转移、交换或消失时记录。换句话说，交易的结果在事件发生的时期记录，而不管是否收到或支付了现金，或者是否应收或应付现金。然而，交易发生的时间并不总是明确的。一般而言，交易的时间是商品所有权发生变化的时间、提供服务的时间、产生纳税义务的时间、认可社会福利支付要求的时间或认可其他无条件债权的时间。

如果一个交易要求随后发生现金流动（如通过信用购买商品和服务），那么在权责发生制下确定事件的时间与现金流动的时间之间的那段时期通过记录应收或应付项目过渡。

2. 到期支付制

在到期支付制下，造成现金支付的交易在不产生额外费用或罚款的最后时刻记录，或者在进行现金支付时记录。正如权责发生制一样，如果一笔付款在到期之后支付，那么期间的差距通过记录应收项目过渡。如果一笔付款在到期前支付，则不必记录应收项目。到期支付制可以记录非货币交易，也可以不记录非货币交易，这取决于会计制度的目标。

3. 承诺制

在承诺制度下，交易在广义政府单位承诺进行一笔交易时记录。通常，这一制度仅适用于资产、商品和服务的购买，包括雇员报酬。记录时间一般是在广义政府单位发出购货订单时。

4. 现金收付制

在现金收付制下，交易在收到或拨付现金时记录。虽然可以记录非货币交易，但是采用现金收付的大多数会计制度不记录非货币流量，因为重点是现金管理，而不是资源流量。

政府资产负债核算一般采用权责发生制。

二、估价的一般原则和方法

在确定了记账原则后，就要讨论资产负债的估价问题。

（一）估价的一般原则

资产在市场上被买卖的价格，是投资者、生产者、消费者以及其他经济机构决策的基础。例如，金融资产（如证券）和自然资源（如土地）的投资者要依据其市场价值做出获得或处置这些资产的决定。生产者要参照市场价格来决定某商品的生产量及销售地点。对某项资产而言，在购买者所付价格与销售者所收到的价格之间有一个清晰的关系。对于非金融资产，由于存在所有权转移费用，购买者支付的价格会超过销售者得到的价格。对于金融资产，其价值对债权人和债务人而言则是一致的，因为金融资产和负债的转移费用是作为消费而不是积累而处理的。

理想说来，资产负债表中的所有资产和负债应当采用可观测的市场价格估价。如果所有资产在市场上都能够正规、活跃、自由地交易，以现期市场价格对资产负债来进行估价时，可以采用市场中所有交易的总平均价格。如果资产在近期内没有在市场上买卖，从而没有可观测的市场价格，那就只能按照一个假定价格——假定在资产负债表编表日期之市场上获得该资产时的可能价格进行估算。

除了利用市场中观测到的价格或基于市场观测价格而估算的价格，还可以用其他两种方法得到近似的现期价格。在某些情况下，通过在资产的使用年限内重估该资产的获得减处置，就可得到近似的市场价格。对固定资产来说，这通常是最切实际的，也是优先使用的方法，但该方法也可用于其他资产。在另一些情况下，通过某一资产之预期未来经济收益的现期价值或贴现价值，也可以得到近似的市场价格。这一方法适用于许多金融资产、自然资源以及固定资产。比如，如果有良好的信息和一个有效率的市场，通过累加和重估价交易得到的资产价值，应当等于或至少近似等于这些资产未来收益的现期价值或贴现价值，也应该等于活跃的二手市场中该资产的市场价值。

1. 市场中观测到的价值

进行观测的理想来源是市场，如证券交易所，在其中交易的每一资产都是完全同质的，经常有较大数量的成交，并可按定期间隔列出市场价格。以此类市场产生的价格数据，乘以数量指标，就可以计算出由部门持有的各类资产和负债的全部市场价值。几乎全部金融债权、现有运输设备、农作物、牲畜以及新生产的固定资产和存货，都可以获得此类市场价格。

例如，对于在证券交易所上市的证券，可以收集各笔资产以及各类资产的价格，此外，还可以确定某种类型资产的现有全部证券的总估价。另一个由于资产大量交易从而可以提供有用价格信息的例子是某些国家的现有住宅市场。

除了提供直接观测到的实际交易的资产价格，来自这些市场的信息还可以用于确定未进行交易的类似资产的价格。例如，通过将证券交易所的信息与未上市的类似股票进行对比，并考虑未上市股票的价格。同样，出于保险或其他目的对资产进行估价，通常也是基于观测到的相近替代品的价格，尽管这些替代品与要估价的资产不完全相同，这一方法也可用于资产负债表的估价。

2. 通过累加和重估交易得到的资产价值

对大多数非金融资产而言，其每年的价值变化反映了其市场价格的变化。同时，初始获得成本也会由于在资产预期寿命期内的固定消耗（固定资产）或其折旧形式而减少。这种资产在其寿命周期内某一时点的价值，是过一个同等新资产的现行获得价值减累积折旧而得到的。这一估价有时候被称为折后重置成本。对旧资产而言，如果得不到一个可靠的、直接观测到的价格，该方法可以提供一个在市场上能够出售该资产的合理近似值。

3. 未来收益的现值

对那些其收益被延迟（如林木）或分布在很长时期内（如地下资产）的资产来说，尽管可以用市场价格来估算其最终产出，但还必须用贴现率来计算预期未来收益的现值。

4. 以外币计值的资产

以外币计值的资产和负债，应该按照资产负债表编表日期的市场汇率换算为本币。该汇率应当是货币交易买进价和卖出价的中间价。

（二）资产负债估价方法

1. 非金融资产的估价

（1）固定资产。原则上，固定资产应当按照相同技术规格和年限的资产在市场中的通行价格进行估价。但在实际工作中很难获得详细信息，因此必须求助于其他方法进行估价，最通行的估价方法是：用资产负债表期初（或获得新资产的时间）价值加上核算期内资产的重估价因素，减去核算期内估算的固定资产消耗以及任何其他物量变化和处置价值。在计算固定资本消耗价值时，即使得不到完全的市场信息，也要对该资产价格的下降进行假设，并应当用局部信息检查该假设是否与此一致。

估算固定资本消耗时，必须将购买者承担的、与这些资产有关的所有权转移成本的价值下降包括在内，这些成本将在购买者预期拥有资产的期间内得到冲销。在许多情况下，拥有资产的时期与资产的预期寿命长度是一致的，但对于有些类型的资产特别是车辆，购买者在一定时期后可能会出售其资产，例如为了得到规格更高、维护成本更低的更新型资产。对安装成本也应以类似方法处理。可能的话，固定资本消耗的估算还要考虑预期的终期费用，如退役或复原费用。

对于住宅，从新建住宅的销售和现有房屋的销售中可能会获得足够的信息，用以估算资产负债表中全部住宅的价值。但是，房屋价格在相当大的程度上要取决于该时期内所出售房屋的位置和地形，可能无法充分覆盖所有区域。在此情况下，就不得不利用像永续盘存法这样的测算技术进行估算。这一技术也可以用于许多其他结构较为特殊的建筑物和构筑物的测算。

土地改良价值按最初实施改良的价值记录，并要进行适当的重估价。它永远等于土地在未改良或天然状态时的价值与改良后价值的差，尽管土地的价格和土地改良的价格都会随时间而发生改变。

对现有汽车、飞机及其他运输工具，市场可能有足够的代表性的价格用以对这些存量的估价，或者至少可与永续盘存法的假设相衔接。但是，对于现有工业厂房和设备，观测到的市场价格却未必适用于确定资产负债表中的价值，其中原因可能在于：一是许多被交易的资产可能并不具有典型性；二是可能这些资产是过于陈旧或迫于财务制度而被迫处置的。

从资产负债表的目的出发，应当对那些年复一年在生产中被连续使用的牲畜，以某一年度该动物的购买者现价为基础进行估价。这种信息不像培育的树木（包括灌木）年复一年生产产品那样易于获得，为此应当以累积资本形成的经减记的现行价值进行记录。

根据合同实施的研发支出以合同价格进行估价。如果自行开展研发，就要按照累计成本进行估价。两种估价都需要考虑因价格变化而增加，或因资产随着寿命而产生的固定资本消耗而减少。

对于矿藏勘探和评估，要么根据合同支付给其他机构单位的总额为基础进行估价；要么根据勘探所发生的费用为基础进行估价。这些费用应当包括勘探活动中所使用固定资本的回报。对于在过去勘探中发生的、还未全部核销的那部分费用，应以现期价格和费用进行重估价。

知识产权产品的原作，如计算机软件和娱乐、文学或艺术原创，应当基于其最初成本的经减记的价值计值，或以现期价格进行重估价。由于这些原作通常是自己创作的，最初成本可以用发生费用之和来估算，其中包括生产中使用的固定资产的资本回报。如果不能采用这一方法，可以通过原作未来收益的净现值进行估算。

在以下情况中复制品会被作为资产：①原作所有者将生产和为复制品使用

者提供支持的责任转给他人；②根据有效的融资租赁合同使用作品。在这些情况下，可以用市场价格进行估价。

（2）存货。存货应当用资产负债表编表日期的价格进行估价，而不是用产品进入存货时的价格进行估价。在资产负债表中，存货的数据常常通过调整工商会计中存货的账面价值来进行估算。材料和产品存货按购买者价格估价，制成品和在制品存货按基本价格估价。批发商和零售商准备转销、不再加工的货物存货按购买它们的价格估价，不包括任何运输费用，这些费用由批发商和零售商单独记录，包括在其中间消耗中。

对于在制品存货，资产负债表期末价值等于期初资产负债表的价值，加上当期发生的投入，并根据核算期间内的价格变化而进行必要的重估价。

人类活动培育的正在生长的一次性农作物（包括林木）以及为屠宰而饲养的牲畜，也视为在制品存货。对正在生长的林木，常规估价方法是，扣除林木培育、伐木等费用，确定销售林木的未来收益，然后贴现为现期价值。在大多数情况下，其他农作物和牲畜可以参考此类产品的市场价格进行估价。

（3）贵重物品。考虑到贵重物品的基本作用是价值储藏，特别需要按现期价格对艺术品、古董、珠宝、宝石和贵金属进行估价。如果有组织良好的市场，贵重物品应当按资产负债表编表日期的实际购买价格或估算的购买价格估价，其中不包括销售者应付的代理人费用或佣金。从获得方进行估价时，要对这些物品以购买者支付的价格估价，包括代理人费用和佣金。

如果缺乏有组织的市场，一种方法是根据可获得信息的程度，利用为防火、防盗等投保的价值数据对贵重物品进行估价。

（4）非生产资产。

①土地。原则上，记录在资产负债表之自然资源项下的土地价值，不包括土地改良的价值以及土地之上建筑物的价值。土地改良价值单列在固定资产项下，建筑物价值也单列在固定资产项下。土地以新所有者支付的现期价格估价，不包括所有权转移费用——根据惯例，后者要作为固定资本形成总额以及固定资本消耗处理。

土地的现期市场价值会因为其位置不同以及用途不同而有明显区别，因此，需要识别每一块土地的位置和用途或土地的地域范围，然后予以估价。

对于其上有建筑物的土地，有时市场可以直接提供土地价值的数据。但最常见的情况是无法获得这些数据，此时较通用的方法是，根据价值评估报告计算场地价值与建筑物价值的比率，然后利用建筑物的重置成本或土地和建筑物的合并市场价值，推算出土地的价值。如果土地价值不能与其上的建筑物、构筑物、种植园、葡萄园等分开，该复合资产应当划入价值较大的那一类资产中去。类似地，如果土地改良价值（包括为建筑物施工或农作物种植而进行的场地清理和准备）无法与自然状态的土地价值分开，土地的价值也要根据价值较大的那一部分而归入相应类别的资产中。

通常，在经济总体层面上把土地和建筑物分开，比在个别部门或子部门层面上操作容易得多。分开的数据是研究国民财富和环境问题所必需的。幸运的是，合在一起的数据常常可用来分析机构单位和机构部门的行为。

法定所有者资产负债表中的土地不包括用于融资租赁的土地，因为它常常与土地之上的建筑物或种植园的融资租赁联系在一起。根据惯例有一个例外：建筑物的法定所有者不是建筑物所附着土地的法定所有者，但建筑物的购买价格包括了为其下土地而预先支付的未来租金。

②矿物和能源储备。地下矿产和能源资源价值通常取决于该资产之商业性开发的预计净收益的现值。尽管该估价受不确定性影响，并有可能不时修正，但由于地下资产所有权不可能通过市场经常改变，因此很难获得合适的、能够用于估价的市场价格。实践中，也许有必要使用资产所有者在自己会计核算中使用的估价。

常见的情况是资源开采企业并不是资源所有者。例如在许多国家，石油资源为国家所有。但资源的耗减速度是由开采者决定的，由于资源在人类历史中是不可再生的，因此尽管并没有法律规定，上述情况仿佛是将资产的经济所有权转移给了开采者。所面临的情况是，直到该项资源耗尽，开采者只拥有开采权。没有一种完全令人满意的方法将该项资产价值划分给法定所有者和开采者，因此当前的处理方法将该项资产价值全部归入法定所有者的资产负债表，同时将开采者对所有者的支付作为租金处理（因此，此处使用的资源租金概念可以扩展应用于可耗竭资产）。

③非培育性生物资源，水资源及其他自然资源。一些被认为有经济价值的非培育性生物资源、水资源及其他自然资源也包括在资产负债表中，但其中不含与其相应的土地的价值。由于无法获得可观测到的价格，通常是通过预期未来收益的现值进行估价。

④合约、租约和许可。合约、租约和许可，可能是使用自然资源的租约和许可证，也可能是开展某项活动的许可以及未来货物和服务专用的授权。此类合同只在以下条件下才被作为资产：法律协议使得持有者的受益超出了支付给

自然资源出租人、所有者或许可发放者的价格，并且在法律上和实际上得到持有者的认定。建议只在资产价值较大且可以认定、并有必要的合适市场价格时才对这些资产进行记录。一旦超过合同协议时间，该资产便不复存在，因此，其价值应该随着合同剩余期限的缩短而下降。

⑤商誉和营销资产。对商誉和营销资产，资产负债表记录的是企业被接收或营销资产被出售时出现在金融账户上的摊销后价值。对这些记录不进行重估价。

2. 金融资产和负债

遵循上述一般估价原则，只要金融资产和负债是在有组织的市场上有规律地交易，就对它们按现价估价。债权不在有组织的市场上交易，要根据债务人必须付给债权人以抵销债务的数额对债权进行估价。债权在资产负债表中具有同样的价值，无论其作为资产出现还是作为负债出现。价格应当不包括进行交易时对所提供服务支付的服务收费、酬金、委托金及其他类似费用。

（1）货币黄金和特别提款权。货币黄金按在有组织的市场上形成的价格或中央银行之间双边协议确立的价格来估价。特别提款权的价值由国际货币基金组织根据货币篮子每日决定。它对本币的汇率可以从外汇市场价格中获得。该货币篮子和权数可以随时调整。

（2）通货和存款。对通货来说，其名义价值或面值即是其估价。对于存款而言，债权人和债务人资产负债表中记录的价值是存款结清时债务人根据契约规定应偿还给债权人的数额。未偿本金数额中包括各种应付但未付的利息和服务费用。外币通货和存款以资产负债表编制日的现汇卖出价和买入价的中间点兑换为本币。与金融衍生合同有关的应偿还现金保证金费用应包括在其他存款中。

（3）债务证券。短期证券及对应的负债应以其当期市场价值进行估价。在高通货膨胀或高名义利率情况下，特别需要以此种方法估价。长期证券应当始终按其市场价格估价，无论它们是定期支付利息的债券，还是付息很少的高贴现债券或不付息的零息票债券。其价格总是要将随时间发生的利息包括在内（所谓含息价）。尽管长期证券发行者的名义负债可以固定为某一货币金额，但利息固定的证券的市场交易价格却可以随一般市场利率的波动而有相当大的变化。长期证券发行者通常有机会在市场上购回该证券来清偿其债务，因此按市场价格估价对长期证券的发行者和持有者都是合适的，特别是那些积极操纵资产或负债的金融交易者。对于指数化债务证券，在资产负债表中也应按照市场价格估价，而不管与证券相挂钩的指数具有何种特点。如果一项债务工具的本金和息票以某种外币为参照而被指数化，应当将该项债券视同是由该外币表示的，要按资产负债表编制日的中间点汇率将外币兑换为本币处理。

（4）贷款。债权人和债务人的资产负债表中都要记录的贷款价值，是指未偿付本金的数额。这个数额中包括已产生但未付的利息。还应当包括间接测算的由该项债务所承担的已产生但未付的服务费用的数额（银行利息与 SNA 利息的差）。在一些例子中，已产生的利息会列在应收/应付款下，但如果可能最好是包括在贷款中。

贷款的价值不反映资产负债表日之后应付利息的影响，虽然在最初的贷款协议中可能规定了这种影响。如果有贷款的二手市场，而且可以得到市场报价单，就应将此类贷款重新归类为证券。一份贷款只被交易一次，没有在市场中继续交易，就不再重新归类，只作为贷款处理。在此遵循债券和贷款的估价原则。

如果贷款的本金是指数化的，或本金和利息是某种外币的指数，应当将其按上述具有类似特征的债券相同的方法处理。

（5）股权和投资基金份额。上市股票会在证券交易所或有组织的金融市场中有规则地交易。在资产负债表中应以现期价格估价。

对于未上市股票，可能没有可观测的市场价格。这种情况经常发生在直接投资企业、私人权益资本、未上市或退市股权、上市但是非流通公司、合资企业以及非法人企业。

在无法获得实际市场价值时，需要进行估算。可采取各种接近直接投资企业中股东权益市场价值的方法。以下这些方法无法按优劣排列，每一种方法都需要根据实际情况和结果的合理性进行评估。

①近期交易价格。未上市股票在过去年份里可能偶尔被交易，因此可以按曾经交易的近期价格进行估价。如果情况未变，近期价格就是现期市场价值的良好指标。该方法可以从交易日起在企业情况没有重大变化时尽可能长时期使用。随着时间和情况变化，近期交易价格会越来越不准确。

②净资产价值。可以对未交易股权进行评估，这样的评估可能要通过有一定知识的管理者或企业经理来实施，或者通过独立审计提供，以现期资产价值总额减去市场价值的负债（不包括权益）。估价应当是近期完成的（在过去一年内）。

③现值/市盈率。未上市股权的现值可以通过预测未来收益然后进行贴现来估算。最简单地，可以采用与该方法近似的方法，即参照一个市场或行业的市盈率与该未上市企业的（平稳的）最近的过去收益计算出一个价格。此方法比较适合于那些资产负债表信息很少但可以得到较多收益数据的情况。

④统计人员根据宏观信息调整的企业账面价值。对于未交易股权，可以从企业收集到“自有资金账面价值”信息，然后以合适的价格指标为基础形成一些比率——比如在同一经济中进行类似操作的上市股票的价格/账面价值比，进行调整。此外，可以利用适当的资产价格指数，对企业以成本计算运营的资产（如土地、工厂、设备、存货）进行重估价，转换为现期价格。

⑤自有资金账面价值。该方法采用直接投资企业账面上积累的企业价值来估价权益，它是以下几项之和：（a）实收资本（不包括企业发行股票中自己持有的部分，但包括股票溢价款）；（b）企业资产负债表中被确定为股权的所有类型的公积金（包括会计准则认定为公司公积金的投资补助）；（c）累计再投资收益；（d）包括在账户自有资金中的持有收益，无论是作为重估价储备或收益/损失。对资产和负债的重估价越频繁，就越接近市场价值。几年不进行重估价的数据，不能很好地反映市场价值。

⑥摊销全球价值。全球企业集团的现期市场价值可以以其在证券交易所交易股票的市场价格为基础得到，如果它是上市公司，就是在交易所其股权被交易时的价格。如果可以确定一个合适的指标（比如销售、净收入、资产或劳动力），就可以以这些收入为基础，假设净市场价值对销售、净收入、资产或劳动力之比率在整个跨国企业集团里是固定的，将全球价值分摊到它有直接投资企业的各个经济体中（选用不同指标，可能会产生显著不同的结果）。

如果上述几种方法都不可行，就需要使用一些推断的数据。例如，唯一可利用的资料是累计流量或以前的经过后续流量调整的资产负债表。这些资料使用的是以前时期的价格，因此应当用后续的价格进行调整，比如利用综合股票价格或资产价格指数进行调整，并要考虑有关的汇率变动。不建议采用未经调整的过去交易的总和。股权代表所有者的资金。生成股权的方法有多种，如发行股票，无须发行股票的股权注入（有时称作“盈余配送”或“资本配送”），股票发行溢价，累计再投资收益或重估价。如果需要将累计流量用作测算股权价值的起点，这些都应当加以考虑，但不同类别都是股权的组成部分，在其他情况下不需要一一单独确定。

如果不能直接观测到现期市场价格，要觉得到底采取哪一种方法，应考虑信息的可获得性，并要对最接近市场价值的可用方法做出判断。不同方法也许适用于不同的情况，如果市场价格无法直接观测到，无法安装固定模式比较各种备选方法的优劣。应当清楚所采用的方法，并要对其做出清晰的描述。《OECD 外国直接投资的基准定义（第四版）》（OECD，2008）中对直接投资股权头寸的估价方法有更详细的讨论。

其他股权覆盖了其他各种不发行股票的公司或准公司的股权。这些公司包括公共企业、中央银行、一些其他特别政府单位、合伙企业、无限责任公司以及准公司，无论何时它们都是没有股票的机构单位。其他股权的估价应当等于该单位的资产价值减去其负债的价值。

货币市场基金和其他投资基金中的份额（或单位）可以用股权中所建议的类似方法估价。上市基金份额可用基金份额的市场价格估价。未上市基金份额可从未上市股权估价方法中选择某一种方法估价。

（6）保险技术准备金。保险技术准备金包括非寿险专门准备金、寿险和年金权益、养老金权益、标准化担保下代偿准备金等。非寿险专门准备金应记录在资产负债表中的非寿险准备金额，实质资产负债表编表当日未满期保费，加上留出弥补未决赔款的数额。后者是理索赔所预备支付的数额，包括有争议的索赔，以及意外索赔金额，它假定这些会发生只是尚未报告。寿险和年金权益是与在寿险和年金权益项下记录的存量价值，与非寿险专门准备金类似，也表示有足够的准备金以弥补所有为了的索赔。不够对于寿险，准备金数额相当大，它代表了所有预期索赔的现期价值。在保险公司的商业会计中，有一些准备金被记录为奖金和折扣准备金。这是保险行业为了平滑收益，以及为了直到保单到期仍然保留一些收益的做法的结果。养老金权益包括两项：一是养老金数额的决定方式是事先商定的（像在一个定额福利计划之下一样）；二是养老金数额依赖于养老金缴款形成的金融资产（定额缴款计划）的投资绩效。对于前者，应采用养老金提供者负债的精算估值；对于后者，其价值是养老金持有的金融资产的市场价值。标准化担保下的代偿准备金，应等于现有担保索赔的预期水平减去任何预期回收。严格说来，这些数额将代表那些担保受益单位重复核算程度。

（7）金融衍生工具。金融衍生工具包括期权、远期合约、雇员股票期权等。期权应当以期权的现期价值（如果有的话）估价，或以应付权利金的数额估价。负债应计入期权卖方所在的部门，表示收购持有者期权的现期成本或持有收益的增加。一个期权的价值为零可能更为适宜。因为持有者每天将得到（付出）

盈利（损失）。这些资产项目的对应方为负债。远期合约以市场价值记录。当支付实现后，资产及相应负债的价值被分期清偿，并随后反映在资产负债表编表日期的价值中。期货合同的市场价值可在核算期间内根据标的项目中价格的变动，在一个资产头寸与一个负债头寸之间转换。所有价格的变化，包括这种变动的结果，都作为重估价处理。雇员股票期权应根据所授予的权益工具的公允价值进行估价。对于权益工具的公允价值，应利用在授予日已交易的期权同等的市场价值（如果可以得到的话）进行测算，或利用一个期权定价模型（二项式模型或 Black – Scholes 模型）进行测算。

（8）其他应收/应付款。商业信用、预付款和其他应收或应付项目（如税、红利、地租、工资薪金、社会缴款）对债权人和债务人来说，都应按债务清偿时债务人有合同义务向债权人支付的本金额估价。产生于其他应收/应付款上的利息应包括在内，但通常而言，产生于债券上的利息则要作为该项资产的价值增长记录。存贷款利息应遵循各国的实际，如果未能纳入相应的贷款或存款原则之中，就应当归入这里。

三、数据整理

数据整理包括汇总、合并和轧差。

（一）汇总

汇总是指将某一机构部门或机构单位的所有数据进行加总。汇总能够保留这一机构部门之间的债权债务数据，就是说汇总不会引起各机构单位间有关债权和债务数据的抵销。

（二）合并

合并是指冲销属于一个集团之内的机构单位之间发生的存量和流量。在政府核算中，一组单位数据通常合并。特别是广义政府部门及其每一个分部门的统计数据是合并表述的。当数据包括公共部门单位时，公共公司的数据应以两种方式表述：作为单独的部门表述并与广义政府单位的数据一起表述。在这两种情况下，在每一组内，统计数据都应在合并的基础上表述。

合并涉及对消被合并的单位之间发生的所有交易和债务人/债权人关系。换言之，一个单位的交易与另一个单位记录的同一交易匹配，两项交易对消。例如，如果一个广义政府单位拥有另一个广义政府单位发行的债券，并且将两个单位的数据合并，则既不在负债也不在资产中反映该债券存量，就好像该债券不存在似的。与此同时，合并后的利息收入和开支不包括由作为债务人的广义政府单位向作为债权人的广义政府单位支付的利息。类似地，被合并的单位之间进行的商品和服务销售也被冲销。

SNA 建议，不应合并各机构单位的统计数据，并且一个机构单位的一个基层单位向同一机构单位的另一基层单位进行的销售也不应合并。政府核算旨在编制适于分析政府运营（无论是整个广义政府部门还是某一分部门）的影响的统计数据。特别是，在衡量政府运营的指标是一组经合并的统计数据而不是未合并的统计数据时，评估政府运营对整个经济的总体影响或政府运营的可持续性更为有效。此外，政府核算的目的并不是编制指标来衡量广义政府部门的生产。相反，SNA 用于更广泛的用途，包括全面衡量生产和各部门之间的关系。

一个实体的财务会计报告所提供的统计数据往往是将这个实体和其控制的所有实体报表合并后的数据，无论受到控制的实体是广义政府单位还是公共公司。这种合并试图描述母机构以及其附属机构的经营和财务状况，就好像这组企业是一个单位一样。例如，一个州政府的财务报告会包括受其控制的所有公共公司，但却不包括任何其他州政府的统计数据。相反，在政府核算体系中，合并后的州政府分部门的统计数据会包括所有州政府单位，但却不包括由州政府拥有或控制的所有公共公司。

（三）轧差

轧差或称取净额，是与总额相对应的。许多类别的流量和存量可以按总额表示，也可以按净额表示。按净额表示的一个项目等于一组流量（或存量）之和减去另一组流量（或存量）之和。一组流量（或存量）之和减去另一组流量（或存量）之和就是轧差。

四、资产负债表的表式

政府资产负债数据要通过合适的表式展现出来。政府资产负债表一般宾栏为机构部门，主栏为资产负债项目，为了反映核算期的数据变化，可设置期初与期末两个时点的统计时点。在宾栏中，既要反映整个公共部门的数据情况，又要反映公共部门的子部门的情况，特别是公共公司的情况。资产负债表提供有关资产净值（总资产价值减去总负债价值）和金融资产净值（金融资产价值减去总负债价值）的信息。后者经常被引用，既因为公共部门对金融系统有重要影响，又因为很难对政府独有的非金融资产进行估价。

为了全面反映政府资产负债的核算情况，一般还可设附表或设置“或有项目”，反映未纳入资产负债表的核算情况或详细展示某核算项目的情况。

参考文献

［1］联合国、欧盟委员会、经济合作与发展组织、国际货币基金组织、世界银行：《国民账户核算体系 2008》，2008。

第二章　英国政府资产负债表的编制

第一节　英国政府资产负债表编制的基本情况

英国是对国民经济核算（其中包括资产负债核算）研究最早的西方国家之一。目前英国的政府资产负债状况主要由两个部门编制和发布。一个是英国财政部（HM Treasury）编制和发布的政府整体财务报告（WGA）中的合并财务状况表。政府整体财务报告的核算原则遵从国际财务报告标准（IFRS）。另一个是英国国家统计局（Office for National Statistics，ONS）编制和发布的国家资产负债表中的政府资产负债表，其核算原则基本遵从国际通用标准 SNA 体系以及欧盟国家国民账户核算标准 ESA。

一、英国政府资产负债核算的发展过程

（一）财政部门政府资产负债核算历程

英国财政部开展系统性的资产负债核算相对于其国民经济核算体系起步较晚。从 1998 年开始，财政部以公共部门为编制对象，开展政府整体财务报告相关研究工作。1999 年，对将地方政府和其他公共部门合并的政府整体财务报告进行成本效益分析，准备编制中央政府整体财务报告。

2000 年英国发布了《政府资源和账户法案》（GRAA），正式以法案的形式确定编制政府财务报告。2000 年至 2002 年，继续做相关数据收集及准备工作，协调会计政策，抵销内部交易，同时试编中央政府整体财务报告。

2004 年，第一次试编完成了 2003—2004 财年的中央政府整体财务报告，但没有对外公开。之后，英国财政部不再编制中央政府整体财务报告，而开始着手试编政府整体财务报告。2007 年 1 月，首次试编完成 2005—2006 财年政府整体财务报告，没有对外公开。2011 年，英国财政部首次公布了 2009—2010 财年政府整体财务报告，并开始定期发布报告，报告中与政府资产负债表相关的内容为财务存量报表，展示公共部门的资产和负债。此后，

又陆续发布了2010—2011财年、2011—2012财年政府整体财务报告，涵盖的公共部门数量已经从2009—2010财年的1500多家发展到2013—2014财年的3000余家。

英国财政部每年发布年度政府财务报告手册（FReM），这是主要依据国际财务报告准则（IFRS）制定的政府财务报告编制制度，政府整体财务报告就是依据该制度框架进行编制的，其部门分类涵盖国民账户核算体系中的公共部门。

（二）统计部门政府资产负债核算历程

英国国家统计局编制的政府资产负债表是国民经济核算体系的重要组成部分。英国的国民经济核算起源于国民收入估算，最早可以追溯到1665年经济学家威廉·配第根据其提出的“政治算术”学说在英国做的国民收入估算研究。

以国民经济核算体系（SNA）产生为界，英国的政府资产负债核算大致可以分为早期研究和近现代研究两个阶段，第一阶段为1665年到第二次世界大战前夕，此阶段的主要特点是：(1) 以民间自发研究为主，官方参与较少。主要是由个别的统计学家和经济学家进行，代表人物是威廉·配第。比较著名的官方研究是英王威廉一世在1806年组织编写的《土地调查清册》，其使用全面普查的方法，涵盖了全英国的农田、林地、牲畜等几乎所有资产，相当于当时最全面的国家财富声明。(2) 没有形成系统的方法论。在此期间的研究主要是从实际的经济问题出发，没有完整的核算体系。(3) 发展时间漫长，进展较为缓慢。

第二阶段为第二次世界大战之后至今。这个阶段英国的政府资产负债表研究发展过程与国民经济核算体系的发展基本保持一致，经历了孕育期、初创期、发展期和成熟期四个时期。其中孕育期是指第二次世界大战结束至1952年，此阶段英国的研究处于先驱地位。20世纪三四十年代，英国经济学家斯通开展国民经济核算的研究，在1941年英国预算白皮书上发表了研究报告《战时财政资源分析与国民收入和支出的估计数字，1938—1940》，引用了会计账户的形式，并将收入和支出结合起来核算，使得核算方法论有了重大突破，并且领导了联合国国民经济核算的研究和统计制度的制定工作，对联合国1947年公布《国民收入的计量和社会核算表的编制》和1953年公布标志着SNA正式诞生的《国民核算表及补充表体系》发挥了重要作用。初创期是指1953—1967年，联合国对1953年版SNA做了多次修改。1966年，英国经济学家 Jack Revell 根据联合国 1964 年颁布的“1953 年版 SNA”第二次修正版，估计了 1957—1961 年的英国国家资产负债表，并以此为案例讨论了编制中的理论和技术问题，如部门划分、资产分类、估值方法、数据来源等，并与美国的国家资产负债表进行了比较研究，由此推动了 1968 年 SNA（“新 SNA”）对国民账户范围的扩展，增加了国民资产负债表核算。发展期是指 1968—1992 年，经重大修改后的 1968 年版 SNA 加入了资产负债核算的相关内容，基本形成了一整套完整的核算框架。从 1975 年起，英国国家统计局每年以蓝皮书的形式发布国家资产负债表（政府资产负债表是其中的组成部分），到 1987 年，英国国家统计局首次在其内部刊物 *Economic Trends* 中公布了完整的国家资产负债表和详细的数据来源及编制方法。成熟期是指 1993 年之后，随着 1993 年对 SNA 的更新、简化、澄清和协调，SNA 体系趋于成熟。为了推进欧盟成员国在经济账户的概念、定义、分类、会计准则等方面的一致性，1995 年 11 月，欧盟统计局推出了新的国家账户体系 ESA（European System of National and Regional Account），该体系的基本指导原则与联合国 SNA1993 完全一致，但在数据表的表述和排布方式上更注重欧盟国家的经济环境和数据需求。同时，英国政府从 1997 年正式采用“金箴规则”和“可持续投资规则”指导财政政策，对国家资产负债表尤其是公共部门资产负债表的依赖性加强。在此背景下，英国国家统计局按照 1995 年 ESA 标准重新编排了 1987—1997 年的国家资产负债表，1999 年在更新数据来源和部分估值方法后再次重新编排，于 2000 年正式确认新方法。此后，英国国家统计局在年度报告、蓝皮书中也逐步公布公共部门资产负债表（公共部门包括广义政府和公共非金融公司）。2008 年联合国推出 SNA2008 取代 SNA1993，相应的，欧盟统计局也根据 SNA2008 推出新的欧洲国民账户体系 ESA2010（European System of Accounts，2010）。为此，自 2014 年开始，英国的国家资产负债表和政府资产负债表也依据 ESA2010 做出相应调整。

第二阶段英国资产负债核算研究的特点是：（1）有系统的核算体系作为指导。不单单局限于某几个指标的计算，而是形成了指标体系。（2）采用复式记账法，体现出了各指标间的平衡关系，这是国民经济核算的一个质的飞跃。（3）核算标准逐步走向标准和统一，经济发展要求统计数据在国际间可比，因此核算的标准化与国际化是必然趋势。

整个英国政府资产负债核算的历史进程详见表 2－1。

表 2－1　　　　英国政府资产负债核算研究发展历史简表

<table>
<tr><th colspan="2">发展时期</th><th>时间</th><th>代表事件</th><th>影响和意义</th><th>核算体系</th></tr>
<tr><td colspan="2" rowspan="2">早期发展阶段</td><td>1665 年</td><td>威廉·配第提出政治算术学说</td><td>国民经济核算的开端</td><td rowspan="3">没有系统的核算体系</td></tr>
<tr><td>1806 年</td><td>威廉一世的《土地调查清册》</td><td>著名的官方主导的早期研究</td></tr>
<tr><td rowspan="7">近现代发展阶段</td><td>孕育期</td><td>20 世纪 40 年代</td><td>经济学家斯通等人的相关工作和研究</td><td>改进了核算方法论，推动了第一个系统核算体系 SNA1953 的发布</td></tr>
<tr><td>初创期</td><td>1966 年</td><td>Jack Revell 估计了 1957—1961 年的英国国家资产负债表，并且与美国的国家资产负债表进行了比较研究</td><td>在 SNA 中加入了资产负债核算的内容，促进了 SNA1968 产生</td><td>SNA1953</td></tr>
<tr><td rowspan="2">发展期</td><td>1975 年</td><td>从当年起，英国国家统计局每年以蓝皮书的形式发布国家资产负债表</td><td rowspan="2">SNA 体系基本完整，向资产负债核算拓展，核算方法大大进步</td><td rowspan="2">早期 SNA1968，后期 SNA1993 与 ESA1995</td></tr>
<tr><td>1987 年</td><td>英国国家统计局首次公布了完整的国家资产负债表和详细的数据来源及编制方法</td></tr>
<tr><td rowspan="3">成熟期</td><td>1995—2000 年</td><td>英国国家统计局按照 1995 年 ESA 标准先后两次重新编排了 1987—1997 年的国家资产负债表，于 2000 年正式确认新方法</td><td rowspan="2">体现了核算体系的国际可比性与统一性</td><td>SNA1993/ESA1995</td></tr>
<tr><td>2008 年后</td><td>欧盟统计局根据 SNA2008 推出新版 ESA，英国国家统计局也做出对应调整</td><td>SNA2008/新版 ESA</td></tr>
<tr><td>2011 年</td><td>英国财政部从当年开始定期公布英国政府整体财务报告（the Whole of Government Accounts，WGA）</td><td>为整个公共部门制定一套统一的合并财务报表</td><td>国际财务报告准则（IFRS）</td></tr>
</table>

二、英国政府资产负债表编制的现状

（一）财政部门编制的资产负债表

英国财政部按财务年度（每年 4 月 1 日至次年 3 月 31 日）编制政府整体财务报告（WGA）。它借鉴商业会计方法，为整个公共部门制定了一套基于国际财务报告准则（IFRS）的、统一的合并财务报表，其目的在于提供质量更高的、更透明的信息，支持财政政策的发展，更加有效地分配资源。

《政府资源和账户法案（2000）》为WGA提供了法律基石，该法案确立了部门编制资源报告的法律依据，它要求财政部为每个履行公共职能的实体，以及部分或全部由公共资金支持的实体编制政府整体财务报告。年度政府财务报告手册（FReM）为WGA提供了制度规范和技术指导。

从报表体系上看，WGA主要包括合并的收入支出表、财务状况表和现金流量表。其中财务状况表就是公共部门合并的资产负债表。不同于美国的会计报告标准，英国的资产负债表不以平衡表的形式展现，而是“竖式”报表。表2－2为英国财政部编制的合并财务状况表表样。此外，还针对资产负债表中由纳税人权益提供的资金（数值等于净负债）编制了纳税人权益状况及变动表（SoCTE）。

从部门分类上看，WGA涵盖所有公共部门，即广义政府和公共公司。广义政府包括中央政府和地方政府两个层次，公共公司包括公共非金融公司和公共金融公司。年度WGA报告的附录中分部门列出了全部并表机构。

从资产负债类型上看，合并的财务状况表中的资产按其流动性（期限以一年为界）分为非流动资产和流动资产。其中非流动资产中最主要的项目是房地产、工厂和设备（即固定资产），流动资产中最主要的项目是贸易和其他应收款及其他金融资产（主要是存款、贷款、债务证券和股权投资）。负债也按流动性分为流动负债和非流动负债。负债中最主要的项目包括政府借款和融资、公共部门养老金净负债和其他金融负债（主要是银行存款和货币发行）。财务状况表中还包括由纳税人权益提供资金，其数额等于资产和负债的差额，即净负债。

表2－2　英国政府合并的财务状况表表样

项目	2013—2014财年（10亿英镑）	2012—2013财年重估计（10亿英镑）
非流动资产		
房地产、工厂和设备		
投资性房地产		
无形资产		
贸易和其他应收账款		
公共部门银行的股权投资		
其他金融资产		
非流动资产合计		

续表

项目	2013—2014 财年（10 亿英镑）	2012—2013 财年重估计（10 亿英镑）
流动资产		
存货		
贸易和其他应收款		
现金和现金等价物		
黄金		
持有待售资产		
其他金融资产		
流动资产合计		
资产合计		
流动负债		
贸易和其他应收款		
政府借款和融资		
债务准备金		
其他金融负债		
流动负债合计		
净流动负债		
资产合计减流动负债		
非流动负债		
贸易和其他应收款		
政府借款和融资		
债务准备金		
公共部门养老金净负债		
其他金融负债		
全部非流动负债		
净负债		
由纳税人权益提供资金		
由未来收入偿还的负债		
一般准备		
重估准备		
其他准备		
由未来收入偿还的总负债		

（二）统计部门编制的资产负债表

英国政府资产负债表由英国国家统计局宏观经济统计与分析部按季度编制，是英国国民经济核算体系（United Kingdom Economic Accounts，UKEA）的组成部分。其数据时间不同于财政部的整体财务报告，是按日历年度和季度来编制的。

为了保证与国际标准的协调性和与欧盟成员国统计数据的可比性，英国的国民经济核算遵循欧洲国民账户体系标准。ESA 是依据 SNA 制定的适用于欧盟成员国的国民账户统计标准。各成员国均需按该标准编制本国的国家资产负债表并向欧盟统计局报送。英国国家资产负债表中的部门、资产负债分类、计值原则、表式等基本与 ESA 标准一致。SNA2008 在全球范围内推广采用后，ESA 也及时做了修订并于 2010 年出版，由 ESA1995 发展为 ESA2010。英国从 2014 年开始采用新的 ESA2010 开展国民经济核算。

从报表体系上看，英国按季公布季度国民经济核算成果，按年发布《英国国民经济核算——蓝皮书》，包括部门账户、资金流量表和国家资产负债表等一整套报表。其中，资产负债表包括某一时点按部门分类的资产负债表和某一部门按时间序列列示的资产负债表。英国政府资产负债表也是“竖式”报表，而不是按平衡表的形式列示的。表 2－3 为英国公共部门资产负债表表样。

表 2－3　英国公共部门资产负债表表样

	项目	广义政府	中央政府	地方政府	公共非金融公司	公共部门
	非金融资产					
AN. 11	固定资产					
AN. 111	住宅					
AN. 112	其他建筑物和设施					
AN. 1121	非住宅建筑					
AN. 1122	其他设施					
AN. 113	机器、设备和武器					
AN. 1131	运输设备					
AN. 1132	信息与通信技术设备					
AN. 1139	其他机器、设备和武器					
AN. 115	耕种资源					
AN. 117	智力资产					

续表

	项目	广义政府	中央政府	地方政府	公共非金融公司	公共部门
AN. 12	存货					
AN. 1	生产性非金融资产合计					
AN	非金融资产合计					
	金融资产和负债					
	金融资产					
AF. 1	货币黄金和特别提款权					
AF. 2	通货和存款					
AF. 3	债务证券					
AF. 4	贷款					
AF. 5	股权和投资基金份额					
AF. 6	保险、养老金和标准化担保计划					
AF. 7	金融衍生品和雇员股票期权					
AF. 8	其他应收款					
AF. A	金融资产合计					
	金融负债					
	货币黄金和特别提款权					
AF. 2	通货和存款					
AF. 3	债务证券					
AF. 4	贷款					
AF. 5	股权和投资基金份额					
AF. 6	保险、养老金和标准化担保计划					
AF. 7	金融衍生品和雇员股票期权					
AF. 8	其他应付款					
AF. L	金融负债合计					
BF. 90	净金融资产/负债					
B. 90	总净值					

第二节　英国政府部门的范围及其划分

英国是一个单一制、君主立宪的民主国家，它是资本主义制度发展最早且较为完善的国家，它的政府体系直接影响了许多其他国家的政府体系设置。英国政府及公共部门的概念和分类遵循 ESA2010 的标准，这一标准广泛应用于英国国民账户、公共部门财政及劳动力市场统计等。英国财政部采用的部门分类也参考统计局的国民账户进行，其编制的政府整体财务报告涵盖的机构范围即国民经济核算中的公共部门。英国统计局每年会公布“公共部门分类指南”，逐一列出全国归属于公共部门及其子部门的机构，包括广义政府机构和公共公司。

一、狭义政府

（一）中央政府

中央政府是指影响力覆盖整个经济领土的全部国家行政部门及其他中央机构。英国实行议会制政体，中央政府即内阁由议会多数党产生，并向议会负责。中央政府的职权主要有：提供全国范围的公共产品和服务，如治安、外交、司法、初等教育等；通过财政支持等方式协助提供地方性的公共产品与服务，如地区道路整治等；在议会通过有关施政法案后，监督各地方政府的贯彻实施，并对地方政府的工作进行仲裁与平衡。

由于英国独特的制度、法律、文化及历史背景，英国中央政府组织结构较为复杂，行政部门在调整组织机构时有较大弹性。除内阁部门外，还有大量政府或非政府类机构承担一定的政府职能，根据其法律地位不同主要有：首脑办事机构、内阁部门、执行机关、非内阁部委和非部委公共机构。

1. 首脑办事机构

包括枢密院，是英王的顾问机构，也是代表王权的最高行政机关；首相府，协助首相处理行政事务。

2. 内阁部门（Ministerial Departments）

在英国政治体制中，内阁是一个由首相组建的由最资深的政府部长组成的正式体制。内阁的大多数成员都是具有国务大臣头衔的英国政府部门（内阁部门）的首长。内阁成员只能从英国上下议院的议员中选取。内阁是最高的行政决策机构。英国首相需要使用君主特权的任命权任命和革除内阁大臣。因此，首相任命内阁大臣需要英国君主的正式认可，但君主认可都只是象征式的。在各内阁部门实行部长个人负责制。

目前英国主要的内阁部门有 24 个，主要负责各方面的政策制定。各个内阁部门由国务大臣（Secretary of State）领导，处理政治事务；内阁大臣经常由几位下级国务部长或者政务次官辅助。每一部门内均有一名资深公务员，名为常务次官/副次官，掌管部门内行政及施政工作，并就整个部门的财务对议会负责并接受质询。常务次官/副次官负责处理部内的日常工作，保持政治中立，不参加党派活动，聘任不会受内阁的任期影响。

3. 执行机关（Executive Agencies）

执行机关一般是在内阁部门下为某些专门性目的设立的提供服务或履行职能的部门。它们无需通过立法就可以创设或撤销。它们代表其所属内阁部门对外工作，严格意义上来讲它们并不完全独立于其所属内阁部门。它们一般由其所属部门的一名大臣或部长主管，具体工作由部门负责执行工作的总裁总负责，并设有委员会总体指导部门工作。其雇员均属于公务员序列，其资金来源各不相同，有的依靠政府拨款，有的则主要或完全依靠收费，但均需向公众公开财务情况并接受政府审计。

以英国商业部为例，其下属的公司注册署（Companies House）、破产署（Insolvency Service）、国家度量衡署（NMO）、英国知识产权署（UK－IPO）就是此种类型的执行机构，分别负责商业部主管的公司登记、破产、度量衡、知识产权方面的事宜。

4. 非内阁部委（Non－Ministerial Government Departments）

非内阁部委是不由大臣或部长担任部门首长的政府部门（非内阁部门），它们通常是依据法律设立的，并直接对议会负责，以避免政治影响。其部门首脑通常为通过选举产生的官员或一个委员会等并具有法定的职责，部门预算由财政部报议会决定，资金来源往往是行政性收费，其雇员属于国家公务员。典型的非内阁部委有主管食品安全的食品标准署（Food Standard Agency），主管征税的税收和海关署（HMRC）等。

5. 非部委公共机构（Non－Departmental Public Bodies）

非部委公共机构（NDPB）是指在政府中扮演着一定的角色，但不是政府部委，也不属于政府部委，在运作上享有一定程度自主权的公共机构。NDPB 享有一定自主权，但设立该机构的部委仍应对其作为负最终责任。对 NDPB 管理层的任命应遵照公职任命督察长办公室（Office of the Commissioner for Public Appointments）的操作规范进行。英国的 NDPB 主要有四类：

执行性非部委公共机构（Executive NDPB）。此类 NDPB 依据法律设立，履行行政、监管、商业等方面的职能，且拥有独立的人事与预算，并接受外部审计。雇员一般都不是公务员，其管理层一般由主管部委部长任命或提名女王任命。以商业部为例，设有多个执行性 NDPB，包括负责调查企业合并、市场和某些受监管行业的竞争委员会（Competition Commission），负责发展地区经济的9个地区发展署（Regional Development Agencies）等。而大英博物馆等国家博物馆则是文化、媒体和体育部下设的执行性NDPB。

咨询性非部委公共机构（Advisory NDPB）。此类NDPB通常系由部委依据行政命令设置而无需特别立法，主要负责就部委管辖相关事宜向部委首脑提供独立的专家咨询意见。此类机构通常没有自身职员，而由主管部委的公务员提供支持。此类机构通常没有部门预算，而由设立部委负担其开支。如负责就最低工资事宜提供咨询意见的低薪酬委员会等。

仲裁性非部委公共机构（Tribunal NDPB）。此类非部委公共机构通常依据法律设置，在特定领域具有类似司法判决之权力，并作为民众对于政府部门决定不服的申诉渠道，以减轻司法体系的负担。此类机构之员工通常由主管部委派员兼办，通常没有自身单独的预算。如负责审理市场公平竞争的公平交易办公室等。

独立监督委员会（Independent Monitoring Boards）。以前被称为视察委员会（Boards of Visitors），在英国每个监狱或收容中心均有设立。主要负责检查监狱状况和犯人待遇，其费用由司法部承担。

（二）地方政府

地方政府是指影响力仅覆盖本地区的各类公共管理机构。英国实行地方分权型的单一制国家结构形式，中央政府与地方政府有着较为明确的职权划分，不仅可以实现中央政府对地方政府的监督与控制，而且保证了地方政府的独立性与灵活性。

在单一制的国家结构形式下，英国由实行自治的英格兰、苏格兰、威尔士及北爱尔兰联合而成。由于没有一部成文的宪法，英国中央政府与地方政府之间的关系缺乏明确的法律规定，有关政府结构、权力及运行原则的规定散见于各种具体的法律规范之中。

英国的地方行政区划分为三级，第一级为郡、大都市与大伦敦地区；第二级为郡属区、城市区政府；第三级为教区和城镇议会。英国实行地方政权力一元制，地方政府的核心是由选举产生的地方议会，郡议会与区议会是主要的地方政府。庞大的英国地方政府负责约50项工作，包括地区规划、贸易、运输、教育和福利等方面。英行政费用中的约24%用于地方政府。

在地方自治的基础上，与中央政府相比，英国各地方政府职权主要有：一是提供地区性的公共产品和服务，如教育、住房、交通、消防、医疗保健、娱乐与文化设施、环境保护等。二是独立的征税权。地方政府要实现提供地区性公共产品和服务的职能，就必须向本辖区内的居民征税，英国地方政府的独立征税权源于房产税，并随着经济社会的发展而增加了多种专项税，而税率则由各地政府根据实际需要和地区经济发展状况确定。

二、社会保障基金

社会保障基金的主要功能是提供社会保障，主要有两个特点：一是依据法律或法规成立，公民强制参与并有缴费义务；二是由政府负责管理基金的运营，但这一管理职能是独立于政府的监管者职能和雇主职能的。英国的社保基金部门分别归属于相应层级的广义中央政府和地方政府。其中社会保障基金的管理机构属于广义的中央政府。社会保障基金的地方执行机构属于广义的地方政府。

英国是世界上最早以立法形式建立社会保障制度的国家，也是典型的高福利国家之一。近几十年来，英国以国民保险和国民保健为主体的社会保障制度，经过不断的调整和修订，到目前已达到相当的规模和较高的水平。概括起来，英国目前的社会保障制度主要包括国民保险、专项津贴、国民保健、个人社会福利、住房和教育福利等几个方面。其中，国民保险计划是一种综合性的社会保险制度，其主体是养老保险制度，还包括伤残补助、失业津贴、生育津贴等。同时，英国还是一个全民免费医疗的高福利国家。

目前，英国已经形成了由财政部下属的皇家海关和税务总署负责国民保险基金预算的编制和国民保险费的统一征收，以及由工作和养老金部负责社会保险制度制定及待遇发放的管理体制。英国皇家海关及税务总署隶属于英国财政部，负责基金收缴并进行记录。每年，英国皇家海关及税务总署负责编制国民保险基金的收支预算及决算数据表，并将其作为英国财政部预算及决算总报告的一部分向英国国会报告。

英国工作和养老金部及其下属的业务单位负责社会保障政策的制定，按照政府的社会保障福利改革计划，发放相关津贴。此外，英国社会保险基金管理的一个突出特点是成立了专门的政府精算署（Government Actuarial Department，GAD），隶属于财政部，是能够提供独立的精算咨询服务的单位。

三、非营利组织

在英国非营利组织常常被称为“志愿部门”或是“慈善组织”。它的活动范围非常广，主要集中在医疗保健、社会服务、环境保护、教育研究等领域，其中有大型机构，也有小型草根组织，总数超过 80 万家，每年对英国国民生产总值的贡献约为 5%。

英国非营利组织按照 ESA 的原则分为两类，一类是受政府和社会保障基金控制的从事非市场生产的非营利性机构（NPI engaged in non - market production controlled and mainly financed by government）。这类机构均按其所属政府层级归入广义中央政府和地方政府。如英格兰和威尔士青年司法委员会等。这类非营利机构依法成立，独立于政府，但是政府有能力决定这些机构的基本运营方针以及对组织高管的任免权利。这类机构一般是特定领域的研发机构。一般来说，只要非营利组织受政府控制和资助，就应该划归广义政府，而不论其从事的活动属于何种产业部门。另一类是不被政府控制的非营利组织，这类机构归入为住户服务的非营利机构（NPISH），其资产与负债在国家资产负债表中与住户部门合并列示。

四、公共公司

公共公司是指由公共单位控制的市场生产者，它将其产出的全部或大部分以有显著经济意义的价格提供给其他单位。如果一家公司（或者准公司）由一个政府单位或另一家公共公司或某种政府单位和公共公司的组合形式所控制，则称其为公共公司。此处的控制是指具有决定公司总体政策的能力。“控制”包括持有超过半数行使投票权的股份，或者通过立法能够指定公司决策以及高管人员等。此处的“公司总体政策”指与作为市场生产者的公司的战略目标相关联的财务和运营方面的关键政策。

在英国，公共公司包括公共非金融性公司和公共金融性公司。截至 2015 年 3 月末，英国公共非金融性公司约 290 家。如 BBC 国际有限公司、英国邮政局、伦敦地铁公司等。随着政府的国有化或者私有化行为，公司的归属可能发生变化，如英国电话公司（BT）和英国天然气公司（BG）在经过私有化之后就不再属于公共公司。英国的公共金融性公司分别按照中央银行、货币金融机构、其他金融中介、金融辅助机构、保险公司和养老金进行分类。截至 2015 年 3 月末，英国公共金融性公司约 50 家。如英格兰银行、苏格兰皇家银行、金融执行委员会（Financial Conduct Authority）等。英国国家统计局每年公布的“公共部门分类指南”中逐一列出了当年属于公共公司范围的机构名称及其实际控制人。

五、广义政府

事实上，英国国民经济核算和政府整体资产负债表使用的是广义政府的概念。从定义上看，广义政府是通过政治程序设立的、在特定区域内具有对其他机构单位行使立法、司法或行政权的法律实体。政府单位的主要特点包括：用来源于税收或其他收入的资金承担为社会和住户提供货物和服务的责任；通过转移的手段进行收入和财产的再分配；从事非市场生产。

英国将广义政府划分为中央政府和地方政府两个层级，这两个层级下分别包含受相应层级政府单位影响和控制的社会保障基金，此外还有受政府和社会保障基金控制的从事非市场生产的非营利性机构。英国的广义政府部门不包括公共公司，也不包括政府单位拥有或控制的准公司。

英国广义政府部门划分与国际通行准则（包括 SNA 和 ESA）的差异主要体现在以下几个方面：

一是政府层级的划分上，根据 SNA 和 ESA 的划分方法，广义政府一般分为四个子部门，即中央政府、省（州）政府、地方政府和社会保障基金。而英国实际上只包括中央和地方两级政府，因此核算中并未包括省（州）政府这一级。

二是社会保障基金的核算归属上，在英国的政府资产负债表上，不单独列示社会保障基金部门。在核算时，社会保障基金按照其归属，分别归入中央和地方两级政府中进行核算。

表 2－4　　　英国政府部门层级划分与国际准则的差异

SNA 和 ESA 的政府层级划分	英国实践
中央政府	中央政府＋中央政府控制的社保基金和非营利机构
省（州）政府	无此层级
地方政府	地方政府＋地方政府控制的社保基金和非营利机构
社会保障基金	归入各级政府中核算，没有单独体现

六、公共部门

英国公共部门的定义遵循 ESA，即公共部门是由所有的广义政府单位和所有常住公共公司组成的。

在英国，国民经济核算不仅编制广义政府资产负债表，也编制公共部门资产负债表，这里的公共部门包括广义政府和公共非金融公司。鉴于金融性公司与政府部门和非金融性公司在国民经济中功能的明显差异，英国政府未把公共金融性公司纳入公共部门资产负债表的并表机构。

财政部政府整体财务报告覆盖的机构范围为公共部门，包括广义政府和全部公共公司，但不对广义政府单独进行核算。

第三节　英国政府资产负债核算的范围与分类

英国财政部编制的政府整体财务报告（WGA）中的资产负债表称为合并的财务状况表（Consolidated Statement of Financial Position）。这套报表主要遵从独立财务报告咨询委员会（FRAB）的意见，是国际财务报告标准（IFRS）在公共部门背景下的应用。而英国国家统计局负责编制的国家资产负债核算主要是参照国际通用的核算框架，主要是以国民经济核算体系（SNA）为基础的欧洲核算体系（ESA），2014 年以后开始采用新的 ESA2010 标准，其他由欧盟统计局发布的解释性手册等也对其核算方法提供指导。无论是财政部的合并的财务状况表还是统计局的政府资产负债表，都是在某一特定时点编制的、记录一个机构单位或一组机构单位所拥有的资产价值和承担的负债价值的报表，其核算对象都是经济资产，也就是机构单位对它拥有所有权，所有者通过对它的使用可以获得经济利益的实体。

一、政府整体财务报告中财务状况表的资产负债核算的范围与分类

（一）非流动性资产

非流动性资产即到期日在一年以上的资产。

1. 房地产、工厂和设备

也即固定资产。政府整体财务报告中的固定资产包括基础设施、建筑物、房屋、土地、在建工程、军事设备、工厂和机器、交通工具、IT 软硬件及设备以及家具、装修及其他等 10 类。其中，基础设施又分为战略性路网、地方行政基础设施、伦敦交通基础设施、苏格兰水利基础设施等各个类型。

房地产、工厂和设备初始确认时以成本计值，以后各期以现行成本或历史成本减折旧的方法计值。市政服务机构的处所以现行社会房产的使用价值计值。

一个例外的情况是，为了应对国家紧急状态的战略性物资列入非流动性资产中的房地产、工厂和设备项。战略性物资往往通过不断补给维持在一个固定的水平，所以不需要折旧。储备物资的重新估值计入当期损益，而不是计入重

估准备。

土地和建筑物在合理的区间范围内计值，如果期间发生变化，可以对计值做中期评估和调整。重新计值的利得贷记重估准备，损失则借记重估准备。如果资产被出售，则重估准备中的所有余额均转入当期损益。

2. 投资性房地产

投资性房地产是指以获取租金收入或者资本增值为目持有的房地产，包括土地或建筑。在英国，投资性房地产主要是地方行政机构拥有的土地和建筑物。对于投资性房地产，其控制人对该类资产拥有所有权而非通过租赁得来。

投资性房地产初始确认时以成本计值，包括交易成本。初始确认以后，以公允价值计值。由于按公允价值进行调整、处置投资性房地产等原因形成的收益或损失计入当期损益。

3. 无形资产

无形资产是指可辨认的、没有物理形态的非货币资产。包括军事设备、研发费用、软件许可证、内部开发软件、执照、商标、专利及商誉。

无形资产中的军事设备主要指开发新设备或改进现有军事设备的研发费用。对于置于计算机控制设备内部的软件，由于其不能离开特定设备独立运行，只能与硬件设备作为一个整体，因此应该视为固定资产而不是无形资产。

无形资产初始确认时以成本计值。初始确认以后，如果存在活跃的市场，则无形资产按照公允价值计值。如果不存在活跃的市场，则公开的指数可以用来代替公允价值以估计这类资产的重置成本。无形资产摊销的周期和摊销方法至少在每个财年末检查评估一次。

使用年限超过一年的计算机软件许可证可作为无形资产。如果其使用价值难以覆盖运行成本，这类资产就视为已损失。软件许可证的摊销期限采用许可期限和使用经济寿命孰短原则，通常是 3 年到 15 年。

4. 贸易和其他应收款（一年以上）

贸易和其他应收款包括应收税金、贸易应收款、其他应收款、预付款及其他应计收入、PFI① 预付款。

贸易和其他应收款初始确认时采用公允价值计量，此后以已摊余成本计值。

---

① PFI（Private Finance Initiative），私人融资计划，是英国政府于 1992 年提出的，在一些西方发达国家逐步兴起的一种新的基础设施投资、建设和运营管理模式。由政府等公共部门机构与私人部门机构签订合同，开发、融资、运营及持有固定资产或基础设施。在这类融资安排下，如果公共部门的机构控制或管理该项目并且掌握重要的剩余利益，则需要在政府财务状况表中反映。

公允价值为未来现金流按照当其有效利率折现而得的现值。

5. 公共部门银行的股权投资

英国财务状况表中单独列示的公共部门银行股权投资是指英国政府持有的苏格兰皇家银行集团和劳埃德银行集团的股权。这两家银行虽然是公共金融公司，但没有完全与政府整体财务报告（WGA）并表。而英国政府对英国资产处置有限公司的股权投资则因为其已完全并表，所以不在该项资产中列示。

公共部门银行的股权投资作为可供出售资产以公允价值计量。

6. 其他金融资产（一年以上）

纳入非流动资产的其他金融资产包括期限在一年以上的贷款和存款、股权投资（包括公共部门银行股权投资）、IMF 捐赠份额、助学贷款及其他。其他项主要按金融资产四分类的计值原则划分，包括以贷款及应收款项、持有至到期投资、可供出售金融资产、以公允价值计量的交易性金融资产。其中，贷款及应收款项、持有至到期投资纳入非流动资产，可供出售金融资产、以公允价值计量的交易性金融资产纳入流动资产。

贷款包括英国资产处置有限公司（UKAR）的抵押贷款。也包括给银行或银行分支机构的融资，或者作为中央清算对手购入的回购资产，机构在记录回购协议价值时依据抵押品价值的变动每日调整，这些金融资产的细节信息在外汇平准账户、债务管理账户和英格兰银行的账务信息中体现。此外还包括政府为了金融稳定目的提供的融资支持。存款主要包括地方政府在商业性金融机构的存款。贷款一般按贷款和应收款或者持有至到期投资以摊余成本计量。存款有的按摊余成本计量，或者作为交易性金融资产按公允价值计量。

股权投资不仅包括对国内私人部门的股权投资，还包括对欧洲投资银行及其他国际金融机构的股权投资。股权投资按公允价值计量。

IMF 捐赠份额是英国对国际货币基金组织（IMF）的缴款中纳入非流动资产的部分。英国自 1944 年开始成为 IMF 成员国，按要求需要以特别提款权（SDR）、基金账户单位或其他货币等形式向 IMF 缴纳份额。IMF 捐赠份额按照贷款及其他应收款的形式以摊余成本计值。

其他投资主要包括两部分内容，一是英格兰银行持有的外国政府债券、外币债券及股权投资。投资明细在英格兰银行的账务信息中显示。二是国家债务管理办公室（Debt Management Office）为执行其现金管理操作而持有的有价证券。投资明细在国家债务管理办公室的账务信息中显示。

助学贷款按贷款发放时的原值贴现的净现值计值，并要扣减未来损失的估计作为减值。这种估值要求遵循较为严格的会计假设。影响贷款账面价值的假设主要有贴现率、毕业收益、通货膨胀率和英格兰银行基准利率。这些假设和预测每年调整一次。

（二）流动资产

流动资产即到期日在一年以内的资产。

1. 存货

在英国政府整体财务报告中，存货包括原材料和易耗品、土地和建筑物及其他在产品、再销售产品和产成品、用于再销售的土地、建筑物及已整理完成的土地及建筑物。其中原材料和易耗品覆盖范围比较广泛，例如使用期限较短的军火就在存货里核算。

除了在产品按照成本和可实现净值两者孰低计值，其他存货按照成本或现期重置成本计值，只有在其不能或将要不能被使用时才采用可实现净值计值。

2. 贸易和其他应收款（一年以下）

纳入流动资产的贸易和其他应收款期限在一年以下，其项目与一年以上的贸易和其他应收款相同，包括应收税金、贸易应收款、其他应收款、预付款及其他应计收入、PFI 预付款。其计值方法也与一年以上相同。值得注意的是，大部分的贸易和其他应收款是到期日在一年以下的流动资产。

3. 现金和现金等价物

现金和现金等价物包括手持现金以及在银行和其他金融机构的短期存款余额。它们能以较小的价值变动风险便利地转换成一定数额的现金，通常原始到期日在三个月以内。现金及现金等价物不包括银行透支。

现金及现金等价物以公允价值确认和计量。

4. 黄金

黄金包括持有的黄金和黄金存款。它以公允价值确认和计量。黄金的价值等于报告期末伦敦黄金交易所以美元报价的现货价格折成英镑的价格。由于公允价值变动引起的黄金资产价值变动计入当期损益。

5. 持有待售资产

持有待售资产是指持有待售的房地产、工厂和设备以及其他的非金融资产。该类资产按照获得价值和公允价值孰低来计值，并且要减去预计的出售成本，不需要折旧。

6. 其他金融资产（一年以内）

纳入流动资产的其他金融资产包括期限在一年以内的贷款和存款、债务证券、股权投资、IMF 特别提款权、助学贷款及其他。各类金融资产的含义与纳入非流动资产的部分一样，只是期限均在一年以内。其中，债务证券中相当大的一部分是由外汇平准账户持有的外国政府或其他公共机构发行的债券。期限在一年以内的金融资产，如债务证券等均以公允价值计量。

（三）流动负债

流动负债即到期日在一年以内的负债。

1. 贸易和其他应付款（一年以内）

贸易和其他应付款是与日常业务相关的负债，包括应付或延期收益、应付税款的偿还、应付贸易款、其他应付款项、表内 PFI 项下债务、融资租赁项下债务。贸易和其他应付款按照摊余成本计值。

表内 PFI 项下债务与 PFI 项目密切相关。PFI 通常是由政府和私人机构合作进行基础设置建设或其他固定资产投资。如果 PFI 项目风险主要由合同中的私人机构承担，则对于政府来说，其费用计入运营成本。如果 PFI 项目风险主要由政府承担，则政府应将其相关交易计入资产负债表。

2. 政府借款和融资（一年以内）

政府借款和融资是指政府对公众发行的债务性融资工具，包括金边债券、国内储蓄和投资产品以及财政部债券。

金边债券是英国政府发行的以英镑计值的上市债券，其利率固定或者与零售价格指数挂钩。金边债券由财政部下辖的国家债务管理办公室（DMO）发行，其目的是为政府的融资承诺提供资金来源。公共部门持有的金边债券依据合并原则，不在整体的财务状况表（资产负债表）中反映，公共部门养老金计划持有的金边债券除外。

国内储蓄和投资产品是指政府以国库为支持向公众发行的安全性较高的储蓄和投资品（主要是债券），为公共开销提供资金来源。

财政部债券是由国家债务管理办公室发行，与其他的货币市场操作工具一起用于满足政府日常资金需求，基本上为期限较短的流动负债。

政府借款和融资均按摊余成本计值。

3. 债务准备金（一年以内）

债务准备金是指为应对可能出现的成本支出提取的准备金。准备金的确认需要满足三个条件：现期的负债是过去事件的结果、履行义务会使经济利益发生转移、负债的价值能够可靠地估计。考虑到资金的时间价值，准备金将以未来支出的贴现值计值，贴现率根据英国金边债券的收益率曲线确定。

比较典型的准备金包括减核准备、医疗过失准备和其他准备。减核准备主要是为减核计划估算的成本，包括核电站和设备退役或迁址等。这一计划将在2017年完成，为此政府将在这一期间连续提取准备金。医疗过失准备是为卫生服务机构由于医疗过失进入法律程序可能发生的成本提取的准备。已知的已报告案件按照解决案件可能发生的成本逐一计值，并考虑可能成功的概率；已发生但未报告的案件按精算模型预测价值。

4. 其他金融负债（一年以内）

包括银行存放款项、流通中货币、IMF特别提款权分配、银行和其他借款、债务证券及其他负债。

银行存放款项包括英格兰银行持有的银行和其他金融机构存放款项，还包括回购项下的存款。回购项下存款主要是债务管理办公室现金管理操作以及外汇平准账户流动性管理操作的结果。银行存放款按摊余成本计量。

流通中货币由英格兰银行货币发行部门发行。英格兰银行负责维持公众对货币的信心，满足公众随时兑换的需求。

IMF特别提款权分配是英国政府对IMF的负债。当一个国家加入IMF的特别提款权协议，则会被分配一定数额的特别提款权缴款要求。特别提款权分配由外汇平准账户持有，均作为交易性负债按照公允价值计量。

银行和其他借款主要包括中央政府机构或地方政府机构从银行或其他金融机构的借款余额，包括银行账户透支，按照摊余成本计量。

债务证券包括除政府外的其他并表机构发行的债务证券。其他负债主要是英格兰银行发行的外汇债券。均按摊余成本计量。

（四）非流动负债

即到期日在一年以上的负债。

1. 贸易和其他应付款（一年以上）

其含义和明细项目与纳入流动负债的贸易和其他应收款基本一致，但不包括融资租赁项下债务，按照摊余成本计值。

2. 政府借款和融资（一年以上）

包括金边债券、国内储蓄和投资产品，含义和计价方式均与一年以内的政府借款和融资相同，只是期限较长，按照摊余成本计值。

3. 债务准备金（一年以上）

其含义和明细项目与纳入流动负债的准备金基本一致，只是期限在一年以上。

4. 公共部门养老金净负债

公共部门养老金净负债是指应向公共部门现有和以前雇员支付的养老金。英国政府有两种形式的养老金计划，一是非基金，即收益性养老金计划；二是基金，即贡献性养老金计划。

5. 其他金融负债（一年以上）

包括银行和其他借款、债务证券、融资担保及其他负债。其中，银行和其他借款、债务证券与相应的流动负债的区别在于期限上。

融资担保合同是指当被担保债务发生违约时，合同发行人需要向持有人偿还债务的金融工具，主要为一年以上的非流动负债。融资担保按公允价值确认，然后按照以下两项孰高的原则计值：一是原始债务金额减去累计抵押品价值，二是对报告期覆盖金融债务的可能性支出的估计值。

（五）权益

包括一般准备、重估准备和其他准备。

二、国民经济核算政府资产负债表中资产负债核算的范围与分类

（一）资产

英国资产负债核算中，资产划分为金融资产和非金融资产。

金融资产是一种索取实物资产的无形的权利，并能够为持有者带来货币收入流量的资产。金融资产的划分与国民经济核算体系（SNA）一致，包括货币黄金和特别提款权，通货和存款，债务证券，贷款，股权和投资基金份额，保险、养老金和标准化担保计划，金融衍生品和雇员股票期权以及其他应收款。

非金融资产是指机构单位单独或共同对其执行所有权或处置权，并通过在核算期内持有或使用它们可从中获得经济利益的，除金融资产以外的经济资产。非金融资产按产生的方式或过程可划分为生产资产和非生产资产。生产资产由固定资产、存货组成；其中，固定资产又划分为有形固定资产和无形固定资产（智力资产），有形固定资产又按住宅、其他房屋和建筑物、机器和设备、耕种资源分类核算；无形固定资产主要是指矿物勘探权、计算机软件等。存货按原材料及用品、在制品、制成品、转售货物分类核算。非生产资产可大致分为两类：一类是资源资产，即有形非生产资产，由土地资产、水资源资产、地下资产和非培育生物资产组成；另一类是无形非生产资产，如专利权、商誉等。需要说明的是，由于非生产资产的概念辨析和估值存在困难，英国政府资产负债表并未对非生产资产进行统计核算。但是对于油气资源核算，在附属表中有所体现，但也仅限于物量统计，按货币计量的油气资源核算还处于试验统计阶段。

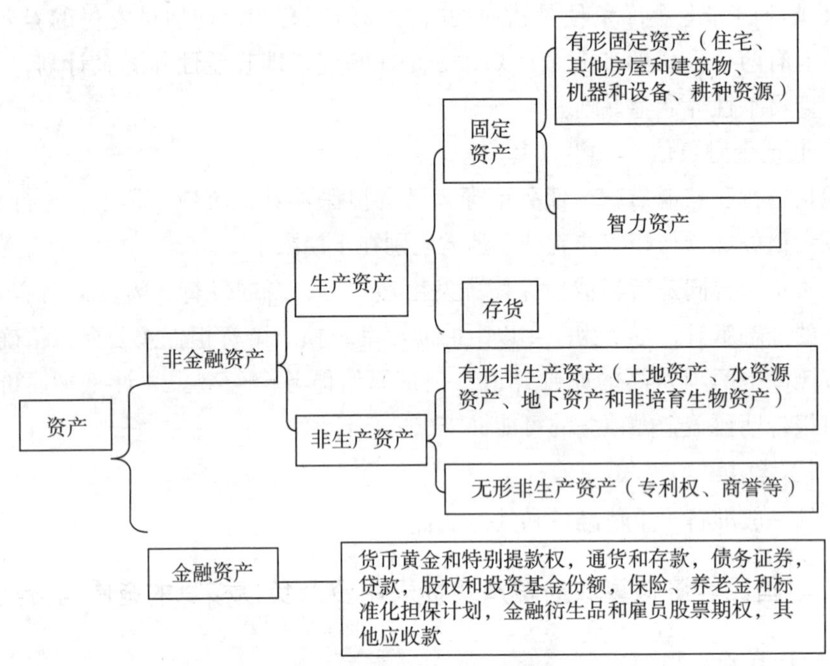

图 2－1　资产分类示意图

与此同时，近年来英国统计局不断修正资产核算的范围，以下资产被纳入非金融资产：奶牛、猪牛良种牲畜和可用于民用的军事建筑（如医院、码头、机场、急救车辆等）列入固定资产；计算机软件、艺术原创作品（仅限媒体、电影、出版和唱片行业）、采矿权、无线电频率资源、承租人的租赁权利，纳入无形生产资产。2000 年电磁频道资源首次被计入有形资产。

（二）负债

每一项金融资产都有与其对应的金融负债。金融负债是指企业的下列负债：(1) 向其他单位交付现金或其他金融资产的合同义务。(2) 在潜在不利条件下，与其他单位交换金融资产或金融负债的合同义务。(3) 将来须用或可用企业自身权益工具进行结算的非衍生工具的合同义务，企业根据该合同将交付非固定数量的自身权益工具。(4) 将来须用或可用企业自身权益工具进行结算的衍生工具的合同义务，但企业以固定金额的现金或其他金融资产换取固定数量的自身权益工具的衍生工具合同义务除外。其中，企业自身权益工具不包括本身就是在将来收取或支付企业自身权益工具的合同。金融负债在初始确认时划分为以下两类：以公允价值计量且其变动计入当期损益的金融负债（包括交易性金融负债和指定为以公允价值计量且其变动计入当期损益的金融负债）、其他金融负债。

英国一般政府和公共部门的资产负债表中，负债仅包括金融负债，从金融工具层面与金融资产的分类基本一致，具体包括货币黄金和特别提款权，通货和存款，债务证券，贷款，股权和投资基金份额，保险、养老金和标准化担保计划，金融衍生品和雇员股票期权以及其他应付款。

（三）估值方法

如果要在不同的经济单位和部门之间加总资产和负债，并也要在不同时间点上比较资产和负债，只有现行市场价格估价才能满足这些要求。但并非所有资产都有市场价值，估值的方法也是多种多样的，常用的估值方法有如下几种。

1. 市场价值法

具有交易市场的资产或负债能够以市场价值进行估值，如土地、居民住宅、特定用途的土地、某些耐用消费品等资产，以及上市公司股票、大部分的公司债券、政府债券和某些政府担保抵押贷款等金融资产。某些资产没有交易市场，但可以从相关资产的市价中得到其市值，如住房抵押贷款、定向发行的股票和债券等。在有形资产估值中，资产的二手市场价格也可作为当前市价，但需满足两个条件：该资产存在活跃的竞争性市场；该价格可以代表仍在使用中的同类资产的价值。通常有几种具体估值方法：市场测定价值法、市场价格参照法、市场折余法等。

2. 重置成本法

就是将过去构建形成的资产按照现在的重置价值进行估价的一种评估方法，主要应用于没有交易市场的资产，或者是没有收益、市场上又很难找到交易参照物的资产，如商业和工业建筑、政府工程、学校、医院和大部分耐用生产品等。

3. 减值重置成本法

减值重置成本法是考虑了资产折旧后的重置成本法，多用于固定资产和存货的估值，最常用的方法是永续盘存法，也即通过固定资本总量形成的历史记录、固定资产的预计使用年限和固定资本总量的历史价格指数来估计当前价值。永续盘存法实质上是将不同时期的流量逐年调整、折算，然后累加成意义一致的存量。

4. 未来收益现值法

通过测算被估算资产的未来预测收益，并按照一定折现率估算出资产的现值。通常适用于生产资产中的无形固定资产和非生产资产的估价。

5. 面值

面值是需要偿还的未经贴现的本金数额，只适用于索偿权和债务。对于短期无息索偿权（货币、活期存款、应收应付账款等）和可赎回寿险保单等产生的索偿，面值与市值基本一致。期限略长且利息累计的索偿权情况也类似，如金融机构的定期存款。对于定期支付利息的证券或折价证券，对累计利息做出调整后，面值也可认为与市值一致。

英国资产负债表的计算过程中，对于所有住宅、农业、商业和工业土地及建筑市场的估值采用市场价值法。因为对于这些类型建筑物的价值估算，房地产市场已经提供了必要的信息。同样，对于道路车辆、船舶和飞机，其市场估值也可以得出。然而对于厂房、机械或如学校、医院之类的建筑以及如煤气总线、煤矿、道路等之类的工程，其市场估值却是很难得到的。在这种情况下，联合国提出了许多选择以计算这种估值：一是用当前重置成本折旧；二是通过资产的未来回报来计算其现值；三是利用来自相关市场的信息使生产要素资本化，再计算这种资本化要素的预期收益。在一般情况下，英国采用永续盘存法计算。在其他情况下，英国则基于评级列表计算其课税价值的资本化。具体的资产估算方法参见表 2 –5。

表 2 –5　　　　资产及负债的计值方法

<table>
<tr><th>资产类别</th><th colspan="3">资产实例</th><th>估算方法</th></tr>
<tr><td rowspan="6">生产资产</td><td rowspan="5">固固定资产</td><td rowspan="4">有形固定资产</td><td>住宅</td><td>市场价值法。</td></tr>
<tr><td>其他建筑和结构</td><td>商业、工业及其他建筑业基于永续盘存法。</td></tr>
<tr><td>机械和设备</td><td>船舶和飞机采用市场价值法，铁路机车车辆采用永续盘存法。道路车辆的市场估值基于交通部显示的库存和二手市场的车辆和火车的价值。厂房和设备的估值采用永续盘存法。</td></tr>
<tr><td>耕种资源</td><td>账面价值法、重置成本法。</td></tr>
<tr><td colspan="2">智力资产</td><td>如果有相关市场交易价格，按照实际的或类似的交易价格估价；在没有市场交易参考的情况下，则采用未来收益现值法估价。</td></tr>
<tr><td colspan="3">存货</td><td>到核算期末止所拥有的存货总价值：对各类存货，分别按照相应的市场价格进行估价，加总核算资产总价值。
（1）对产成品和商品存货，按核算时点的生产者价格和商品销售价格估价。
（2）对生产企业作为原材料储备的存货，按核算时点的购买者价格估价。
（3）对处于在制品状态的存货，按核算时点的基本价格或生产者价格估价。
（4）对具有耕种资源性质的存货，应用未来收益现值法估算其价值。</td></tr>
</table>

续表

资产类别	资产实例	估算方法
非生产资产	无形非生产资产（专利、商誉等）	如果有相关市场交易价格，按照实际的或类似的交易价格估价；对于土地等资产，通常根据评估价值估价；在没有市场交易参考的情况下，则采用未来收益现值法估价。
	有形非生产资产（森林、土地、地下资产等）	根据土地用于特定用途的价值与该土地上建筑物的价值之比间接估值。
金融资产和金融负债	货币黄金和特别提款权	货币黄金按其在国际市场上通行的价格估价，特别提款权可按国际货币基金组织计算的市场价格估价。
	通货和存款	债务人清偿存款时，依照存款条件及合同义务应向债权人偿还的本金额。
	债务证券	对长期证券和有交易的短期证券，应该按照交易价格估价。对那些没有交易的短期证券，则要考虑发行的方式：按面值发行的，应以面值加本期累计应计利息作为其价值，如果已经设定了利率，则直接按面值估价；折价发行的，其价值等于发行价格加实际折价摊销、加本期累计应计利息；溢价发行的，其价值等于发行价格减实际溢价摊销、加本期累计应计利息。
	贷款	债务人在贷款到期时，按照贷款合同规定义务应偿还给债权人的本金额。
	股权和投资基金份额	如果在股票交易市场上经常进行交易，则按市场交易价格估算其价值；如果没有交易，则可参照类似的上市股票及其他权益的交易价格估价。
	保险、养老金和标准化担保计划	按这些准备金被投资于其他各种资产在核算时点的实际价值估算。
	金融衍生品和雇员股票期权	原则上按市场价值法计值。由于基础资产价格变动引起市场价值为正则计入资产方，为负则计入负债方，对某些逐日计入损益的金融衍生品，则资产负债表中余额为零。如无市场价值则按合同赎买价格或应付保证金等估算，对雇员股票期权，如无市场价值可采用期权定价模型估值。
	其他应收款	按债务清偿时债务人依据合同义务应向债权人支付的本金额估算。

第四节　英国政府资产负债表的编制

一、财政部门政府资产负债表的编制

（一）数据的来源

政府整体财务报告（WGA）的数据主要是根据IFRS的标准，向属于公共部门分类下的机构收集得到的。各机构首先根据各自认可的会计核算框架发布经过审计的报表，然后国家审计办公室对相关报表进行审计，民间审计机构行使监督的权利，最终出具各个机构财务报表的审计报告，政府整体财务报告再对这些经过审计的报表做合并报表处理。

WGA涵盖机构的含义是由GRAA法案确定的，“全部或实质上由公共资金支持执行公共职能的机构”，财政部确定并表机构范围时参考了ONS的机构部门分类，从而保证政府财务报告数据与国家资产负债表数据的协调。与ONS公共部门资产负债表机构范围仅包括广义政府和公共非金融公司不同的是，WGA涵盖的机构为广义政府和公共公司范围内的机构。

英国财政部每年会发布上一财年政府整体财务报告的编制指南（Guidance to the Whole of Government Accounts）并指定报数机构［The Whole of Government Accounts（Designation of Bodies）Order］。报数机构分为直接报数机构和代报机构。其中直接报数机构只需报送本法人机构的财务报表，而代报机构需要将其代为报送的机构报表与自身报表合并后再向财政部报送。财政部为每个报数机构分配交易对手代码（CPID），通常情况下各部委及非部委公共机构均有独立的CPID，可以直接报数，而各部委的执行机构没有独立的CPID，需要由其主管部委合并后代为报数。例如，高速公路管理局作为交通运输部的执行机构就由交通运输部代为报数。代报机构还需将其并表机构的变动信息向财政部报备。

2012—2013财年，英国财政部采用新的数据报送和处理系统OSCAR，进一步提高了数据处理能力。WGA核心采集表称为DCT报表。这套报表包括两部分数据，一是资源账户（Resource Account），即IFRS框架下各机构的财务报表；二是交易对手数据。为了保证合并的准确性，WGA要求所有机构必须报送交易对手数据，并且对交易对手数据进行交叉核对。同时针对中央政府报数机构设定了交易对手数据的误差带。中央政府范围内机构之间的交易对手数据必须一

致，误差带为500万英镑。地方政府、公共公司没有误差带要求，但可能在将来会设置误差带要求。如果交易对手数据不一致，其差额计入未决账户，将进行审核。

（二）数据整理的方法

采用合并的方法编制报表，仅反映并表机构与非并表机构之间的交易，所有并表机构之间的资产负债余额或交易都相互抵销，从而不在报表中反映。并表机构的资产和负债逐行合并。股权资产在机构的单家报表中不列示，而在合并的报表中列示政府控制的、重要的股权。由于WGA主要是为了满足政府和议会整体决策的需求，而非满足任何单家机构的需求，因此，报表和注释中均不反映并表机构的母公司信息。所以这套报表是并表机构之间合并的财务报表而不是集团报表。

WGA基于持续经营假设，即由于政府有权通过征税来满足其资金需求，因此，假设政府持续履行其职责。并表机构全部采用权则发生制原则，报表总体按历史成本原则编制，对于某些资产负债会根据其适用的会计原则进行重估值，或有事项在注释中列明。报告期间是财政年度即4月1日至次年3月31日。但如果有并表机构的财务年度不是3月31日截止的话，会进行一定调整，比如英格兰银行的财务年度就是到2月28日，而学校的财务年度则是到8月31日。WGA中所有以外币计价的交易都要按交易发生时的汇率折算成英镑。而财年末以外币计价的货币性资产和负债均按期末汇率折算成英镑。由于使用不同汇率折算形成的差额计入损益。

（三）政府资产负债表的编制

WGA中资产负债表即合并的财务状况表采用“竖式”报表结构。报表主栏列示全部资产负债。资产部分先列示非流动资产，后列示流动资产，再计算资产合计项；负债部分先列示流动负债，后列示非流动负债，同时列示净流动负债（流动资产减流动负债）和资产合计减流动负债。最后得出资产负债的净额。表中资产以正数表示，负债以负数表示。如果净值为负，则表示需要由纳税人权益提供资金。

财务状况表的宾栏展示了当年数据和可比口径的上年数据。每年编制WGA时，都会根据会计政策的变动、WGA并表机构的变化或者并表机构基础会计报表的变化等因素对上年数据进行可比口径调整。如2012—2013财年末存货资产为122亿英镑，2013年报表中经可比口径调整后为121亿英镑。表2-6即为2013—2014财年英国政府合并的财务状况表。

表 2－6　　2013—2014 财年英国政府合并的财务状况表

项目	2013—2014 财年（10 亿英镑）	2012—2013 财年重估计（10 亿英镑）
非流动资产		
房地产、工厂和设备	762.6	746.8
投资性房地产	13.0	12.4
无形资产	31.9	34.5
贸易和其他应收账款	18.1	16.6
公共部门银行的股权投资	43.0	40.0
其他金融资产	154.6	158.6
非流动资产合计	1023.2	1008.9
流动资产		
存货	12.0	12.1
贸易和其他应收款	131.0	122.3
现金和现金等价物	25.5	24.5
黄金	7.7	10.5
持有待售资产	1.7	1.6
其他金融资产	136.2	117.6
流动资产合计	314.1	288.6
资产合计	1337.3	1297.5
流动负债		
贸易和其他应收款	－102.0	－98.3
政府借款和融资	－212.4	－214.3
债务准备金	－13.0	－13.4
其他金融负债	－429.6	－408.4
流动负债合计	－757.0	－734.4
净流动负债	－442.9	－445.8
资产合计减流动负债	580.3	563.1
非流动负债		
贸易和其他应收款	－56.7	－55.2
政府借款和融资	－883.7	－781.9
债务准备金	－128.8	－117.6
公共部门养老金净负债	－1301.9	－1171.9
其他金融负债	－61.0	－64.4
全部非流动负债	－2432.1	－2191.0

续表

项目	2013—2014 财年（10 亿英镑）	2012—2013 财年重估计（10 亿英镑）
净负债	-1851.8	-1627.9
由纳税人权益提供资金		
由未来收入偿还的负债		
一般准备	2111.7	1876.6
重估准备	-256.6	-245.0
其他准备	-3.3	-3.7
由未来收入偿还的总负债	1851.8	1627.9

数据来源：Whole of Government Accounts，year ended 31 March 2014。

二、统计部门政府资产负债表的编制

（一）数据来源

数据来源方面，国民经济核算的数据来源相当广泛，包括政府的各种管理信息系统、行政记录、统计调查、按照国民经济核算原则调整过的企业财务报表等。中央政府的数据来源包括财政部的预算管理系统（COINS System）、英国税务海关总署（HMRC）和财政部政府现金管理系统的行政记录。地方政府数据主要来自地方政府及议会（CLG）和相关行政管理机构进行的调查。公共公司的数据主要来自这些公司自身的报表，并按照国民经济核算的要求做适当的调整。部分核算数据通过抽样的方法取得，英国国家统计局使用跨部门商业登记系统（IDBR）作为抽样调查的抽样框以及一般性资料的来源。IDBR 中包含全部在英国境内经营的金融公司和非金融公司的名称、地址等基本信息。

（二）数据的整理方法

英国国民经济核算体系与 SNA 和 ESA 标准一致，包括经常账户（含生产账户和收入分配账户）、积累账户（含资本账户、金融账户、其他变化账户）和资产负债表。资产负债表是各账户的最终结果，其净值在国家层面上反映国家财富，在部门层面上反映部门净值。政府资产负债表的编制框架与国家资产负债表和其他部门资产负债表的框架一致。

英国宏观经济账户体系（UKEA）中的广义政府部门账户先核算广义政府部门的产出，编制生产账户，通过生产账户得出本部门的增加值。然后编制收入来源账户，增加值作为该账户的来源方，运用方为雇员报酬、非产品生产税等，得到经营性剩余。经营性剩余与生产税、补贴、利息、股息等收入一起构成初次分配账户的来源方，减去支付的利息、租金等得出初次分配余额。初次分配剩余加上所得税、财产税、经常转移等项目的转入构成二次分配账户的来源方，减去社会福利、经常性转出等得出可支配收入。可支配收入减去消费支出和住户养老金净权益调整则得到储蓄，总储蓄减去固定资本消耗得出净储蓄。

净储蓄投资于实体和金融资产，进入积累账户的来源方（负债和净值变动方）。积累账户包括资本账户、金融账户和其他变化账户。资本账户反映对非金融资产的获得和投资，如果对实体资产的投资小于储蓄，差额部分可通过金融工具投资于其他部门；相反，对实体资产的投资大于储蓄，差额部分则必须借入。因此，净借出或借入分别联系经济的实体和金融部分。作为下一个账户，金融账户记录了通过各种金融工具进行的资金融入和融出。然后根据期初的资产负债存量加上资本形成、金融工具净借出和借入、价值重估以及其他变化部分，获得期末部门的资产负债表。

表2－7反映了广义政府部门从生产账户到期末资产负债表的形成过程。

表2－7　英国广义政府核算账户

<table>
<tr><th colspan="3">账户分类</th><th>来源</th><th>运用</th></tr>
<tr><td rowspan="3">经常账户</td><td colspan="2">生产账户</td><td>市场性产出
最终自用产出
非市场性产出
总产出</td><td>中间消耗
增加值（总）
固定资本消耗
增加值（净）</td></tr>
<tr><td rowspan="2">收入分配和使用账户</td><td>收入来源账户</td><td>增加值（总）</td><td>雇员报酬
工资和福利费
雇主社会捐赠
非产品生产税
减：非产品补贴
总运用
经营性剩余（总）</td></tr>
<tr><td>初次分配账户</td><td>经营性剩余（总）
产品税
其他生产税
总生产税
减：</td><td>利息
租金
总运用</td></tr>
</table>

续表

<table>
<tr><th colspan="3">账户分类</th><th>来源</th><th>运用</th></tr>
<tr><td rowspan="3">经常账户</td><td rowspan="3">收入分配和使用账户</td><td>初次分配账户</td><td>产品补贴
其他生产性补贴
总生产性补贴
利息
股息
归于投保人的收入
租金
总来源</td><td>初次分配余额（总）</td></tr>
<tr><td>二次分配账户</td><td>初次分配余额（总）
所得税
其他经常性税收
总所得税和财产税
实际社会捐赠
推定社会捐赠
总社会捐赠
非寿险净权益
政府内经常转移
经常性国际合作
杂项经常转移
总经常转移
总来源</td><td>经常性所得税和财产税
非实物社会福利
现金社会保险福利
非基金雇员福利
现金社会援助
总福利
其他经常转移
非寿险净保费
政府内经常转移
经常性国际合作
杂项经常转移
总经常转移
总运用
可支配收入（总）</td></tr>
<tr><td>可支配收入使用账户</td><td>可支配收入（总）</td><td>个人消费支出
集体消费支出
总消费支出
住户养老金净权益调整
总运用
储蓄（总）</td></tr>
</table>

续表

<table>
<tr><th colspan="3">账户分类</th><th>负债及净值变化</th><th>资产变化</th></tr>
<tr><td rowspan="4">积累账户</td><td rowspan="2">资本账户</td><td>因储蓄和资本转移带来的净值变化账户</td><td>储蓄（净）
应收资本转移
资本税
投资补贴
其他应收资本转移
减：
应付资本转移
资本税
投资补贴
其他应付资本转移</td><td>因储蓄和资本转移带来的净值变化</td></tr>
<tr><td>非金融资产形成账户</td><td>因储蓄和资本转移带来的净值变化</td><td>资本形成
固定资本形成
存货
贵重物品
非生产性非金融资产
净借出/借入</td></tr>
<tr><td colspan="2">金融账户</td><td>净借出/借入
通货和存款
债务证券
贷款
其他应付款
其他金融负债
金融负债发生净额</td><td>货币黄金和特别提款权
通货和存款
非股票证券
贷款
股权
保险
其他应收款
其他金融资产
净金融资产获得</td></tr>
<tr><td colspan="2">其他变化账户</td><td colspan="2">价值重估、其他物量变化</td></tr>
</table>

注：加阴影部分为连接两个账户的指标。

（三）政府资产负债表的编制

期初和期末资产负债表反映当时政府部门持有的资产、负债和净值（资产减负债的余额）。资产负债表均按照资产负债类型列示各细项。期初资产负债表加上交易引起的资产负债变化、价值重估和其他物量变化得出期末资产负债表。

交易、价值重估和其他物量变化数据都包含在积累账户中。其中，交易数据来源于资本账户中非金融资产获得部分以及金融账户中金融资产和负债的变化。其他物量变化主要是由分类变化、灾难损失、无补偿没收等因素引起的资产负债变化。价值重估主要包括由于重新定价因素引起的持有资产的利得或损失。

英国国家资产负债表分两种列示方法，两种报表的主栏都是资产负债的细分类，最后列示资产减负债后的净值。宾栏有所不同：一种是按照部门分类，反映某一时点各部门资产负债余额，其中广义政府（中央政府和地方政府）、公共部门均列示。各个子部门资产负债均为合并后数据，不反映子部门内部交易，但公共部门数据为广义政府和公共非金融公司的加总，并未合并内部交易。同时，公共部门不列示资产负债的汇总项。另一种是按照时间序列列示，显示某一部门或子部门最近十年的年末资产、负债和净值。表2－8和表2－9分别是2013年末公共部门资产负债表（含广义政府）和广义政府资产负债表的时间序列。

表2－8　　2013年末英国公共部门资产负债表　　单位：百万英镑

项目	广义政府	中央政府	地方政府	公共非金融公司	公共部门
非金融资产					
固定资产	968914	461472	507442	—	—
住宅	15343	15343	0	83964	99307
其他建筑物和设施	740241	296247	443994	56437	796678
非住宅建筑	267582	115436	152146	28785	296367
其他设施	472659	180811	291848	27652	500311
机器、设备和武器	181170	132119	49051	—	—
运输设备	12542	10041	2501	3663	16205
信息与通信技术设备	12349	0	12349	—	—
其他机器、设备和武器	156279	122078	34201	—	—
耕种资源	7895	100	7795	3724	11619
智力资产	24265	17663	6602	—	—
存货	652	652	0	5723	6375
生产性非金融资产合计	969566	462124	507442	—	—
非金融资产合计	969566	462124	507442	—	—

续表

项目	广义政府	中央政府	地方政府	公共非金融公司	公共部门
金融资产和负债					
金融资产					
货币黄金和特别提款权	16267	16267	—	—	16267
通货和存款	117005	85942	31063	7111	124116
债务证券	52299	47356	4943	1410	53709
贷款	202336	194354	7982	1388	203724
股权和投资基金份额	205680	81481	124199	1584	207264
保险、养老金和标准化担保计划	685	—	685	0	685
金融衍生品和雇员股票期权	2214	2214	—	—	2214
其他应收款	85880	84975	905	12211	98091
金融资产合计	682366	512589	169777	23704	706070
金融负债					
货币黄金和特别提款权	9450	9450	—	—	9450
通货和存款	127485	127485	—	0	127485
债务证券	1450810	1447147	3663	24555	1475365
贷款	92221	9185	83036	4041	96262
股权和投资基金份额	—	—	—	124771	124771
保险、养老金和标准化担保计划	66987	—	66987	0	66987
金融衍生品和雇员股票期权	603	603	—	—	603
其他应付款	62168	43799	18369	14568	76736
金融负债合计	1809724	1637669	172055	167935	1977659
净金融资产/负债	－1127358	－1125080	－2278	－144231	－1271589
总净值	－157792	－662956	505164	—	—

数据来源：UK National Balance Sheet，Table C。

表 2－9　　英国广义政府资产负债表时序表　　单位：百万英镑

项目	2009 年	2010 年	2011 年	2012 年	2013 年
非金融资产					
固定资产	826558	851403	906899	932296	968914
住宅	6407	10382	9337	13506	15343
其他建筑物和设施	638302	650777	699267	712637	740241

续表

项目	2009 年	2010 年	2011 年	2012 年	2013 年
非住宅建筑	234108	241556	266820	259219	267582
其他设施	404194	409221	432447	453418	472659
机器、设备和武器	151434	158667	166346	174834	181170
运输设备	7093	10293	11380	12145	12542
信息与通信技术设备	8754	9642	10713	11819	12349
其他机器、设备和武器	135587	138732	144253	150870	156279
耕种资源	5356	6419	6951	7383	7895
智力资产	25059	25158	24998	23937	24265
存货	1022	1015	883	722	652
生产性非金融资产合计	827580	852418	907782	933018	969566
非金融资产合计	827580	852418	907782	933018	969566
金融资产和负债					
金融资产					
货币黄金和特别提款权	15701	18159	19250	19342	16267
通货和存款	89294	95411	107569	114206	117005
债务证券	30304	48032	54798	55754	52299
贷款	95524	190449	187759	200962	202336
股权和投资基金份额	183546	206986	190568	225096	205680
保险、养老金和标准化担保计划	731	701	684	697	685
金融衍生品和雇员股票期权	-1374	1278	2064	2404	2214
其他应收款	73135	81746	81407	81807	85880
金融资产合计	486861	642762	644099	700268	682366
金融负债					
货币黄金和特别提款权	9810	10098	10063	9637	9450
通货和存款	130959	128903	137708	135501	127485
债务证券	856149	1104740	1360417	1444314	1450810
贷款	77031	78751	80891	89596	92221
股权和投资基金份额					
保险、养老金和标准化担保计划	92038	74174	84975	73927	66987
金融衍生品和雇员股票期权	—	1850	2155	1584	603
其他应付款	15941	23079	23975	60131	62168
金融负债合计	1181928	1421595	1700184	1814690	1809724
净金融资产/负债	-695067	-778833	-1056085	-1114422	-1127358
总净值	132513	73585	-148303	-181404	-157792

数据来源：UK National Balance Sheet，Table 7。

三、英国政府整体财务报告和国民经济核算中的政府资产负债表比较

（一）理念与用途不同

政府整体财务报告主要是用于政府编制预算，制定税收、公共开支等政策的依据。而国家资产负债表则是作为整个国民经济核算的组成部分，反映国民经济各部门的财务状况和资金流动。

（二）核算时间不同

国民经济核算为了保证时间序列的一致性，其核算的时间区间为一个日历年（以1月1日为界），并且对于数据修订有着很严格的限制策略。英国自1975年开始公布国家资产负债表数据，时间序列数据较长。而政府整体财务报告的核算区间为一个一个财政年度，一般以3月31日为界。

（三）数据来源不同

政府整体财务报告的数据主要是根据IFRS的标准，向在公共部门分类下的机构收集得到的，收集之后还需要对其做合并报表处理，以抵销内部交易。而国民经济核算的数据来源则相当广泛，包括政府的各种管理信息系统、行政记录、统计调查、按照国民经济核算原则调整过的企业财务报表等。

（四）覆盖部门范围不同

在国民经济核算体系中，公共金融性公司被认为是公共部门的一部分，但是却在金融企业部门中进行核算。而在政府整体财务报告中，公共金融性公司却是包含在公共部门中的。

国民经济核算体系对发生在中央政府、地方政府和公共公司内部的交易做合并处理，而并未对跨部门交易进行合并，因此公共部门资产负债表就是广义政府与公共非金融性公司资产负债表的简单加总。而政府整体财务报告则不同，它在单个经济实体层面就做了合并处理，因此对内部交易做了完全的合并处理，但是编制过程则相对复杂。

（五）资产负债范围不同

总体来说，政府整体财务报告比国民经济核算体系包含的负债范围更广泛，还包括公共服务养老金、私人融资计划（PFI）和准备金。

在国民经济核算中，公共服务养老金和准备金属于未来负债，不能确认为负债。在WGA中，这些负债的变动均会在年终确认。对于养老金，国民经济核算只包括与养老金相关的当前的现金收支，不考虑未来养老金引起的负债。

WGA 根据权责发生制，将应计入退休金权利相关价值的估计确认在内。按照会计准则，退休金的负债权益（及资助计划的资产回报）将计入一个会计年度。WGA 中公共部门的养老金净利息已计入，但在国民经济核算中并没有被计入。同样，在国民经济核算中，不会把备付金变动的价值作为当期费用，但会把备付金相关的支出在其实际发生的会计期间计入费用。

第五节　对英国政府资产负债表的初步分析

一、英国政府整体财务报告分析

通过对英国政府整体财务报告的分析，可以初步得出以下判断。

（一）英国公共部门净负债及其占 GDP 的比重呈上升趋势

截至 2014 年 3 月 31 日，英国公共部门全部资产共计 13373 亿英镑，比上年同期多 398 亿英镑，同比增长 3.1%。全部负债共计 31891 亿英镑，比上年同期多 2637 亿英镑，同比增长 9.0%。净负债 18518 亿英镑，比上年同期增加 2239 亿英镑，同比增长 13.8%，占 GDP 的比重为 111%，比上个财年末增长 11 个百分点。英国公共部门净负债及其占 GDP 的比重如图 2－2 所示。

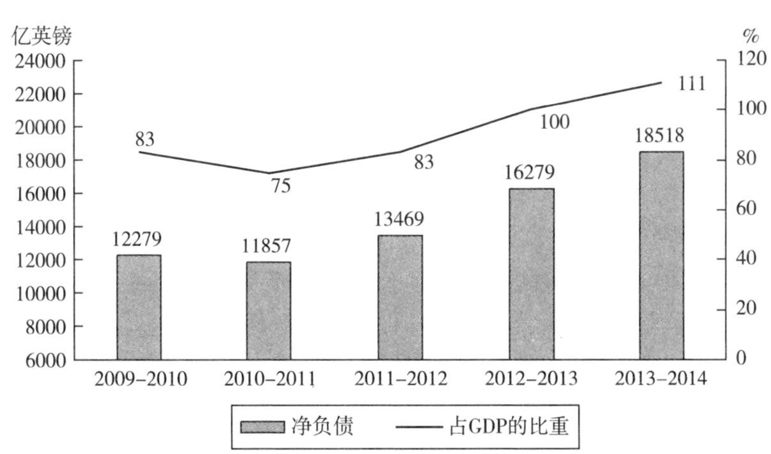

图 2－2　英国公共部门净负债及其占 GDP 的比重

2009 年至 2014 年五年间，每财年末英国公共部门资产负债余额均体现为净负债。受国际金融危机影响，净负债余额及其占 GDP 的比重均呈上升趋势，特别是 2010 年以来，随着欧洲债务危机的发展，净负债余额及其占 GDP 逐年显著上升。2013—2014 财年末，英国公共部门净负债超过同期 GDP，占比达 111%。政府部门的债务成本主要通过税收收入来弥补。

（二）英国公共部门的资产以固定资产为主

在英国公共部门的资产中，房地产、工厂和设备等固定资产所占比重最大，2013—2014 财年末占比为 58%；其次是金融资产和贸易等其他应收款，占比分别为 24% 和 11%；其他各项资占产比都较小。2013—2014 财年末公共部门资产结构如图 2－3 所示。

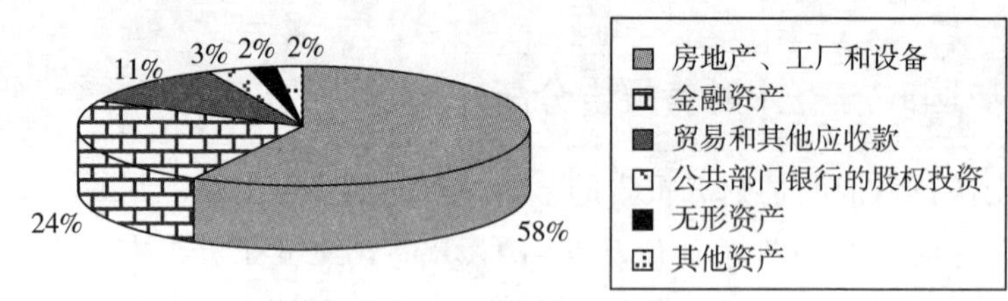

图 2－3　英国公共部门资产结构

2013—2014 财年比上个财年新增的 398 亿英镑资产中，由于新建学校等教育设施引起固定资产增加 158 亿英镑，通过回购等方式向私人部门商业银行提供贷款或融资使金融资产增加 176 亿英镑，税收增加使其他应收款增加 102 亿英镑。

（三）英国公共部门的负债以养老金负债为主

在英国公共部门的负债中，养老金负债占比最大，2013—2014 财年末占比为 42%；其次是政府借款，占比达 34%；其他金融负债占比为 15%。2013—2014 财年末公共部门负债结构如图 2－4 所示。

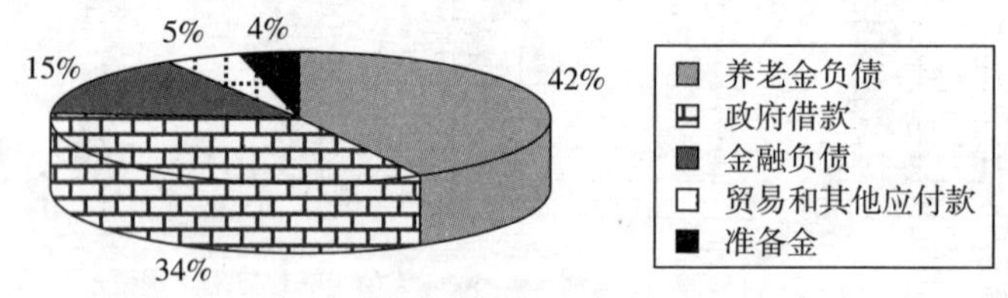

图 2－4　英国公共部门负债结构

在 2637 亿英镑负债中，养老金负债比上个财年增加 1300 亿英镑，增速达 11.1%，政府借款增加 999 亿英镑，增速达 10%，其他金融资产增加 178 亿英镑，增速达 3.8%。

二、广义政府资产负债表分析

通过对英国广义政府资产负债表的分析，可以初步得出以下判断：

（一）英国政府总净值总体呈下降趋势，近三年均为负值

2013 年末，英国广义政府资产余额为 16519 亿英镑，比上年增加 186 亿英镑，同比增长 1.14%。其中非金融资产余额为 9696 亿英镑，比上年增加 365 亿英镑，同比增长 3.92%；金融资产余额为 6824 亿英镑，比上年减少 179 亿英镑，同比减少 2.56%。

广义政府负债余额为 18097 亿英镑，比上年减少 50 亿英镑，同比减少 0.27%，全部为金融负债。

广义政府总净值为负值，体现为净负债，余额为 1578 亿英镑。净负债比上年减少 236 亿英镑，同比减少 13%。2009 年至 2013 年五年间，英国政府总净值总体呈下降趋势，仅 2013 年有所回升。其中 2011 年至 2013 年三年净值均为负，体现为净负债，即政府是资金的融入方。2009 年至 2013 年英国政府总净值变化如图 2-5 所示。

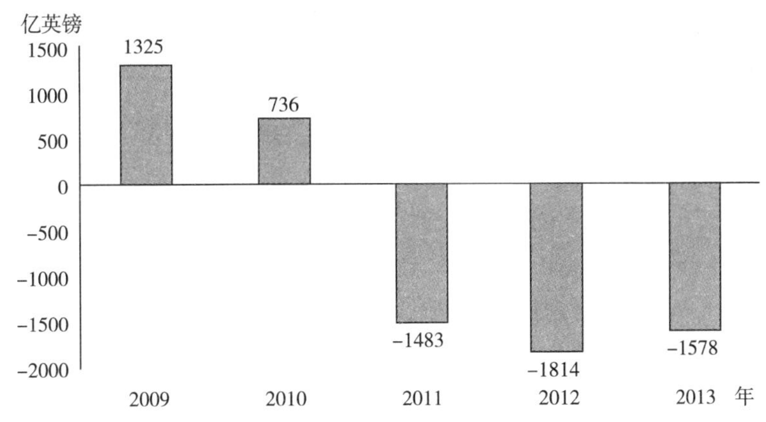

图 2-5　2009 年至 2013 年英国政府总净值变化

（二）中央政府是承担负债的主体，地方政府拥有更多的财富

从广义政府的组成部分看，2013 年末，中央政府资产总计 9747 亿英镑，占全部政府资产的 59%；负债总计 16377 亿英镑，占全部政府负债的 90%。地方政府资产总计 6772 亿英镑，占全部政府资产的 41%；负债总计 1721 亿英镑，占全部政府负债的 10%。中央政府总净值体现为净负债，为 -6630 亿英镑；地方政府总净值体现为净资产，为 5052 亿英镑。可见，在英国，中央政府是承担

金融负债的主体，而地方政府虽然资产总额小于中央政府，但非金融资产余额明显高于中央政府。2013 年末英国中央政府和地方政府的资产负债状况如图 2－6所示。

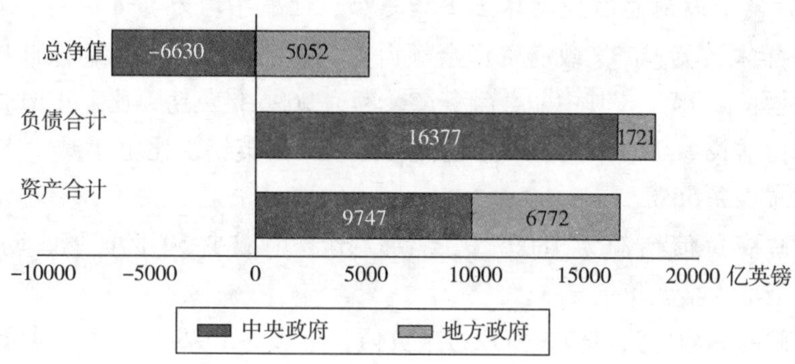

图 2－6　2013 年末英国中央政府和地方政府的资产负债状况

（三）英国政府资产以住宅、建筑、设备等非金融资产为主

从资产负债的类型来看，2013 年末，在英国广义政府的资产中，非金融资产占全部资产的比重为 60%，全部为生产性非金融资产。非金融资产包括住宅、建筑物和设施、机器、设备、武器等固定资产，还包括无形资产和存货，其中固定资产占全部非金融资产的比重超过 99%。在非金融资产中，增速最快的是住宅，2013 年同比增长 13.6%，比全部资产的增速高 12.46 个百分点。金融资产占全部资产的比重为 41%，其中贷款以及股权和投资基金份额占比较高，分别为 12% 和 12%，通货和存款占全部资产的 7%，应收款等其他金融资产占 5%，黄金和特别提款权占 1%。从增速看，2013 年英国政府金融资产同比下降 2.56%，其中，黄金和特别提款权同比下降 15.9%，降幅最大。2013 年末英国广义政府的资产结构如图 2－7 所示。

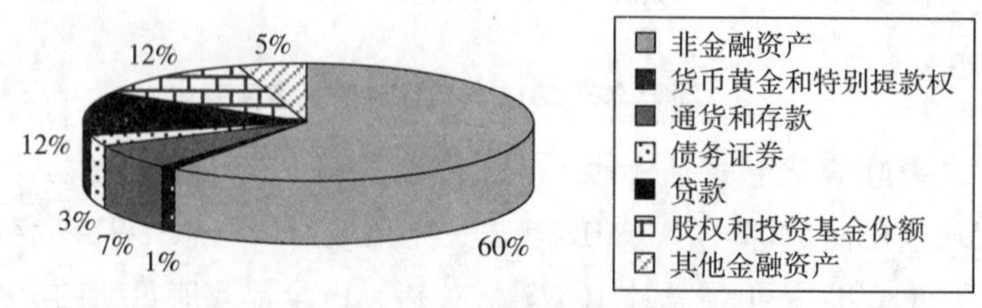

图 2－7　2013 年末英国广义政府资产结构

（四）英国政府负债以债务证券为主，中央政府是发行债券的主体

2013年末，英国广义政府的负债中，债务证券占绝大部分，年末占比达80%，五年来债务证券占政府负债的比重均在70%以上，说明英国政府主要通过发行债券来融资。其中，中央政府是发行债券的主体，占全部政府债券发行余额的99.7%。通货和存款占全部负债的7%，由于英国广义政府中不含英格兰银行，所以政府的通货和存款负债主要为皇家铸币局等划入政府部门、执行部分货币发行职能的机构的负债。贷款占全部负债的5%，保险、养老金及标准担保计划占4%，其他金融负债占3%。货币黄金和特别提款权负债占1%。2013年末英国广义政府的负债结构如图2-8所示。

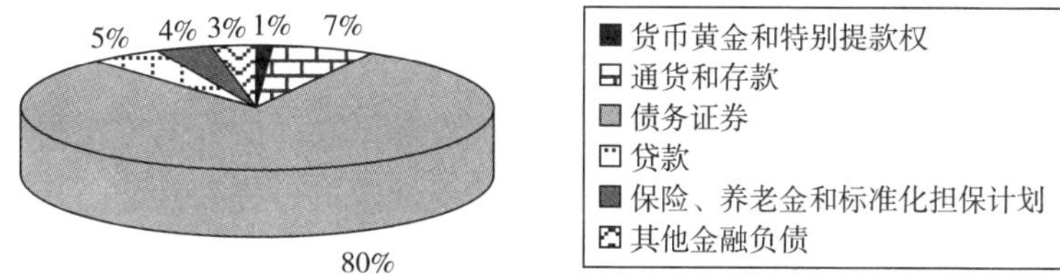

图2-8　2013年末英国广义政府负债结构

参考文献

[1] 高敏雪等:《国民经济核算原理与中国实践》(第二版)，北京，中国人民大学出版社，2007。

[2] 王静:《政府财政资产负债核算国家规范的比较研究——基于2001GFS和IPSAS的研究》，载《统计教育》，2009，(12)：12-15，23。

[3] 黄晓芝：《政府会计财务报告的中外比较及借鉴》，西南财经大学硕士学位论文，2010。

[4] 蒋萍:《英国国民经济核算'98新变化》，载《统计研究》，1999 (11)。

[5] 中外统计体系比较研究课题组:《英国国家统计体系简介》，载《中国统计》，2001 (7)。

[6] Daffin C. et al. Comparison of Public Sector Finance measures from the National Accounts and Whole of Government Accounts [J]. Economic and Labour Market Review, 2011, 5 (7): 1-7.

[7] Office of National Statistics. United Kingdom National Accounts Concepts, Sources and Methods [M]. UK: TSO, 1998.

[8] Treasury HM. Whole of Government Accounts Year End 31 March 2014 [M]. UK: TSO, 2013.

[9] Office of National Statistics. United Kingdom National Accounts the Blue Book 2014 Edition [M]. UK: TSO, 2013.

[10] United Nations. System of National Accounts [M]. 2008.

第三章 美国政府资产负债表的编制

美国是世界上较早对政府资产负债进行核算的国家，但也是世界上较晚系统编制政府资产负债表的国家，美国有两套政府资产负债表，一是财政部的联邦政府财务报告及地方政府财务报告，主要遵从联邦财务会计准则委员会的公认会计准则（GAAP）编制；二是美国经济分析局与美联储共同编制的政府部门资产负债表。美国经济分析局与美联储在编制资产负债表时主要遵从国民经济核算的原则，在部门的分类、资产负债的分类与计值、估算的方法等主要方面与SNA基本一致。美国政府资产负债表的系统性较好，完整地将经常账户、累积账户与资产负债表结合起来，实现了国民经济从生产、收入、分配到累积全方位的核算与监测。

第一节 美国政府资产负债表编制的基本情况

一、美国政府资产负债核算的发展过程

（一）美国州和地方政府的政府核算历程

第一阶段是20世纪初至30年代大萧条之前。当时腐败严重，在此背景下纽约市的主计长提出应建立一套会计制度来及时、完整、准确地反映政府的交易信息和财务状况。他认为政府应编制资产负债表来评估政府持续运营的能力，同时建议政府应通过会计反映预计收入、拨款以及承诺等信息来提高政府的财务管理能力。从此，政府核算便逐步发展起来。

第二阶段是20世纪30年代大萧条到70年代中期。危机后许多市政府收入大量减少而无法兑付其发行的债券，面临严重财务危机。在此背景下，部分地方政府的财务管理人员于1934年联合建立了全国市政会计委员会（NCMA），以规范全国范围的市政会计和财务管理。之后一系列准则和制度的颁布，使得政府会计核算有了一个统一的标准。

第三阶段从20世纪70年代中期开始，这次改革以增强政府的受托责任为指

导思想。全国市政会计委员会于1984年被政府会计准则委员会（GASB）取代。在过去的20年里，GASB共出台了47项准则。这些准则推动州和地方政府会计进一步地采用权责发生制，改变了以往以基金报告为基础的报告模式，推出了政府整体范围的财务报告。

（二）美国联邦政府的政府核算历程

第一阶段从19世纪20年代初开始，最初行政机构（以财政部和总统预算办公室为代表）和立法机构（以审计总署为代表）都声称其制定联邦政府会计准则的唯一合法性。直到1947年，审计总署、财政部和总统预算办公室才达成一致，同意共同合作以提高联邦政府会计管理。1991年成立了独立于各机构的会计准则制定机构——联邦政府会计咨询委员会（FASAB），该委员会成立后颁布和制定了多项会计准则并逐步修订，现在每年的联邦政府财务报告的报告主体就是由其颁布的准则来确定。

第二阶段从1956年开始，当时国会通过了一项采用权责发生制的法律，但一直没得到有效执行，直到70年代中期有关方面才开始探讨如何采用权责发生制。由于采用权责发生制将披露收付实现制下大量未披露的负债，当时总统预算办公室认为权责发生制会计是个“无底洞”。因此联邦政府会计咨询委员会的准则不涉及联邦预算方面的问题，并同意财政部继续编制以收付实现制为基础的年度报告，将准则的重心放在对外公布的财务报告上。

二、美国政府资产负债表编制的现状

美国政府的资产负债表分为两套：一是政府发布的年度政府财务报告；二是美国经济分析局（BEA）和美联储联合编制的资产负债表。

美国政府发布的政府财务报告又可分为美国财政部发布的联邦政府财务报告、州和地方政府财务报告。政府财务报告涵盖了政府部门、社会保障、医疗保险、铁路退休福利和失业保险的综合信息，反映了政府部门在权责发生制下的财政收支、财政盈余、债务发行以及债务偿还情况，编制了资产负债状况。同时为了真实反映政府所拥有的全部资产及投资状况，以经管责任报告的形式报告政府为了国民利益而持有资产的情况，这些资产主要包括国防资产、经管土地、历史文化遗产、社会保障等内容。州和地方政府财务报告由各州和地方政府编制发布，报告的形式和涵盖的内容基本与联邦政府财务报告相同。

美国联邦政府和州政府使用不同的会计准则，联邦政府和州政府之间的政府债权、债务难以进行汇总合并，也不能相互进行比较与分析。为改变这种局面，美国经济分析局和美联储于2006年开始编制基于SNA体系下的综合宏观经济账户（IMA），这个综合宏观经济账户涵盖了住户和服务于住户的非营利性机构、非金融非公司部门、非金融公司部门、金融部门、联邦政府部门、州和地方政府部门、国外部门等各个部门，核算了上述部门从经常账户的生产、收入、消费到积累的全过程，资产负债表是这个核算过程的最终结果。因此资产负债表包含了联邦政府、地方和州政府的资产负债表。首份报告于2007年发布，并于2010年把该报告的历史数据延伸到了1992年。美联储负责金融账户报表的编制，美国经济分析局负责非金融账户报表的编制。

（一）财政部门财务报告中的政府资产负债表

由于美国是联邦制国家，分别编制联邦政府、州和地方政府的财务报告。

1. 联邦政府资产负债表

财政部编制的财务报告中包含了联邦政府的资产负债表，在部门范围上，包括政府行政部门、立法部门和司法部门。由于联储的私有性和独立性，仅包括联储理事会，而不包括联储体系。财务报告也不包括政府资助的，但属于私人拥有的企业，如联邦家庭贷款银行和联邦国家抵押贷款协会。

资产负债表中的资产指的是政府拥有的、可以用于满足未来需要的资源。最主要的项目是应收贷款、存货、不动产、厂房和设备。负债指的是政府由于以前的行为而引起的需要以现实的资产或资源来偿还的义务。最主要的负债是政府发行的债券、公务员及老兵养老金以及到期应付的社会保险金。净余额指的是资产负债表中的总资产减去总负债的余额，巨额负净余额意味着政府破产（具体表式见表3-1）。

表3-1　　联邦政府资产负债表

2013年9月30日　　单位：10亿美元

资产	余额	负债	余额
现金及其他货币资产	206.3	应付账款	66.2
应收账款及应收税款净值	103.2	公共持有的联邦债务证券及应计利息	12028.4
应收贷款及按揭抵押证券净值	1022.3	应付联邦雇员及老兵福利	6538.3
TARP的直接投资及股权投资净值	17.9	环境及治理负债	349.1
存货及其相关资产净值	311.1	应付保障款	174.3
物业、厂房及设备净值	896.7	保险及担保项目负债	130
债务及权益证券	107.8	贷款担保负债	59.2
政府资助企业投资	140.2	政府资助企业负债	—

续表

资产	余额	负债	余额
其他资产	162.8	其他负债	532.1
		负债合计	19877.6
		专项资金	3143.7
		非专项资金	-20053
		净头寸合计	-16909.3
资产合计	2968.3	负债及净头寸合计	2968.3

2. 州和地方政府财务报告

美国州和地方政府的财务报告包括的范围与联邦政府基本相同，但略有差异。州和地方政府综合年度财务报告主要包括介绍部分、财务部分和统计部分三个部分，其中财务部分的基本财务报表是财务报告的核心部分。按 GASB 要求，州和地方政府需提供两个层面的报告：整个政府层面的报表和基金分类的报表。其中，政府整体层面财务报表按完全的权责发生制编制，包括资产负债表（称为净资产表，见表 3-2）和运营活动表（称为业务表）；基金财务报表按修正的权责发生制基础编制，按照不同类型的基金分别提供政府基金财务报表、权益基金财务报表和信托代理基金财务报表。

表 3-2　　纽约州政府资产负债样表

资产		负债	
现金和投资		应返回税款	
应收账款、坏账准备金		应付账款	
税收		应计费用	
联邦政府应返回款项		地方政府的应付款	
借款、租赁及应收票据款项		应付利息	
其他		应付抚恤金	
其他资产		递延收益	
资本资产		衍生工具	
土地、构筑物和在建工程		长期负债	
建筑物、装备、土地改造和基建			
无形资产			
衍生工具			
总资产		总负债	
		净值	

（二）统计部门编制的政府资产负债表

美国经济分析局（BEA）和美国联邦储备委员会（FRB）编制的政府资产负债表依据 SNA2008 准则和《政府财政收支统计手册》进行核算，往往也被称作美国的 SNA 表（SNA－USA）。在这一体系中，系统而统一地核算了社会各部门的生产、收入、储蓄、积累的状况，资产负债表是系列账户中的最后一个账户，也是综合宏观经济账户体系中的最终成果。这一报表体系包含联邦政府、地方和州政府两个部门的资产负债表。编制这一系列报表时首先根据联邦政府和地方政府部门的财政预算、会计核算、行政记录先行编制经常账户数据，再根据政府的经常账户数据编制政府的积累账户数据，最终根据积累账户数据编制政府的资产负债表。

目前美国按季编制政府资产负债表，大部分的联邦政府数据来源于联邦政府的财政预算收支情况、会计核算以及部分行政记录。州和地方政府的数据主要基于5年一次的全面统计调查，以及年度的较为粗略的调查数据，季度的数据则依靠州政府和最大的地方政府的税收收入数据编制。年度的地方政府统计调查样本抽样规模取决于地方政府交易的规模，依据抽样调查推算的全国地方政府交易量与真实数据偏离度不超过0.5%。

在编制资产负债表时，部门划分为联邦政府、州和地方政府两大类，联邦政府包括联邦层面的立法机构、行政机构及司法机构，不包括政府所属企业和各类基金。州和地方政府比照联邦层面进行划分。资产负债表的资产项目划分为非金融资产、金融资产两大类，非金融资产再划分为建筑物、设备和知识产权产品；金融资产划分为货币黄金和特别提款权、现金和存款、债券、贷款、股权和投资基金份额以及其他应收账款六类金融工具；负债划分为特别提款权配额，现金和存款，债券，贷款，保险、养老金和标准化担保计划以及其他应付账款六类；最后是净值，也即资产扣减负债后的净权益部分（表式见表3－3）。

表3－3　综合宏观经济账户体系下的美国政府资产负债表

总资产	联邦政府	州和地方政府	负债总额和净值	联邦政府	州和地方政府
非金融资产			负债		
建筑物			特别提款权配额		
设备			现金和存款		
知识产权产品			债券		
金融资产			SDR 凭证		

续表

总资产	联邦政府	州和地方政府	负债总额和净值	联邦政府	州和地方政府
货币黄金和特别提款权			国债包括储蓄债券		
货币黄金			联邦机构证券		
特别提款权			养老基金持有的有价证券		
现金和存款			贷款（抵押贷款）		
官方外汇			保险、养老金和标准化担保计划		
IMF 储备头寸（净值）			保险准备金		
现金和可转让存款			退休人员医疗保健基金		
定期和储蓄存款			养老金保证人债权		
非官方外汇			其他应付账款		
债券			贸易应付账款		
机构和政府赞助企业担保证券			其他（杂项负债）		
公司和外国债券			净值		
贷款					
短期					
消费信贷					
其他贷款和垫款					
长期（抵押贷款）					
股权和投资基金份额					
公司股票					
国际组织股权					
政府赞助企业股权					
公私合营投资项下股权投资					
其他应收账款					
贸易应收款					
应收税款					
其他（杂项资产）					

第二节　美国政府部门的范围及其划分

美国政府的设置源于美国联邦宪法，基于三权分立的思想和联邦制度设置了立法、行政和司法部门，各自行使特定的职责，同时相互交叉、相互制约。这一分类适用于美国的国民经济核算、金融统计、国际收支统计等诸多宏观经济金融统计，但不完全适用于财政收支统计。

一、狭义政府

美国政府指行使政治责任、管理经济事务、提供公共服务、改进社会收入与财富的再分配等职能的法律实体，具体的机构范围遵循行政管理和预算办公室的机构单位分类，通常划分为立法机构、司法机构和行政机构。美国的狭义政府按联邦思想分两层设置，一是联邦政府，二是州和地方政府。社会保障基金是政府的组成部分。

（一）联邦政府

联邦政府分为联邦立法机构、联邦司法机构、联邦行政机构。

1. 联邦立法机构

一般也称为国会，实行两院制，由参议院和众议院组成。在美国宪法的定义下，参议院是由美国各州选派的两名参议员组成，共 100 名参议员。众议院的成员数量是基于各州人口数量确定，每 50 万人选举一名众议员，但保障每州至少有一名众议员，现在由 435 名众议员组成。美国宪法明确将立法权力赋予众议院和参议院，并有责任去监控和影响行政机关的各个方面：国会的监督可以制止浪费和欺诈，保护公民自由和个人权利，保证依法执政，为制定法律而搜集信息，教育公众，评估执政业绩。为保障国会工作的顺利开展，还设立了国会辅助机构。美国国会的辅助机构包括：国会大厦、美国植物园、美国政府会计责任办公室、医疗保险支付顾问委员会、美国开放世界领导中心、政府印刷办公室、斯坦尼斯公众服务中心、国会图书馆、国会预算办公室等。

2. 联邦司法机构

美国的司法权力赋予最高法院和国会设立的次等法院，联邦法院包括最高法院、上诉法院、地方法院、立法法院和宪法法院，有时立法法院和宪法法院也称为特别法院，也就是为特殊目的而设立的法庭。如关税法院独家受理涉及进出口货物关税和限额诉讼的案件。每个法院都有额定数量的雇员，法官下面有法律办事员，为法官做研究工作。法院还有书记员、报导员、见习官员、法警和书记官。联邦法院负责对国会的立法提出异议、提出司法解释、审理涉及触犯联邦法的刑事案、审理涉及一个州以上的或关系到一个州以上公民的案件以及涉外案件。

3. 联邦行政机构

联邦行政机构负责国防、外交、货币、跨州的贸易等全国性事务，联邦行政机构由总统、副总统、总统办事机构、内阁各部和独立行政机构组成。

总统由选举产生，是美国国家元首、行政首脑、三军统帅。副总统是总统的第一继任人选，兼任美国参议院议长。

总统办事机构协助总统、副总统开展工作，包括白宫办公厅、副总统办公厅、行政管理和预算办公室、美国贸易代表办公室、政策制定办公室、科学和技术政策办公室、国家麻醉品控制政策办公室、行政办公室等18个机构，还包括经济顾问委员会、国家安全委员会、能源委员会、通商交涉委员会、改善环境质量委员会等50个委员会，拥有2000多名工作人员。

内阁各部由国会设立，负责联邦法律的日常执行和管理，处理国家和国际事务，部长由总统提名国会任命，包括国务院、财政部、国防部、司法部、内政部、农业部、商务部、劳工部、医疗教育和福利部、住房和城市发展部、运输部、能源部等12个部门。

独立行政机构是依据各法例而成立的行政机构，直接向美国总统负责。美国共有54个这样的独立机构，这些机构有其独特的成立宗旨，有的是管制机构，如会计总署、总务署、联邦贸易管理委员会、联邦储备委员会、期货交易管理委员会、证券交易监管委员会、美国国家运输安全委员会、美国邮政价格委员会、小型企业总署；有的为政府和居民提供服务，如州际商业委员会、退伍军人总署、全国劳工关系局、美国国家环境保护局、联邦通讯管理委员会、国家档案记录署、国家科学基金、社会保障总署、美国邮政；有的提供国家安全，如中央情报局、美国国家航空航天局；有的服务于国际贸易，如美国国际发展局、美国国际贸易委员会。

（二）州和地方政府

地方行政机构负责教育、卫生等地方性事务，可划分为州政府、市政府和其他地方政府。

1. 州政府

美国的州政府与联邦政府一样设立行政、立法和司法部门。州长是一州的行政首长，由民众投票选举产生，少数州任期二年，大部分州任期四年。除内布拉斯加州只有单一的州立法机关外，其他州都有两院制的立法机关，州立法程序和国会类似。州的司法组织并不附属于全国的法院体系，包括类似联邦法院的最高法院、上诉法院和下级法院，处理私人间或私人和政府间的民事诉讼并聆讯有关触犯刑法的案件。许多州除了一般裁决权的法院外，还有特别裁决权的法院，如遗嘱检验法院、青少年法庭、小额借贷申诉法庭等。

2. 市政府和其他地方政府

美国是一个高度城市化的国家，有四分之三的居民居住于城镇、城市或郊区，城市直接服务于市民的程度要较联邦政府和州政府为大。市政府由州政府特许设立，并且从州政府那里获得权力，负责公共安全、消防、卫生、教育、公共运输及房屋管理等。市政府的组织在全国范围内有较大的差异，不过几乎所有的市政府都有某类由市民选举的市议会负责制定城市的预算，订立财政课税率，并拨款给各行政部门。一位民选的市长担任行政部门的首长，下设委员会和城市行政部门承担具体行政事务。不同的州有不同的地方政府结构。更低一级的政府包括县、自治市、镇、学校区和特别区等行政单位。除了康涅狄格州和罗得岛州，所有的州都组建了县级政府或者与县级政府同等级别的其他形式的政府。

表 3-4　　美国地方政府类型统计表　　单位：个

地方政府类型	一般目的	特殊目的	总数
县	3034		3034
自治市	19431		19431
镇及镇区	16506		16506
独立学区		13522	13522
特区		35356	35356
总计	38971	48878	87849

（三）社会保障基金

美国自20世纪30年代建立保障制度以来，形成了庞大的社会保障体系，包括养老、医疗、失业、残疾以及社会救济在内的保障项目。建立了联邦老年与遗嘱保险信托基金、联邦残疾保险信托基金、联邦住院保险信托基金、联邦补充医疗保险信托基金、铁路退休保险、黑肺病托管基金以及失业保险。前五项均由联邦政府代为管理，其收取的款项通常必须投资于国库券或其他由政府担保的债券。失业保险则由联邦和地方政府共同管理，通过联邦和州的失业税来筹资，用于支付联邦和州失业保险的支付、老兵就业的服务、各州就业的服务等。

（四）美国狭义政府和国际准则的比较

美国的狭义政府在机构范围上与 SNA 中的广义政府基本一致，将政府划分为三个层次，即联邦政府、州和地方政府、社会保障基金。在政府财务报告中，这三个子部门分别列示。在资产负债表内，则仅列示中央政府和地方政府，社会保障基金包含在联邦政府资产负债表内反映。

二、非营利组织

美国的非营利组织具有强大的力量，已经成为美国社会经济结构中不可缺少的一个重要组成部分。非营利组织主要为市民提供参与和改进社会服务的机会和平台；把联邦政府和全国性基金会的资金吸引到本地；吸引本地企业关心和帮助本地社会服务和文化事业发展；训练提高居民的就业素质和水平；改进社区的生活和工作环境。据统计，美国登记在册的非营利组织有 150 多万个，约占美国各类组织的 6%，平均每 12 个就业人员中就有 1 个人为非营利组织工作。

依据非营利组织的服务对象，大体上可以分为两类：公益性组织和会员性组织。

公益性组织主要提供公共服务，又可分为两类：专门以资金支持的资金组织和直接提供公共福利工作的服务组织。资金组织本身并不提供公益性服务，但它可以筹措资金、管理资金并向其他非营利组织提供资金，有基金会、联合筹款组织和专业筹款机构三种组织形式。服务组织是直接提供社会服务的公益性组织，包括提供医疗、教育、托儿、领养、社区、文化、音乐、戏剧、就业培训、个人和家庭危机咨询等服务的组织。

会员性组织是居民维护共同利益或追求共同兴趣的组织，是为其会员提供服务的组织。美国的会员性组织主要包括四类：一是互助合作组织，如法律援助团体、教师退休基金；二是社交联谊组织，如房主协会、俱乐部、退伍军人协会等；三是业主及专业组织，如律师协会、贸易协会、商会、公会等；四是政党等组织。

美国的非营利机构的分类未完全遵循国际准则，未对非营利机构进行进一步按控制者进行细分，而是按非营利组织服务的对象将其分别列入企业部门或住户部门下的为住户服务的非营利机构。在国民经济核算时，非营利组织的生产、收入、消费、投资、储蓄以及资产负债均计入企业部门和住户部门反映；非营利机构虽然可从政府取得资金支持，其获得的资金计入政府财政收支，但由于机构不包括在政府机构范围之内，政府财务报告不包括非营利机构的资产负债情况。

三、公共公司

在美国公共公司一般用政府企业来指代。政府企业是以一定价格向公众直接出售其产品和服务，并承担部分或全部运营成本的政府控制的单位，是政府的组成部分。政府企业可分为两个层级，在联邦层级共15家企业，包括美国邮政服务局，科罗拉多河能源公司、科罗拉多河内陆能源公司、波尼卫欧电力公司、东南电力、西南电力、田纳西河谷管理局、上科罗拉多河水库等7家电力企业，联邦企业保险公司、联邦住房管理局、国家洪水保险公司、海外私人投资公司等4家保险企业，政府印刷销售公司、军队邮政服务局、老兵服务社。在州和地方层面，则根据政府单位执行的功能进行划分，一般执行公用事业功能的机构单位被划分为政府企业。这些公用事业功能包括住房和市政维护、供排水、供气、供电、公共交通运输、收费高速公路、港口、机场、酒类专营店、彩票、博彩、公共停车等功能。

国民收入和产出账户中用一种“混合”的方式来处理政府企业，比如它们的某些交易被按照类似政府部门的一部分来记录，而另一些交易则按照类似工商业部门的一部分来记录。一方面，政府企业的生产活动与私营企业的生产活动一样，被作为整个工商业部门增加值的一部分展示出来。另一方面，政府企业的盈余测算又被当作政府部门收入的一部分，由此导致需要对各个政府和政府企业的合并账户的净储蓄和净借贷进行进一步测算。

在政府财务报告的资产负债表中，公共公司作为政府的构成计入政府资产负债中。在统计部门编制的资产负债统计中，遵循国际准则的要求，美国的政府企业可能会被划分成准公司，放到非金融非企业部门或者金融部门。

第三节　美国政府资产负债核算的范围与分类

美国政府财务报告的资产负债表按GAAP编制，依据会计准则与相关法规与条例进行项目设置，时有对报表项目进行增减。而综合宏观经济账户中的政府资产负债表主要按照SNA体系来编制，因此其核算的定义和范围与SNA基本保持一致。

一、财务报告中的政府资产负债表的资产负债核算的范围与分类

（一）资产核算的范围与分类

1. 现金和其他货币资产

现金和其他货币资产包括现金、贵金属、国际货币资产和外汇资产等。现金包括无限制的现金和受限制现金。无限制的现金包括由财政部掌握的政府营运活动的现金和其他联邦机构拥有的无限制现金。经营活动现金包括税收收入、其他收入、联邦债务收入及其他各种收入扣除预算支出等现金流出后的余额，包括现金、现金等价物、预付的备付金、运转中的现金和其他机构掌握的信托基金等。受限制现金是由有关现金储蓄的法律、法规或协议规定的受到限制的现金，主要为总统行政办公室（EOP）对外军事销售计划所持有的现金。国际货币资产包括在 IMF 的储备资产和 SDR 头寸。贵金属包括黄金和白银。

2. 应收账款和应收税款净值

应收账款是联邦政府对其他组织的现金或者其他资产的要求权，是联邦政府销售商品或提供服务、关税、罚款、某些特许费、补偿赔款以及法律的其他规定产生的应该收取的现金和资产。应收税款主要包括未收税款、罚款，以及由于纳税人没有按时纳税或由法院裁定需要缴纳的欠税及利息。应收税款不包括纳税人死亡、破产或无力偿还的税款，也不包括政府已不期望能收回的税款。

3. 应收贷款和贷款担保净值

联邦政府一般通过直接贷款和贷款担保帮助那些无法承担市场利率贷款或无法取得市场融资的人或组织，从而提高整个国家和社会的福利。直接贷款项目包括联邦学生教育贷款、联邦家庭教育贷款、电力贷款、乡村住房服务贷款、进出口银行贷款、国际货币基金组织贷款、住房和城区发展贷款、水资源和环保贷款等；贷款担保项目包括联邦住房抵押贷款、老兵住房贷款、农村住房贷款、小企业担保贷款、进出口信贷担保、以色列人担保贷款、联邦家庭教育担保贷款等。应收贷款和贷款担保净值包含相关利息和无法收回的信贷。

4. 不良资产救助计划——直接贷款和权益投资净值

为应对 2008 年金融危机，美国政府根据《2008 年紧急经济稳定法案》实施了不良资产救助计划（TRAP），该法案给予美国财政部广泛的权限来购买金融机构持有的住房抵押贷款、抵押支持证券（MBS）和其他问题资产或对其提供担保，从而对银行和其他金融机构进行注资以保证金融体系的稳定和资金流动。不良资产救助计划下直接贷款及权益投资净值主要包括对汽车行业的救助项目（直接贷款及权益投资净值）、资本收购项目（权益投资、次级债券）、其他投资项目（权益投资、次级债券和直接贷款）和 TRAP 下的住房保障项目。其中，汽车行业救助项目用来防止美国汽车行业出现明显波动，进而对整个经济造成不良影响，这些救助措施包括 2009 年财政部以贷款协议等形式向通用汽车公司提供510亿美元的救助。

5. 存货及相关资产净值

存货是生产者为今后销售、在生产中使用或其他用途而持有的，在当期或者较早时期生产的商品和服务。存货包括原料和供应品、在制品、制成品、用于再出售的商品及军事存货。其中，原料和供应品包括欲作为生产过程的投入品而持有的商品。在制品是指企业生产的、加工尚不够充分的产品，它们还未达到能被其他机构单位使用时的正常状态。制成品包括作为生产过程的产出、仍由生产者持有、在供应给其他单位之前不打算再进一步加工的商品。用于再出售的商品是出于再出售或向其他单位转移的目的而获得、不再进一步加工的商品。军事存货是指用于国防并需要保存，或用于国际紧急事件中重要企业关键的材料，如核材料和石油。相关资产包括具有交换价值的商业或贸易项目、扣押的货币项目以及没收的财产。

6. 通用不动产、厂房及设备

不动产、厂房及设备由有形资产组成，包括土地、厂房、建筑物和其他用于提供商品与服务的资产。需要说明的是，经管资产（包括国防资产、遗产和经管土地等）未列入不动产、厂房及设备，也未列入政府资产负债表中。

7. 债务证券和权益证券

债务证券包括非美国政府发行的政府债券、商业债券、抵押支持证券（MBS）、资产支持证券（ABS）、公司债券和其他债券。权益证券包括普通股、单位信托和其他权益证券。债务证券和权益证券不包括不可交易的国债。

8. 对政府资助企业的投资

对政府资助企业（GSEs）的投资主要包括政府对房地美和房利美的优先股和普通股认股权证。国会建立房地美和房利美用以增加房地产抵押贷款的供给，其主要功能就是将抵押贷款打包作为证券出售给投资者，并保证证券利息和本金的及时支付。

9. 其他资产

其他资产包括预付账款、联邦存款保险公司（FDIC）对救助项目的应收账款、金融衍生资产、在国际金融机构的非交易股权投资等。其中，联邦存款保险公司承担着对问题机构实施及时救助的责任。救助措施包括对问题机构的估值、行销、询价、选择成本最小化的竞标方案，及与收购机构合作完成整个收购。

（二）负债核算的范围与分类

1. 应付账款

应付账款是指从联邦政府以外的组织订购或购买商品、资产或接受非联邦雇员提供的劳务等引起的负债的到期应付额及由取消的拨款引起的应付账款和非债务相关的应付利息。

2. 公众持有的联邦债券及应计利息

公众持有的联邦债券主要由财政部发行，包括有息公开交易债券（票据、发票和债券、通货膨胀保值债券、浮动利率债券）、有息非公开交易债券（存款和信托资金持有的政府债券、对外发行的债券、州和地方政府各级债券、国内各级债券和储蓄债券、无息债务）、无息公开交易和非公开交易债券等。

3. 联邦雇员和退伍军人救济金支付

政府为职员提供生命和健康保险、退休金和其他救济金，平民和军人都可以得到这些救济金。联邦政府管理了 40 多项抚恤金项目，人事管理办公室管理着最大的平民部分项目，国防部管理着最大的军人基金项目。

4. 环境及治理负债

在第二次世界大战和冷战期间，美国研究、制造、测试了核武器，包括核反应堆、化学武器工厂、金属加工厂、实验室以及维护设施。这些活动对环境造成了巨大的破坏，留下了大量废弃物和核材料需要处理。环境及治理负债主要包括联邦政府转移、填埋、处理这些有害废料的费用。

5. 到期及应付福利

到期及应付福利是在报告期末未付给项目接收人或者医疗服务提供商的福利，主要包括联邦老年及遗嘱保险、联邦医疗保险、国民医疗补助、联邦附加医疗保险、联邦伤残保险、补充保障收入、铁路退休项目、失业保险等。

6. 保险和担保项目负债

保险和担保项目负债主要包括养老金福利担保公司（PBGC）的养老金福利计划、联邦存款保险公司的专项基金和农业部的联邦农业保险以及其他保险和担保负债项目。其中，养老金福利担保公司主要对参加福利年金计划人员的年金收益提供保险。作为政府全资公司，养老金福利担保公司的金融活动和余额包括在政府资产负债表中。

7. 其他负债

其他负债项目包括在资产负债表中但没有单独定义的负债项目，包括应计工资、递延收入、保险项目、金证券（储存在联邦储备银行的黄金）、平准外汇基金、外国政府的预付款、契约服务（指国防部的契约责任）、其他债务（政府负债，不包括公共债务）和其他各种负债等。

（三）财务报告中资产负债的计价

财务报告以财务会计（GAAP）为基础的，其确认原则是以修正的收付实现制为基础计算非交易收入；费用只在实际发生时才加以确认；对非金融资产的计量采用永续盘存法计量。

应收账款以本金额减去无法收回账款的坏账准备额计价。账款无法全额收回时即建立坏账准备项。坏账准备的计提方法各政府部门并不相同，通常是基于过去收回账款的情况并定期重估。具体方法包括应收账款样本法、个例分析法、年限分析法，基于过去回收情况的应收账款百分比法。应收税款以应收金额减去预期无法收回部分的坏账准备额。对可疑账款的坏账准备是基于对未支付税金统计样本的评估。

直接贷款和贷款担保在政府资产负债表中的计价采用备抵法和现值法两种方法。在备抵法下，直接贷款的计价为本金额减去无法收回贷款的坏账准备额。而由贷款担保产生的债务的计价则是预计的无法偿还贷款引发的未来现金流出额。在现值法下，直接贷款的计价为本金额减去与直接贷款本金额和预期未来净现金流的折现值差额相等的坏账准备额。由贷款担保产生的债务的计价为预期由贷款担保引起的净现金流出的现值。

不良资产救助计划（TARP）权益投资采用公允价值计价，即定义为假设将权益投资额以适宜的交易卖给市场主体时可能产生收益的估计值。以 TARP 直接贷款与净权益投资作为资产来预计未来现金流的净现值，以贷款担保作为负债或资产来预计未来现金流的净现值，这种计价方法与直接贷款和贷款担保的现值法会计计价方法是一致的。在计算预计净现金流时对市场风险因素也要予以考虑。

对 TARP 直接贷款和权益类投资的补贴准备代表了直接贷款和权益类投资面值与预计未来现金流现值的差额，被看作是直接贷款和权益投资面值的调整项。记录的直接贷款和权益类投资的坏账准备项以一系列关于预计未来现金流的假设为基础。

美国政府使用以下方法对 TARP 直接贷款和权益投资进行估值：

对 TARP 直接贷款的计价采用了对整个贷款周期中流入和流出政府的现金流的分析模型。这些现金流包括本金、利息和其他对政府的支付。这些模型也包含对违约和违约收回的估计，包含合同中明确的所有抵押品的价值。对违约时间和违约概率及违约损失的估计使用可得的历史数据或公开的替代数据，包括信用评级机构的历史数据。模型包含一项基于市场风险的调整项，用来反映未预期到的但影响公允价值的市场风险。

TARP 优先股现金流的计值使用了分析不利事件（例如机构的倒闭、市场利率的上升等）引发损失风险的模型。模型对现金流的估计取决于：（1）当期利率，其变动将对是否偿还优先股的决定产生影响；（2）金融机构资产的质量。模型中的主要变量包括机构常规填报的会计数据、机构股票价格的波动情况、银行倒闭的历史信息等。政府对担保价值和现金流的估计采用基于当期股票价格与波动情况的期权价格定价法。对在交易所交易的普通股投资计价采用市场价格。使用市场价格计价的结果是权益类投资以估计的公允价值计价。

联邦金融会计准则 SFFAS 对存货和相关资产的会计准则要求对用于销售和用于未来销售的存货以历史成本法或最新收购成本法计价。历史成本法包含先进先出法、加权均值法和移动平均法。使用最新收购成本法计价时，存货需要定期重新估值，并增加一项准备项来记录未实现留存收益和损失。

通用不动产、厂房及设备构成可见资产，包含建筑、设备、在建工程、软件设备及资本出租和其他提供产品和服务的资产。除国防部资产外，其他资产、厂房及设备以获得成本计价。一般情况下，国防部资产使用国防部内部记录以估计的历史成本法计价。如果获得成本超过联邦政府部门各自的资本化率，通用不动产、厂房及设备需要予以资本化。

债务类和权益类债券被分为持有到期、可出售和交易中三类。持有到期类债务和权益债券以摊余成本减去未摊费用和折扣后余额计价。可出售的债务和权益债券以公允价值计价。交易中的债务和权益债券也以公允价值计价。

在对政府资助企业的投资中，优先股及相关普通股认股权证都以公允价值计价。对资产公允价值的年度估值包含各种预测分析和现金流分析。这些对优先股及认股权证的重新估值为每年一次，并根据联邦金融会计准则要求予以记录。

二、统计部门编制的政府资产负债表的资产负债核算范围与分类

（一）非金融资产

尽管 IMF 及 GFS 对非金融资产项目有明确的分类，在实践中很少有国家能够完全参照 GFS 标准对所有非金融资产项目进行核算。美国同样如此，在综合宏观经济账户的资产负债表中，非金融资产涵盖的项目非常有限，主要包括构筑物、设备及知识产权产品两项，土地以及非生产性的非金融资产并不纳入核算。

1. 建筑物和构筑物

建筑物和构筑物包括住宅、非住宅建筑、其他构筑物和土地改良。其中，住宅是完全或主要用于居住的建筑物，包括车库和相关构筑物。非住宅建筑包括未被指定为住宅的整个或部分建筑物，固定装置、设施和设备等建筑物的组成部分也包括在内。其他构筑物指除建筑物外的所有构筑物。

2. 设备及知识产权产品

机器和设备分为交通设备，信息、计算机和通信设备及其他机器和设备。其中，交通设备包括机动车辆、拖车和半拖车、船舶、铁路机车和车辆、飞机、摩托车及自行车。信息、计算机和通信设备包括使用电子控制装置的设备和组成这些设备的电子零部件。其他机器和设备指除上述类别以外的所有机器和设备。

知识产权产品是研究、开发、调查或者创新的成果，这些行为会产生知识，开发者能够销售这些知识，或者在生产中使用这些知识来获利。

（二）金融资产

金融资产是一种索取实物资产的无形的权利，并能够为持有者带来货币收入流量的资产。综合宏观经济账户的金融资产分类与国民经济核算体系基本一致，包括货币黄金和特别提款权、通货和存款、债务证券、贷款、股权和投资基金份额、其他应收款。

1. 货币黄金和特别提款权

货币黄金是美国财政部持有的作为货币发行储备的黄金，包括金条（包括在分配黄金账户中的黄金）和要求交付黄金的非居民未分配黄金账户。特别提款权（SDR）是由国际货币基金（IMF）创建并分配给其成员以补充储备资产的国际储备资产。特别提款权的分配构成了接收人的负债，持有的特别提款权是公共部门金融资产的一部分。

2. 通货和存款

通货由中央银行或政府发行、授权的具有固定名义价值的钞票和硬币构成。存款是对持有存款的企业、广义政府和其他单位机构的债权。综合宏观经济账户的通货和存款包括官方外汇、IMF 储备头寸（净值）、现金及可转让存款、定期和储蓄存款、非官方外汇。

3. 债务证券

债务证券是作为债务证明的可转让金融工具，包括票据、债券、可转让存款证、商业票据、债权证、资产支持证券和通常可在金融市场交易的类似工具。

综合宏观经济账户的债务证券包括机构和政府赞助企业担保证券、公司和外国债券。

4. 贷款

贷款是指债权人将资金直接给债务人、同时收到非流通文件作为资产的证据的金融工具，包括透支、分期付款贷款、分期付款购物信用和商业信用融资贷款。对 IMF 的贷款形式的债权或债务也包括在内。来自可转让存款账户透支便利的透支也列入贷款类。证券回购协议、黄金掉期和融资租赁也应列入贷款类。综合宏观经济账户的贷款包括短期贷款和长期贷款（抵押贷款），短期贷款包括消费信贷、其他贷款和垫款，其中其他贷款和垫款主要是政府贷款和政策贷款。

5. 股权和投资基金份额

股权和投资基金份额的显著特征是持有者对发行单位的资产有剩余索取权。股权代表机构单位中持有者的资金，包括证明对清偿了债权人全部债权后的公司或准法人公司的剩余价值有索取权的所有票据和记录。投资基金是一种投资者资金池投资于金融或非金融资产集体投资计划。投资基金份额是指由共同基金和单位信托发行的股份，而不是它们持有的股份。投资基金份额是投资在其他资产上的一种集体投资，在金融中介中有特殊作用，因此要单列。综合宏观经济账户的股权和投资基金份额包括公司股权、国际组织股权、政府赞助企业股权和公私合营投资项目（PPIP）股权。

6. 其他应收款

如果一个经济活动会带来未来的现金流，例如商品或服务是由供应商以赊销方式提供的，那么在经济活动发生和产生现金流之间的时间段内，买方应记在其他应付款中（卖方记在其他应收款中）。综合宏观经济账户的其他应收账款包括贸易应收款、应收税款和其他杂项资产。其中，应收税款包括公司所得税应收税款、失业保险应收税款和消费税应收税款；其他杂项资产包括应付未付税款、股息、证券买卖、租金、工资及薪金、社会贡献、社会福利及类似项目，还包括在金融衍生品合约下拖欠或已支付但尚未计提的金额，如预付税款项。

（三）金融负债

负债是指过去的交易或事项形成的，一种未来可能的经济利益流出或资源的损耗。美国综合宏观经济账户编制的资产负债表中，负债主要指金融负债，具体包括六大类：特别提款权配额，通货和存款，债务证券，贷款（抵押贷款），保险、养老金和标准化担保计划及其他应付款。联邦政府负债应当具有以下特征：由过去的交易或事项形成的；政府有关的事项；政府承诺的事项；非交换交易。

1. 特别提款权配额

综合宏观经济账户中的特别提款权配额基于 IMF 的国际金融统计（IFS），未调整的流量是指在特别提款权的配额乘以分配配额当时的 USD – SDR 汇率。

2. 通货和存款

综合宏观经济账户的通货和存款主要包括国库通货和邮政储蓄系统存款。

3. 债务证券

综合宏观经济账户的债务证券主要包括 SDR 凭证、国债（包括储蓄债券）、联邦机构证券（含政府支持证券、联邦政府贷款参与证券等）和养老基金持有的不可转让证券（如联邦政府退休基金中的公务员退休基金和残疾基金持有的不可转让国债、铁路退休委员会所持有的不可转让国债、军事退休基金所持有的不可转让国债、外国服务退休基金和残疾基金持有的不可转让国债、司法退休基金持有的不可转让国债）。

4. 贷款

综合宏观经济账户的贷款主要是联邦政府多户住宅抵押贷款，也包括由美国政府财政赤字或盈余处置的融资手段及联邦机构特殊融资部门发行的 B 级证券。

5. 保险、养老金和标准化担保计划

综合宏观经济账户的保险、养老金和标准化担保计划包括联邦政府人寿保险储备基金、退休人员医疗保健基金、养老金保证人的债权。其中，联邦政府人寿保险储备基金包括联邦政府政策证券 D 类投资账户、退伍军人事务部、兵役人寿保险基金、美国政府人寿保险基金、退伍军人特殊生命保险；退休人员医疗保健基金包括联邦政府统一服务退休人员医疗保健基金、邮政退休健康福利基金；养老金保证人债权包括雇主负有投资管理责任的养老金基金类别的联邦政府退休基金和按特定基准直接缴纳的养老金类别的联邦政府退休基金。

6. 其他应付款

综合宏观经济账户的其他应付款包括贸易应付款和其他杂项负债。贸易应付款主要包括联邦政府非金融企业业务的贸易应收款、联邦政府来源于世界其他地区的应收款项、联邦政府贸易来源于从事非金融非企业业务的应收款；其他杂项负债包括联邦政府归属于 FICO 的负债。

（四）统计部门编制的资产负债的计价

1. 资产的计价

联邦政府的所有资产初次计值以完全成本计价。完全成本应当包括：支付供应商对价；运输费用；处理和存储成本；劳务费和其他直接或间接的生产费用；管理、建造和外部服务所产生的设计、规划、技术支持和调研费用；土地、建筑物和其他设备的获取和准备成本；劳务、材料、物资和其他直接费用；基建工程中设备设施的合理损耗；固定或移动设备和使建筑物或设备达到预定可使用状态产生相关安装费用；建筑合同和建筑工程的检查、监督和管理费用；合法登记费用和损害索赔；土地、工具、设备、劳工、材料、物资、服务和装备的公允价值；实际的利息支付额。

2. 负债的计价

如果要在不同的经济单位和部门之间加总资产和负债，并也要在不同时间点上比较资产和负债，只有现行市场价格估价才能满足这些要求。但并非所有资产都有市场价值，估值的方法在不同部门方法不一，常用的估值方法有如下几种。

（1）市场价值法：具有交易市场的资产或负债能够以市场价值进行估值，如土地、居民住宅、特定用途的土地、某些耐用消费品等资产，以及上市公司股票、大部分的公司债券、政府债券和某些政府担保抵押贷款等金融资产。某些资产没有交易市场，但可以从相关资产的市价中得到其市值，如定向发行的股票和债券等。在有形资产估值中，资产的二手市场价格也可作为当前市价，但需满足两个条件：该资产存在活跃的竞争性市场；该价格可以代表仍在使用中的同类资产的价值。通常有几种具体估值方法：市场测定价值法、市场价格参照法、市场折余法等。

（2）重置成本法：就是将过去构建形成的资产按照现在的重置价值进行估价的一种评估方法，主要应用于没有交易市场的资产，或者是没有收益、市场上又很难找到交易参照物的资产，如商业和工业建筑、政府工程、学校、医院和大部分耐用生产品等。

（3）减值重置成本法：减值重置成本法是考虑了资产折旧后的重置成本法，多用于固定资产和存货的估值，最常用的方法是永续盘存法，也即通过固定资本总量形成的历史记录、固定资产的预计使用年限和固定资本总量的历史价格指数来估计当前价值。永续盘存法实质上是将不同时期的流量逐年调整、折算，然后累加成意义一致的存量。

（4）未来收益现值法：通过测算被估算资产的未来预测收益，并按照一定折现率估算出资产的现值。通常适用于生产资产中的无形固定资产和非生产资产的估价。

（5）面值：面值是需要偿还的未经贴现的本金数额，只适用于索偿权和债务。对于短期无息索偿权（货币、活期存款、应收应付账款等）和可赎回寿险保单等产生的索偿，面值与市值基本一致。期限略长且利息累计的索偿权情况也类似，如金融机构的定期存款。对于定期支付利息的证券或折价证券，对累计利息做出调整后，面值也可认为与市值一致。

第四节　美国政府资产负债表的编制

一、美国政府财务报告中资产负债表的编制

（一）数据的来源

政府财务报告包括联邦政府财务报告及州和地方政府财务报告。我们以联邦政府财务报告为例说明政府财务报告。美国联邦政府财务报告中的资产负债表是美国财政部每年度向公众主体披露的联邦政府资产负债表，政府资产负债表可以划分为政府机构部门、重要实体、其他实体和基金三个层次，各报告主体按照美国预算管理局制定的统一报表格式单独编制资产负债表（以财政部表式为例，见表3－5），汇总形成联邦政府资产负债表。联邦政府财务报告主要遵从美国通用会计准则GAAP，以权责发生制为基础编制财务报告。

表3－5　　财政部合并资产负债表

2014年9月30日　　单位：百万美元

资产	2014年	2013年	负债	2012年	2013年
政府间资产			政府间负债		
基金结存	352928	367820	联邦债务和应付利息	5104620	4837436
贷款和应收利息	1221599	1093559	暂借款		128272
失业者基金预付款	20824	29696	其他债务和应付利息	13733	5761
从总基金应收余额	17949849	17123357	应付总基金余额	1539951	1417423
其他政府间资产	568	435	其他政府间债务	565	477
政府间资产总计	19545768	18614867	政府间债务合计		
现金及其他货币资产	211868	148506	联邦债务和应付利息	12809423	12003030
黄金和白银储备	11062	11062	暂借款		120356
TARP的直接投资及股权投资净值	2174	17869	对联邦储备发行的票据	5200	5200

续表

资产	2014 年	2013 年	负债	2012 年	2013 年
政府资助企业投资	95810	140221	特别提款权分配	52358	54177
国际金融机构投资	6891	6396	对联邦储备发行的黄金票据	11037	11037
其他投资和利息收入	17921	14114	应付退税款	4723	2914
其他应收信贷	16928	17628	应付联邦雇员及老兵福利	9159	9164
应收贷款	9499	10042	其他负债	4806	4234
国际货币基金组织头寸	12834	17915			
税收和利息	42509	38602			
物业、厂房及设备净值	2800	2646			
其他资产	898	756			
总资产	19976962	19040624	总负债	1955575	18599481
			净头寸		
			专项资金净头寸	46664	48677
			非专项资金净头寸	374723	392466
			总净头寸	421387	441143
			负债及净头寸合计	19976962	19040624

在机构范围上共有154个部门和机构主体。一是24个主要的政府机构部门，包括农业部、交通部、商务部、财政部、国防部、教育部、退伍军人事务部、环境保护局、能源部、总务管理局、医疗和公共服务部、航空航天局、国土安全部、国家科学基金会、住房和城乡建设部、人事管理局、内政部、小企业主利益保护局、司法部、社会安全局、劳工部、美国国际开发署、国务院、美国核管理委员会。二是11个其他重要的实体，包括美国进出口银行、铁路职工退休管理委员会、农贸体系保险公司、证券交易管理委员会、联邦通讯委员会、史密森学会（由美国政府资助的、半官方性质的博物馆机构）、联邦存款保险公司、田纳西河流域管理局、国家信贷管理局、美国邮政服务局、养老金福利担保公司。三是119个其他实体和基金，包括亚伯拉罕林肯诞辰200周年纪念委员会、美国行政会议、非洲发展基金、联邦选举委员会、国家艺术展览馆、国家铁路退休投资信托、印第安法律与秩序委员会等（不一一列出）。特别需要说明的是，联邦储备系统仅包括联邦储备委员会，其他机构则不包括。所有的信托基金和政府资助的企业（GSE）属于私营部门，也不包括在内。

在资产范围上，不包括政府为了国民利益而持有的国防资产、土地资产、自然文化遗产，这些资产通过政府经管责任报告披露。国防资产包括武器装备、国防设施、军工厂等；土地资产包括国家公园、国有森林、荒漠以及野生动物保护区，目前这些土地的面积占美国国土面积的28%；自然文化遗产包括天然河流、自然界碑、原始森林、天然草原、历史遗迹、古代建筑、纪念碑、国家公墓和博物馆收集并维护的文物。

（二）数据整理的方法

采用合并的方法编制资产负债表，联邦机构间的交易和头寸都从资产负债表中清除，联邦机构的净成本、净收益、净头寸则不作合并，直接相加减。或有项目并不在资产负债表内核算，通过财务报告的管理分析部分进行说明。联邦预算管理局按合并的要求制定了联邦机构之间及与之外部门间明确划分的资产负债表格式，可以支持联邦机构资产负债表的合并。

（三）政府资产负债的编制

资产负债表反映了联邦政府的资产、负债和净财务状况，项目按流动性高低进行排列。从表格样式看，与大多数国家一致，美国财务报告的政府资产负债表中，主要包括资产、负债和净财务状况三个大项。

表3-6　　政府财务报告下的联邦政府资产负债表

2013年9月30日　　单位：10亿美元

资产	2012年	2013年	负债	2012年	2013年
现金及其他货币资产	206.2	206.3	应付账款	65.2	66.2
应收账款及应收税款净值	111.2	103.2	公共持有的联邦债务证券及应计利息	11332.3	12028.4
应收贷款及按揭抵押证券净值	859.6	1022.3	应付联邦雇员及老兵福利	6274.0	6538.3
TARP的直接投资及股权投资净值	40.2	17.9	环境及治理负债	339.0	349.1
存货及其相关资产净值	299.0	311.1	应付保障款	166.2	174.3
物业、厂房及设备净值	855.0	896.7	保险及担保项目负债	156.4	130
债务及权益证券	110.2	107.8	贷款担保负债	74.6	59.2
政府资助企业投资	109.3	140.2	政府资助企业负债	9.0	—
其他资产	157.6	162.8	其他负债	432.6	532.1
			负债合计	18849.3	19877.6
			专项资金	665.3	3143.7
			非专项资金	-16766.3	-20053
			净头寸合计	-16101.0	-16909.3
资产合计	2748.3	2968.3	负债及净头寸合计	2748.3	2968.3

二、美国统计部门资产负债表的编制

（一）数据的来源

综合宏观经济账户的大部分数据序列从发布的国民收入和产出账户 NIPA 及资金流量表账户 FFA 数据中取得，经常账户和资本账户的统计数据来自国民收入和产出账户 NIPA 数据，而金融账户的统计数据则是基于资金流量表账户数据。在数量、重新估值和资产负债表上的其他变化反映了经济分析局和美联储数据的混合。

联邦政府的数据主要来自联邦政府发布的政府财务报告、会计记录与行政记录。州和地方政府数据来自 5 年一次的地方政府全面普查，年度的数据较少的地方政府财务报告，季度的州和大城市的税收收支情况表，每年对全部的州进行一次全面调查，对地方政府的抽样调查保证统计结果误差不超过 0.5%。财务报告、经济普查记录了政府在一定时期的收支情况，集中反映政府的税收、支出、借款、贷款，这些财务报告在交易对手、交易工具以及计价上与国民经济核算都存在一定的差异，必须对这些数据进行调整、转换和替换。因为专业报告中的数据分类更为明细，频度又常常为月度和季度，与国民经济核算的分类更为一致，常常采用专业报告中的数据进行替换。如建筑物的价值采用美国经济普查局的普查数据更为适当。

（二）数据整理的方法

综合宏观经济账户体系完全依据宏观经济账户的编制来整理统计数据，一般来说，综合宏观经济账户体系先核算各个经济部门的生产和收入，再从收入中减去消费得到净储蓄，净储蓄投资于实体和金融资产。如果对实体资产的投资小于储蓄，差额部分可通过金融工具投资于其他部门；相反，对实体资产的投资大于储蓄，差额部分则必须借入。因此，净借出或借入分别联系经济的实体和金融部分。作为下一个账户，金融账户记录了通过各种金融工具进行的资金借贷。然后根据期初的资产负债表加上资本形成、金融工具净借出和借入、价值估值以及其他变化部分，获得期末部门的资产负债表。

综合宏观经济账户体系开始于经常账户。经常账户第一部分是生产账户，记录了各经济部门对美国生产产出的贡献，或总增加值。2013 年联邦政府增加值为 7113 亿美元，固定资本消耗为 2680 亿美元，净增加值为 4433 亿美元。其中，职工薪酬为 4586 亿美元，营业亏损 153 亿美元。

经常账户第二部分是收入初次分配账户，记录各部门获得的各种收入（例如薪金、净利息和净股息）。2013年联邦政府营业亏损由生产账户结转而来，为亏损153亿美元，加上收入的生产和进口税为1209亿美元，扣减597亿美元财政补贴，加上财产收入1647亿美元，再扣减支付利息1474亿美元，就得到联邦政府的初次收入。

经常账户第三部分是收入再分配账户。在联邦政府初次收入的基础上，加上联邦政府收取的所得税与财产税16909亿美元，加上社会缴款10923亿美元，扣除向社会捐赠18256亿美元，再加上其他经常转移收入595亿美元，扣除其他经常转移支出4963亿美元，得到联邦政府可支配收入3139亿美元。

经常账户第四部分是收入使用账户。在联邦政府可支配收入基础上，扣减最终消费支出9630亿美元，就得到联邦政府净储蓄-6491亿美元。

净储蓄是资本账户的起始。资本账户主要反映非金融投资。在联邦政府净储蓄的基础上，扣减资本转移净额584亿美元，扣减资本形成净额-20亿美元，得到联邦政府净借入7056亿美元。

联邦政府净借入也可以从金融账户中获得。金融账户主要反映金融投资。2013年联邦政府获得金融资产净获得2174亿美元，其中现金和存款净获得658亿美元，贷款净获得1242亿美元；金融负债净增加8803亿美元，其中债券负债净增加8573亿美元。联邦政府金融账户净借入6629亿美元。原则上，资本账户和金融账户的净借出/净借入应该保持一致。但从资本或金融账户编制净借出和净借入时，由于数据源、记录流量时间及其他统计上的差别，两种方法得到的统计值可能存在不一致的现象。2013年联邦政府金融账户与资本账户净借入的统计误差-427亿美元。

联邦政府除了交易引起的资产负债头寸变动外，还由其他物量变化账户、重估账户分别反映其他物量变化因素、重新估值因素引起的资产负债头寸变动。2013年联邦政府其他物量变化273亿美元，其中其他物量变化-154亿美元，扣减统计误差-427亿美元。2013年联邦政府非金融资产重估值增加589亿美元，其中建筑物增加411亿美元；金融资产重估值增加1亿美元，金融负债重估值增加1亿美元。因持有引起价值变动为590亿美元。

上述流量账户、其他物量变化账户、重估账户的2013年数据，加上2012年末的资产负债数据，就可以得到2013年的资产负债表。2013年末联邦政府总资产49054亿美元，其中非金融资产31917亿美元，金融资产17137亿美元。非金融资产中建筑物14721亿美元，设备7322亿美元，知识产权产品9874亿美元。金融资产中以贷款为主，贷款规模为10392亿美元。金融负债161305亿美元，其中债券 137103 亿美元，保险、养老金和标准化担保计划 20896 亿美元。联邦政府净头寸为 -112251 亿美元。

联邦政府净值变化就是由交易、价值重估、其他物量变化共同作用的结果。2013 年联邦政府净净值变化 -6213 亿美元，其中资本形成净额 -20 亿美元，联邦政府净借入 7056 亿美元，其他物量变化 273 亿美元，重估值变化 590 亿美元。

（三）统计部门编制的资产负债表实例

美国综合宏观经济账户体系尽管大致遵循了 SNA 体系框架，但关于政府企业的划分与 SNA 有一定差异。在综合宏观经济账户中，联邦政府和地方州政府分别编制独立的资产负债表，而且不并表。除此之外，联邦政府和地方州政府报表里面还不包括政府企业、政府雇员退休基金和非营利机构。由于联邦政府与州和地方政府结构和职能不同，关于资产和负债的核算项目有一定区别。

在资产方面，州和地方政府与联邦政府均将资产分成非金融资产和金融资产两大类，二者关于非金融资产核算的内容一致，均包含建筑物、设备和知识产权产品三项，而关于金融资产的核算不同。在金融资产中，在债券部分，州和地方政府较联邦政府增加了市政债券、公开市场票据和财政债券；在股权和投资基金份额中，州和地方政府增加了货币市场基金股票核算，而联邦政府增加了政府赞助企业和公私合营投资项下股权投资（见表 3-7）。

在负债方面，州和地方政府与联邦政府的区别主要在债券和保障计划方面。如对国债的处理方面，对联邦政府而言是负债，对州和地方政府而言则是持有的一项金融资产；对保障计划处理方面，联邦政府多核算了保险准备金和退休人员医疗保健基金。

表 3-7　　综合宏观经济账户体系中的联邦政府经常账户　单位：10 亿美元

项目	2009 年	2010 年	2011 年	2012 年	2013 年
GDP/总增加值	668.8	704.5	720.9	722.7	711.3
减：固定资本消耗	234.5	245.3	257.4	264.1	268
等于：净增加值	434.3	459.1	463.5	458.6	443.3
职工薪酬	433.5	462.2	470.6	467.8	458.6
工资和薪金	312.2	328.5	331.7	327.1	320.6
雇主的社会贡献	121.3	133.7	138.9	140.7	138.1
营业盈余净值	0.8	-3.1	-7.1	-9.1	-15.3
国民初次收入分配净值	-269.9	-286.6	-327.3	-321.8	-206.8

续表

项目	2009 年	2010 年	2011 年	2012 年	2013 年
营业盈余	0.8	-3.1	-7.1	-9.1	-15.3
生产和进口税	91.4	96.8	108.6	115	120.9
补贴	-56.9	-54.3	-59.5	-57.6	-59.7
财产收入	48.5	54.6	56.4	53.6	164.7
利息	22.8	29.5	27.7	22.3	24.4
企业已分配收益（股息）	18.7	17	18.8	21.1	131.3
土地及自然资源租金	7	8	9.9	10.2	9
减：利息支付	353.6	380.6	425.7	423.8	417.4
国民初次收入分配净值	-269.9	-286.6	-327.3	-321.8	-206.8
加：收入税与财产税	1072.4	1208.2	1392.7	1536.5	1690.9
加：社会缴款（+）	950.8	970.9	904	938.1	1092.3
减：社会赠款（-）	1624.9	1726.6	1744.4	1785.1	1825.6
加：其他当期转移收入（+）	64	64.4	65	49.9	59.5
减：其他当期转移支出（-）	507.5	555	528	493.2	496.3
等于：可支配收入	-315.1	-324.8	-238.1	-75.5	313.9
减：最终消费支出	933.7	1003.9	1006.1	1003.6	963
等于：净储蓄	-1248.8	-1328.7	-1244.1	-1079.1	-649.1

表 3-8　　综合宏观经济账户体系中的联邦政府资本账户　单位：10 亿美元

项目	2009 年	2010 年	2011 年	2012 年	2013 年
净储蓄扣减资本转移	-1435.1	-1455	-1358	-1163.9	-707.5
净储蓄	-1248.8	-1328.7	-1244.1	-1079.1	-649.1
减：资本净转移支付	186.3	126.3	113.9	84.7	58.4
净资本形成	40.6	53.7	39.1	21.7	-2
固定资本形成总额（生产性非金融资产）	284	300	297.4	287.8	268.5
减：固定资本消费	234.5	245.3	257.4	264.1	268
非生产性非金融资产取得	-8.9	-1	-0.9	-1.9	-2.4
净借入或借出，资本账户	-1475.7	-1508.7	-1397.1	-1185.6	-705.6

表3-9 综合宏观经济账户体系中的联邦政府金融账户 单位：10亿美元

项目	2009年	2010年	2011年	2012年	2013年
净借入或借出	-1475.7	-1508.7	-1397.1	-1185.6	-705.6
净金融资产获得	237.8	281.9	-150.7	132.4	217.4
货币黄金和特别提款权	48.2	0	-1.8	0	0
货币黄金	0	0	0	0	0
特别提款权	48.2	0	-1.8	0	0
现金和存款	-170.2	150.5	-239.9	11.1	65.8
官方外汇	0.3	0.3	-0.2	0.2	0.2
IMF储备头寸（净值）	3.4	1.3	18.2	4	-3.4
现金和可转让存款	-174.2	148.9	-257.6	6.7	69.6
定期和储蓄存款	0.3	0.1	-0.3	0.2	-0.5
非官方外汇	0	0	0	0	0
债券	142.5	-46.9	-118.2	-31.3	-0.1
机构和政府赞助企业担保证券	142	-47.2	-118.1	-31.1	0
公司和外国债券	0.6	0.3	-0.1	-0.2	-0.1
贷款	166.7	131.4	136.5	136.2	124.2
短期	154.1	136.8	133.2	134.5	120.3
消费信贷	87.9	133.1	128.5	132.1	113.1
其他贷款和垫款	66.2	3.6	4.8	2.4	7.2
长期（抵押贷款）	12.6	-5.4	3.3	1.6	4
股权和投资基金份额	3.4	30.4	43.5	-10.7	-2.6
公司股票	0.6	24.1	40.3	-13.2	-4.8
国际组织股权	1.7	2.3	2.6	2.4	2.2
政府赞助企业股权	0	0	0	0	0
公私合营投资项下股权投资	1.2	4	0.7	0	0
其他应收账款	47.1	16.5	29.1	27.1	30
贸易应收款	-21.1	-0.7	4.8	2.6	-1.5
应收税款	35.9	27.1	25.6	27.9	27.8
其他（杂项资产）	32.3	-9.8	-1.3	-3.5	3.7
负债发生净额	1536	1696.7	1201.7	1249.6	880.3
特别提款权配额	47.6	0	0	0	0
现金和存款	-0.4	-0.3	0	0	-0.3
债券	1508.8	1645.9	1138.7	1180.6	857.3

续表

项目	2009年	2010年	2011年	2012年	2013年
SDR凭证	3	0	0	0	0
国债包括储蓄债券	1443.7	1579.6	1066.8	1140.6	759.5
联邦机构证券	0.1	0.7	1.1	-0.4	-0.4
养老基金持有的非有价证券	61.9	65.7	70.8	40.4	98.2
贷款（抵押贷款）	0	0	0	0	0
保险、养老金和标准化担保计划	33.2	43.5	40.6	63.9	5.6
保险准备金	1.1	0.9	1.3	0.3	0.2
退休人员医疗保健基金	16.6	22.5	18.5	13.3	12.2
养老金保证人债权	15.6	20.2	20.8	50.3	-6.8
其他应付账款	-53.3	7.6	22.4	5.1	17.8
贸易应付账款	-56.2	5.2	8.8	13.4	16.5
其他（杂项负债）	2.9	2.4	13.6	-8.3	1.3
附加：					
净借入或借出，金融账户	-1298.2	-1414.9	-1352.4	-1117.2	-662.9

表3-10　综合宏观经济账户体系中的联邦政府其他变化账户　单位：10亿美元

项目	2009年	2010年	2011年	2012年	2013年
其他容量账户总变化	121.5	-32	46.4	41.3	27.3
灾难损失	0	0	0	0	0
其他容量账户变化	-56	-125.8	1.7	-27.1	-15.4
减：统计误差	-177.5	-93.8	-44.7	-68.4	-42.7

表3-11　综合宏观经济账户体系中的联邦政府重估账户变化　单位：10亿美元

项目	2009年	2010年	2011年	2012年	2013年
非金融资产	-36	61.3	69.3	41.8	58.9
建筑物	-48.4	18.1	49.4	36.2	41.1
设备	8.6	5	12.2	0.9	3.3
知识产权产品	3.8	38.2	7.7	4.7	14.5
金融资产	-121.6	-43.7	-33.2	-4.7	0.1
货币黄金和特别提款权	0.2	-1	-0.1	0.1	0.1
现金和存款	0.3	-0.2	-0.5	0	0
公司股票	-121.9	-41.5	-32.4	-4.7	0

续表

项目	2009 年	2010 年	2011 年	2012 年	2013 年
公私合营投资项下股权投资	-0.3	-1	-0.2	0	0
负债	0.2	-1	-0.2	0.1	0.1
特别提款权	0.2	-1	-0.2	0.1	0.1
因持有资产名义收益/损失而发生净财富变化	-157.9	18.5	36.4	37	59

表 3-12　综合宏观经济账户体系中的联邦政府资产负债表 单位：10 亿美元

项目	2009 年	2010 年	2011 年	2012 年	2013 年
总资产	4229.2	4569.7	4478.1	4649.1	4905.4
非金融资产	2842.1	2957.5	3066.8	3132.3	3191.7
建筑物	1326.1	1352.5	1406.9	1439.7	1472.1
设备	649.8	680.9	711	725.2	732.2
知识产权产品	866.2	924.1	948.9	967.4	987.4
金融资产	1387.1	1612.2	1411.3	1516.8	1713.7
货币黄金和特别提款权	57.8	56.8	55	55.1	55.2
货币黄金	0	0	0	0	0
特别提款权	57.8	56.8	55	55	55.2
现金和存款	234.9	385.2	144.8	155.9	221.8
债券	197	150.1	31.9	0.6	0.6
机构和政府赞助企业担保证券	196.4	149.2	31.1	0	0
公司和外国债券	0.6	0.9	0.8	0.6	0.6
贷款	507.3	642.3	778.8	915	1039.2
短期	398.9	535.7	668.9	803.5	923.7
消费信贷	223.1	356.2	484.7	616.8	729.8
其他贷款和垫款	175.9	179.5	184.3	186.7	193.9
长期（抵押贷款）	108.4	106.6	109.9	111.5	115.5
股权和投资基金份额	118.2	106.1	117	101.5	98.9
公司股票	67.4	49.9	57.8	39.9	35.1
国际组织股权	50	52.3	54.9	57.3	59.5
政府赞助企业股权	0	0	0	0	0
公私合营投资项下股权投资	0.9	3.8	4.4	4.4	4.4
其他应收账款	271.8	271.7	283.7	288.7	298.1

续表

项目	2009 年	2010 年	2011 年	2012 年	2013 年
贸易应收款	43.6	42.9	47.7	50.3	48.8
应收税款	133.9	144.3	152.8	158.6	165.8
其他（杂项资产）	94.3	84.5	83.2	79.8	83.4
总负债和净值	4229.2	4569.7	4478.1	4649.1	4905.4
负债	11003.7	12812.7	13996.3	15252.9	16130.5
特别提款权配额	55.4	54.4	54.2	54.3	54.4
现金和存款	26.2	25.9	25.9	25.9	25.6
债券	8887.8	10533.8	11672.5	12853	13710.3
SDR 凭证	5.2	5.2	5.2	5.2	5.2
国债包括储蓄债券	7781.9	9361.5	10428.3	11568.9	12328.3
联邦机构证券	23.5	24.2	25.3	24.9	24.5
养老基金发行的非有价证券	1077.2	1142.9	1213.7	1254.1	1352.3
贷款（抵押贷款）	0	0	0	0	0
保险、养老金和标准化担保计划	1825.8	1985.3	2022.1	2085	2089.6
保险准备金	47.8	48.7	50	50.3	50.5
退休人员医疗保健基金	180.4	202.9	221.4	234.6	250.6
养老金保证人债权	1597.6	1733.7	1750.7	1800	1792.1
其他应付账款	208.5	213.3	221.7	236.6	253
贸易应付账款	204.5	209.7	218.5	233.9	250.7
其他（杂项负债）	4	3.6	3.2	2.8	2.3
净值	-6774.5	-8243	-9518.2	-10603.8	-11225.1

表 3-13　　综合宏观经济账户体系中的州和地方政府资产负债表

单位：10 亿美元

州和地方政府	2009 年	2010 年	2011 年	2012 年	2013 年
总资产	10915.3	11329.8	11805.1	12271.3	12641.4
非金融资产	8243.0	8557.5	9068.6	9388.3	9703.2
建筑物	7903.6	8207.7	8711.9	9026.8	9335.6
设备	240.9	245.4	246.5	246.5	247.6
知识产权产品	98.5	104.4	110.2	115.1	120.0
金融资产	2672.3	2772.2	2736.5	2883.1	2938.2
现金和存款	345.4	345.2	377.4	406.7	425.8

续表

州和地方政府	2009 年	2010 年	2011 年	2012 年	2013 年
债券	1335.4	1393.3	1329.5	1381.5	1347.7
机构和政府资助企业证券	491.2	516.7	503.8	504.7	490.9
公司和外国债券	157.1	165.5	163.1	170.1	172.5
市政债券	11.5	12.9	13.1	13.7	13.9
公开市场票据	89.2	102.7	90.4	85.1	76.9
国债	586.4	595.6	559.1	607.9	593.4
贷款	319.8	330.3	322.9	339.1	346.3
短期	126.3	125.6	120.8	128.3	132.5
长期（抵押贷款）	193.4	204.6	202.1	210.8	213.9
股权和投资基金份额	296.9	336.6	336.7	369.9	415.4
公司股票	112.0	126.8	124.6	140.7	167.6
共同基金股份	48.5	58.7	59.0	67.3	81.2
货币市场基金股票	136.4	151.1	153.0	161.9	166.6
其他应收账款	374.9	366.8	370.1	385.9	403.0
贸易应收款	139.1	152.2	154.5	160.3	168.7
应收税款	117.1	117.8	120.0	121.3	123.8
其他（杂项资产）	118.7	96.8	95.6	104.3	110.5
总负债和净头寸	10915.3	11329.8	11805.1	12271.3	12641.4
负债	4715.8	5050.4	5341.0	5348.4	4931.0
债券（地方债）	2954.9	3023.6	2970.0	2964.3	2924.9
短期	63.6	63.0	52.3	56.1	45.3
其他	2891.3	2960.6	2908.2	2908.2	2879.6
贷款（短期）	13.5	14.4	15.3	15.7	16.2
保险、养老金和标准化担保计划	1116.9	1343.4	1648.3	1622.2	1204.1
其他应付账款（贸易）	630.5	669.0	707.4	746.2	785.8
净头寸	6199.5	6279.4	6464.2	6922.9	7710.4

三、美国联邦政府财务报告和综合宏观经济账户中的政府资产负债表比较

美国联邦政府财务报告和综合宏观经济账户中的政府资产负债表不仅发布单位不同，而且在核算科目范围及结果方面有差异。以 2013 年为例，美国联邦

政府总资产 29683 亿美元，总负债 198776 亿美元，净头寸为 -169093 亿美元。在综合宏观经济账户体系下，美国联邦政府总资产为 49054 亿美元，总负债为 161326 亿美元，净头寸为 -112272 亿美元，两种报表公布出来的均是负头寸。联邦政府财务报告和政府资产负债表的差异主要体现在以下三点。

（一）核算的时期不同

政府财务报告中资产负债表与财政年度一致，主要反映上年 10 月 1 日至当年 9 月 30 日间的交易，资产负债数据为当年 9 月 30 日的资产负债数据。而综合宏观经济账户中的资产负债表则按自然年度编制，资产负债表反映的是每年年末的政府的资产负债情况，流量反映的是政府自当年 1 月 1 日至 12 月 31 日的交易情况。

（二）核算分类不同

政府财务报告中的资产账户其资产并没有划分成非金融资产和金融资产，其构成是物业、厂房及设备净值，应收贷款及应收账款，存货及相关资产净值，现金及其他货币资产，投资及其他资产等。而综合宏观经济账户下资产账户划分为金融资产和非金融资产。其中，非金融资产包括建筑物、设备、知识产权产品；金融资产包括货币黄金和特别提款权、现金和存款、债券、贷款、股权和投资基金份额、其他应收账款等。在负债方面，政府财务报告中的负债账户包括养老服务及老兵负债、联邦政府应付债券本金及利息、环境及污染处置负债、应付账款及其他负债等。综合宏观经济账户中负债分 6 个科目核算，包括特别提款权配额，现金和存款，债券，保险、养老金和标准化担保计划，其他应付账款。在负债方面的差异比资产要大，综合宏观经济账户体系下，单列特别提款权配额、现金和存款科目，而政府财务报告中没有列示此项科目；政府财务报告中单独列示环境及污染处置负债，此项也未在综合账户中体现。

（三）核算方法不同

在政府财务报告中，非金融资产使用的是永续盘存法来计价，扣减每年的损耗。而在综合宏观经济账户中，非金融资产使用的是市场价值来计价，通过调查得到物量指标再通过市场价格估算其价值。因此两者在非金融资产上的价值差异较大，以 2013 年为例，综合宏观经济账户下资产方非金融资产下的建筑物计值为 14721 亿美元、设备为 7322 亿美元，而财政部报表中物业、土地及设备净值为 8967 亿美元，相差超过 10000 亿美元。在负债方面，综合宏观经济账户中只体现 20893 亿美元的保险、养老金计划等，而综合财务报告的负债除了确认养老金，还确认联邦雇员的工资和福利、老兵福利等，整个应付福利为

65383亿美元，两个体系相差44490亿美元。

第五节　对美国政府资产负债表的简要分析

一、美国联邦政府财务报告的资产负债表分析

资产负债表列明了政府的资产和负债。资产负债表中的资产最重要的项目是应收账款及按揭抵押证券净值，存货及相关资产净值，物业、厂房及设备净值三项。除了财务报告中提到的资产项目外，政府还拥有经管资产、自然资源和政府税收、商业管制和制定货币政策所能带来的收益。资产负债表中的最主要的负债是公共持有的政府债券和日益增加的在职公务员和退休公务员及老兵养老金负债。同资产一样，政府所负的责任和义务要比资产负债表中所报告的范围更为广泛，如社会保险以及向国民提供的福利、救济或服务等。政府总资产扣减政府总负债可以得到美国政府的净头寸。

表3-14　2008—2013年美国联邦政府资产负债表　单位：10亿美元

联邦政府	2008年	2009年	2010年	2011年	2012年	2013年
资产						
现金和其他货币资产	424.5	393.2	428.6	177	206.2	206.3
应收账款和应收税款净值	93	90.2	94.6	106.3	111.2	103.2
应收贷款和按揭抵押债券净值	253.8	538.9	688.6	772.1	859.6	1022.3
不良资产救助计划下直接贷款及权益投资净值	—	239.7	144.7	80.1	40.2	17.9
非不良资产救助计划下对美国跨国公司集团的投资（注：此指标项在2011—2012年期间统计）	—	—	20.8	10.9	—	—
信托收益（注：此指标项从2010年开始不统计）	—	23.5	—	—	—	—
存货及相关资产净值	289.6	284.6	286.2	296.1	299	311.1
不动产、土地及设备净值	737.7	784.1	828.9	852.8	855	896.7
债券和权益证券	19.6	93.1	98.9	99.7	110.2	107.8
政府资助企业投资	7	64.7	109.2	133	109.3	140.2
其他资产	89.5	155.9	183.3	179.3	157.6	162.8
资产合计	1974.7	2667.9	2883.8	2707.3	2748.3	2968.3

续表

联邦政府	2008 年	2009 年	2010 年	2011 年	2012 年	2013 年
负债						
应付账款	73.3	73.2	72.9	63.4	65.2	66.2
公众持有的联邦债券本金及应计利息	5836.2	7582.7	9060	10174.1	11332.3	12028.4
联邦雇员及退伍军人应付福利	5318.9	5283.7	5720.3	5792.2	6274	6538.3
环境和污染处置负债	342.8	341.8	321.3	324.1	339	349.1
到期应付福利	144.4	460.8	164.3	171	166.2	174.3
保险和担保项目负债	85.1	166.2	175.6	161.7	156.4	130
贷款担保负债	72.9	69.4	65.8	63	74.6	59.2
政府资助企业负债	13.8	91.9	359.9	316.2	9	—
其他负债	290.8	354.1	416.5	427	432.6	532.1
负债合计	12178.2	14123.8	16356.6	17492.7	18849.3	19877.6
净头寸（资产－负债）	－10203.5	－11455.9	－13472.8	－14785.4	－16101	－16909.3

（一）联邦政府资产近几年增长幅度不大

从资产方来看，截至 2013 年 9 月 30 日，联邦政府一共持有接近 3 万亿美元的资产，比 2008 年增加近一万亿美元，增长 50%。在资产中，主要是由应收贷款及按揭抵押证券净值和物业、厂房及设备净值所组成。其中，应收贷款中的 1 万亿美元中有 80.7% 是教育部的直接贷款计划所发放，由于教育贷款的政策在 2011 年有所改革，导致了这几年教育贷款增长较快，其中 2012 年和 2013 年分别增长了 27% 和 23%。从整体资产来看，2008 年金融危机以来，政府的资产随着市场救助以及经济复苏等计划快速增长，但随着市场环境好转，这些救助计划逐步开始退出，政府的资产端也慢慢收缩。例如，财政部在 2013 年通过出售通用汽车 3.99 亿美元的股票来退出汽车业的救助计划，在 2012 年将 AIG 的权证全部出售，不再持有任何 AIG 的份额。

（二）负债的增长速度快于资产

从负债方来看，联邦政府截至 2013 年一共持有 19.9 万亿美元的负债，比 2008 年增加 7.7 万亿美元，增长 63.2%。显示政府在金融危机的时候通过大量的财政支出来进行救助。在负债中，最大的部分是公共持有的联邦债务证券及应计利息，这部分比 2008 年增加了 6.2 万亿美元，增长 200%。负债的另外一个重要组成部分是应付联邦雇员及老兵福利，这部分比 2008 年增加了 1.2 万亿美元，增长 22.9%。

（三）美国联邦政府的净头寸为负，负债远高于资产

资产减去负债得到 2013 年美国联邦政府的净头寸为 -16.9 万亿美元，比 2008 年减少 6.7 万亿美元。单纯从资产负债表上的数据来看，美国联邦政府严重资不抵债，但是据美国能源研究机构 IER 统计，美国政府持有的化石燃料资源总值就超过 150 万亿美元，而这部分资源没有纳入统计，如果考虑进去美国联邦政府的债务负担并不沉重。

（四）负债与 GDP 的比值攀上新高

用公众持有的政府债务占 GDP 之比可以衡量一个国家当前经济规模下的债务是否适度。从历史数据来看，这个比值变动很大。大多数国家的历史数据显示，这个比值在战争时期会上升，在和平时期会下降。美国基本上也是遵从这一特征直到 1970 年。从 1970 年开始，这一比例迅速上涨，直到 1990 年。在 90 年代，强劲的经济增长和现收现付等决策使债务占 GDP 之比明显下降，从 1993—1995 年的最高 48% 下降到 2001 年的 31%。在过去的十年，随着大幅减税和国防支出的增加，这一比例又重新上涨。截至 2008 年 9 月，债务占 GDP 之比达到 39%。然后随着次贷危机政府所采取的一系列救助措施，加上经济的缓慢增长，这一比例在 2013 年 9 月末攀升到了 72%，是近半个世纪的新高。

（五）从财政收支角度来看，偿还和新增的负债都有所增加

从资产负债表我们也可以看到美国财政的赤字或者盈余情况。一个财年的财政预算是赤字或者盈余取决于联邦政府收入和支出的差额。如果是盈余，那么联邦政府就会用这些富余的资金去偿还公众所持有的联邦政府债务。公众所持有的联邦政府债务记录在联邦政府资产负债表的负债方，包括各种期限的国债、应付利息等。公众是指个人、企业、州和地方政府、美联储、外国政府以及其他联邦政府以外的实体。截至 2013 年 9 月末，公众所持有的联邦政府债务接近 12 万亿美元。正如上面所说的，预算盈余主要是因为减少借款，而预算赤字是因为增加借款。但是，政府债务的实际操作更为复杂，每年都有万亿美元为单位的债务归还，但同时又有新的债务产生。在 2013 年，新的借款就有 8.1 万亿美元，归还给公众的部分为 7.4 万亿美元，对比 2012 年，无论借款还是还款都有所增加。

二、对 IMA 资产负债表的分析

（一）联邦政府资产负债表分析

1. 联邦政府净资产持续为负值

美国联邦政府各部门净资产均为负值，且近几年增长较快。2013 年，联邦政府净资产为 -11.2 万亿美元，较 2009 年增长 65.7%，这一快速增长主要是因为金融危机后美国政府大量发行国债所致。但由于大量的托管土地、矿产资源和托管资产并未计入联邦政府资产，因此 IMA 的净资产可能在一定程度上夸大了联邦政府的资产负债缺口。

2. 联邦政府资产以非金融资产为主

从资产方来看，2013 年末，联邦政府一共持有 4.9 万亿美元的资产，比 2009 年增长 16%，增幅不大。在联邦政府资产中，非金融资产占比在 60% 以上，其中以建筑物、机器设备和知识产权产品为主。2013 年末，建筑物、知识产权产品和机器设备分别占联邦政府全部资产的 30%、20% 和 15%。在金融资产中，以贷款、其他应收账款、现金和存款为主，2013 年末这三项资产分别占联邦政府全部资产的 20%、6% 和 5%。

3. 负债以债券和养老金为主，且增速明显快于资产

从负债方来看，2013 年末联邦政府一共发行 16.1 万亿美元的负债，比 2009 年增加 5.1 万亿美元，增长 46.6%，增长速度明显高于资产，这也导致联邦政府净资产持续为负且缺口不断扩大。在联邦政府负债中，最大的部分是债券，2013 年其规模达到 13.7 万亿美元，比 2009 年增长 54.3%，占联邦政府负债的 85%。负债的另外一个重要组成部分是保险、养老金和标准化担保计划，2013 年末其规模为 2.1 万亿美元，比 2009 年增加 2640 亿美元，增长 14.5%。

（二）州和地方政府资产负债表分析

1. 州和地方政府资产负债状况明显好于联邦政府

2013 年州和地方政府净资产达到 7.67 万亿美元，较 2009 年增长 23%，资产负债率仅为 39%，与社会公众认为的美国州和地方政府常常负债经营资不抵债的情况有较大的差异，这也与联邦政府净资产为负的情况存在较大的差异。这主要是因为联邦政府承担了全国性事务，社会保障的主要责任由联邦政府负担，由此联邦政府资产少、负债多，净资产为负值且逐年扩大，2013 年资产负债缺口（资产减去负债）是 2009 年的 1.6 倍。与之相反，州和地方政府资产多、负债少，净资产为正值且持续增长，2013 年州和地方政府净资产是 2009 年

的1.2倍。

2. 州和地方政府的资产以非金融资产为主，且比例较联邦政府更高

2013年州和地方政府总资产达到12.6万亿美元，较2009年增长15.4%。其中非金融资产达到9.7万亿美元，占总资产的77%，较联邦政府高17个百分点。且这些资产稳步增长，较2009年增长18%，年均增长3.5%左右，与美国国内生产总值增长速度相当。建筑和构筑物是非金融资产的，达到9.3万亿元，占总资产的73.8%。金融资产2.9万亿美元，占总资产的23%，金融资产总规模相对稳定，增长不大，仅较2009年增长8.4%，年均增长2%左右。金融资产主要为州和地方政府持有的债务证券，2013年末达到1.3万亿美元，占总资产的10.5%。债券中又以国库券和国家支持的企业债券为主，这些债券共计1.1万亿美元。

3. 州和地方政府的债务负担不重，以发行政府债券为主

2013年州和地方政府负债额为4.9万亿美元，经历了危机后债务快速上升又逐步下降的过程，危机发生的2008年，州和地方政府债务当年增长1.1万亿美元，较上年大幅上升32%，2009年债务余额较为稳定，但随着金融危机的深入发展，2010年债务余额再次上升7%，2013年债务负担才开始下降，当年下降0.4万亿美元，下降8%左右。负债的主要构成是发行的地方债券和失业保险及补充养老金等，2013年末地方政府债券余额为2.9万亿美元，占负债总额的59%；失业保险及补充养老金债务余额为1.2万亿美元，占负债总额的24%；两者合计达到州和地方政府的83%。从政府负债的变动来看，失业保险及补充养老金在危机期间快速上升，是地方政府债务负担快速增加的重要原因。

从政府整体来看，联邦政府资产少，负债多，净值为负且逐年上升；州和地方政府资产多，负债少，净值为正且快速增长。2013年联邦政府总资产为4.9万亿美元，而地方政府总资产为12.6万亿美元，约为联邦政府资产的2.57倍。在非金融资产中，联邦政府建筑物为1.5万亿美元，而地方政府则达到9.3万亿美元，约为联邦政府的6.2倍；但联邦政府拥有的设备和知识产权等资产则达到1.7万亿美元，约为州和地方政府此类资产的4.7倍。在金融资产中，联邦政府主要持有的金融资产是1万亿美元的各类政府贷款，而地方政府持有的主要金融资产则是1.3万美亿的各类债券。在负债中，联邦政府和地方政府的负债结构相差不大，均为政府债券及各类保险金支出。但从资产负债净值看，两者差异明显，联邦政府净值为负的11万亿美元，而州和地方

政府净值则为正的7.6万亿美元，整体来看，美国不同层级政府的资产负债结构差异较为明显。

参考文献

[1] 武子豪：《政府部门环境负债核算的必要性及相关会计处理》，载《会计之友（下旬刊)》，2009（7）。

[2] 陈毓圭：《环境会计和报告的第一份国际指南》，载《会计研究》，1998（5）。

[3] 姜星明：《环境负债及其会计处理研究》，载《当代财经》，2000（4）。

[4] 王燕祥：《环境负债述要》，载《北方工业大学学报》，2000（12）。

[5] 许松涛、肖序：《美国环境负债会计理论的创新、局限与启示》，载《财经论丛》，2012（7）。

[6] D. W. 乔根森、J. S. 兰德菲尔德、W. D. 诺德豪斯著：《宏观经济测算的前沿问题——国民经济账户的新设计》，伍晓鹰、许宪春等译，北京，北京大学出版社，2013。

[7] 陈立齐著：《美国政府会计准则研究：对中国政府会计改革的启示》，陈穗红、石英华译，北京，中国财政经济出版社，2009。

[8] 财政部：《美国政府会计管理与改革考察报告》，2008。

[9] Charles Ian Mead, Karin E. Moses, Brent R. Moulton, The NIPAs and the System of National Accounts, Survey of Current Business, 2004, 17 – 32.

[10] Teplin, Albert M., Rochelle Antoniewicz, Susan Hume McIntosh, Michael G. Palumbo, Genevieve Solomon, Charles Ian Mead, Karin Moses, Brent Moulton, Integrated Macroeconomic Accounts for the United States: Draft SNA – USA, A New Architecture for the U. S. National Accounts, 2006, 13 – 112.

[11] Bond, Charlotte Anne, Teran Martin, Susan Hume McIntosh, Charles Ian Mead, Integrated Macroeconomic Accounts for the United States, Survey of Current Business, 2007, 14 – 24.

[12] Bruce E. Baker, Pamela A. Kelly, A Primer on BEA's Government Accounts, Survey of Current Business, 2008, 29 – 37.

[13] Takashi Yamashita, A Guide to the Integrated Macroeconomic Accounts, Survey of Current Business, 2013, 12 – 27.

[14] Mead C. I., Moses K. E., Moulton B. R., The NIPAs and the System of National Accounts, 2004, 17 – 20.

[15] FASAB. SFFAS, Accounting for Liabilities of the Federal Government, GAO Document, 1995, No. 5.

[16] FASAB. SFFAS, Accounting for Property, Plant, and Equipment, GAO Document, 1998, No. 6.

[17] AAPC, Federal Financial Accounting and Auditing Technical Release Number Determining

Probable and Reasonably Estimable for Environmental Liabilities in the Federal Government, GAAP Document, 1998.

[18] Cagetti M., Holmquist E. B., Lynn L., McIntosh S. H., Wasshausen D., The Integrated Macroeconomic Accounts of the United States, Research Report, 2005.

第四章　加拿大政府资产负债表的编制

第一节　加拿大政府资产负债表编制的基本情况

一、加拿大政府资产负债核算的发展过程

加拿大资产负债核算有着较长的历史，其发展主要经历四个阶段。第一阶段是探索阶段。1976 年加拿大统计局首次尝试编制了 1970—1972 年部分部门的资产负债表，随后利用相关的金融流量账户，将部门资产负债表修订和扩展至 1961—1976 年，但在项目构成上仍仅包含金融资产和负债。第二阶段是突破阶段。1985 年加拿大在资产负债表编制上取得重大进展，首次测算了非金融资产存量，并且覆盖了所有的部门和分部门。第三阶段是成熟阶段。1997 年加拿大统计局参照 1993 年版 SNA 发布了加拿大国家资产负债表账户（Canada's Nation Balance Sheet Accounts，NBSA97），并沿用至 2012 年二季度。在 NBSA97 体系下，加拿大国家资产负债表包含三个主要的部门资产负债表，分别是个人和非法人组织部门、公司和国营企业部门以及政府部门。第四阶段是完善阶段。2012 年 10 月，加拿大统计局根据 SNA2008 的最新发展进一步完善了在非金融资产的界定和各类资产的定值，并且在部门划分上采用了非金融企业部门、金融企业部门、广义政府部门、住户部门和为住户服务的非营利组织这一国际上通行方式。

除国家统计局外，加拿大财政部每年会定期发布年度政府财务报告，报告内容包括财政年度内的税收收入以及各项支出、预算平衡表和资产负债表等。财政部编制的资产负债表开始于 1995 年，并且在政府会计基础上逐步由收付实现制向权责发生制改革，20 世纪 90 年代政府部门开始采用修正的权责发生制为会计基础，从 2001 年 4 月 1 日起，所有政府部门开始采用完全的权责发生制编制预算。

二、加拿大政府资产负债表的编制现状

（一）加拿大财政部编制的资产负债表

加拿大财政部编制的资产负债表的表样（见表4-1）与加拿大统计局编制的资产负债表有较大差异。首先，在政府层级上，财政部仅编制联邦政府的资产负债表，不包含其他层级的政府部门。其次，在项目构成上，财政部编制的资产负债表主要包括总负债、金融资产、非金融资产、净债务、联邦政府债务五大类项目，其中净债务等于总负债减去金融资产，联邦政府债务等于净债务加上非金融资产。其总负债、金融资产、非金融资产同统计局公布的资产负债表也有较大差异。具体来看，总负债包括应付账款和应计负债与计息债务两大项。计息债务又包括未到期债务、养老金及其他未来收益、其他负债三类。金融资产则包括现金及其他应收账款、应收税金、外汇账户以及贷款、投资和预付款四项。非金融资产项目构成同样差异明显，财政部编制的资产负债表包含有形固定资产、存货和待摊费用三部分。另外，两类资产负债表的记录时间有所差异，统计局编制的资产负债表记录自然年份年末政府部门的资产负债情况，而财政部资产负债表则记录财政年度年末的资产负债情况，即每年 3 月 31 日的存量情况。

表 4-1　　加拿大财政部编制的资产负债表表样

项目	联邦政府
金融负债	
应付账款和应计负债	
计息债务	
未到期债务	
养老金及其他未来收益	
其他负债	
金融资产	
现金及其他应收账款	
应收税金	
外汇账户	
贷款、投资和预付款	
净债务	
非金融资产	
固定资产	
存货	
待摊费用	
净值	

（二）加拿大统计局编制的政府资产负债表

加拿大统计局编制的资产负债表的表样如表4－2所示。横栏为政府层次划分，其中政府为广义政府的概念，具体包括联邦政府、省和地区政府、地方政府、第一民族和其他原住民政府以及加拿大和魁北克省养老金计划五部分，并分别编制和发布各层级的资产负债表。除广义政府外，加拿大统计局编制国营金融企业和国营非金融企业的资产负债表，但同其他主要国家相比，加拿大统计局并不公布公共部门的资产负债表；纵栏为资产负债项目栏，其中资产包括金融资产和非金融资产，非金融资产又分为生产资产和非生产资产。生产资产主要包含住宅、非住宅建筑、机器和设备、知识产权产品、存货和武器系统六大类，非生产资产仅包含土地一项。金融资产和金融负债对应的项目一致，包括通货和存款、债务证券、贷款、股权和投资基金份额、寿险和养老金以及其他应收账款六类。净值为平衡项，等于总资产减去总负债。

表4－2　加拿大统计局最新编制的政府资产负债表表样

项目	广义政府						国营企业	
		联邦政府	省州政府	地方政府	原住民政府	社保基金	国营金融企业	国营非金融企业
总资产								
非金融资产								
生产性资产								
住宅								
非住宅建筑								
机器和设备								
知识产权产品								
存货								
武器系统								
非生产性资产								
土地								
金融资产								
政府储备资产								
通货和存款								
债务证券								
贷款								
股权和投资基金份额								

续表

项目	广义政府						国营企业	
		联邦政府	省州政府	地方政府	原住民政府	社保基金	国营金融企业	国营非金融企业
寿险和养老金								
其他应收账款								
总负债								
政府储备资产								
通货和存款								
债务证券								
贷款								
股权和投资基金份额								
寿险和养老金								
其他应收账款								
净值								

第二节　加拿大政府部门核算的范围与层次范围

2008 年加拿大统计局发布了《加拿大公共部门指南》（*Guide to the Public Sector of Canada*，以下简称《指南》），对加拿大公共部门和政府部门的构成和划分给出了全面、权威的界定。目前加拿大统计局发布的政府资产负债表暂未遵循《指南》确立的层次划分标准，但从 NBSA12 和 CSNA12 的最新修订情况来看，未来这一层次划分将成为政府部门相关统计核算的基础原则。

一、政府部门

《指南》定义政府部门是由不同级别的政府单位以及所有政府设立的为社会提供公共产品和服务的非营利性实体组成，统称为非市场生产者。按照加拿大国民账户体系分类标准，政府部门是各部门分类的基本单位之一，不包括超国家机构如联合国及其他在加拿大运营的国际组织，这些机构通常被视为公共部门以外的非居民部门。

《指南》将加拿大政府部门分为联邦政府、加拿大和魁北克省养老金计划、省和地区政府、地方政府以及加拿大第一民族[①]和其他原住民政府[②]五类（见图4－1），而SNA和IMF编制的《政府财政统计手册》（GFS）将政府部门分为中央政府、省和地区政府、地方政府三类。

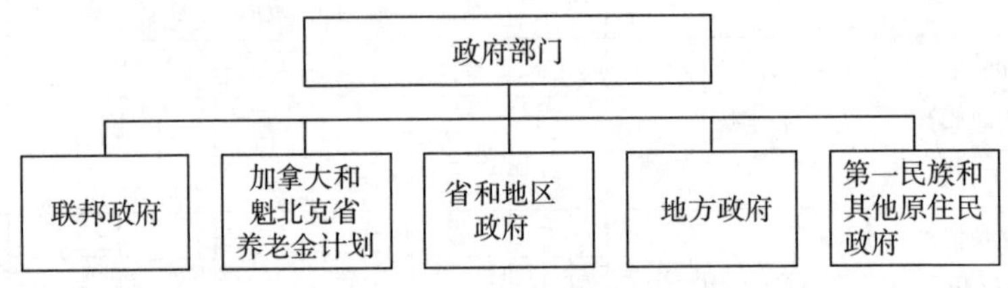

图4－1 加拿大政府部门划分

（一）联邦政府

联邦政府包括联邦政府各部门及所有受其控制的非市场生产单位，主要负责制定和执行联邦政府政策，履行公共服务职能，如提供司法服务、维护社会秩序和调控经济和社会活动等。联邦政府主要分为联邦广义政府和联邦非自治性养老金计划。其中，联邦广义政府又包括联邦政府各部委、联邦非自治性基金组织和联邦自治性基金组织。其构成如图4－2所示。

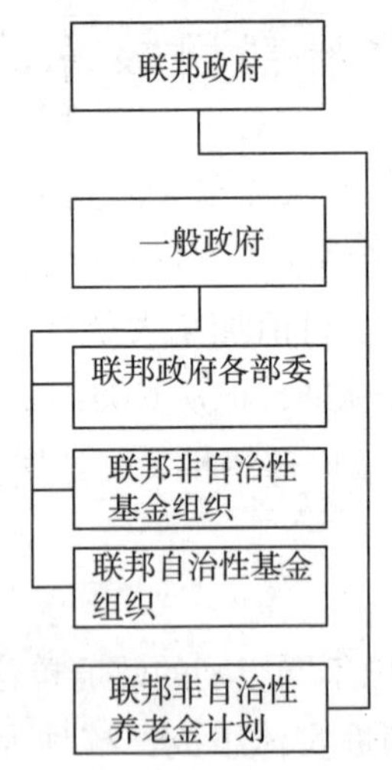

图4－2 联邦政府构成图

---

① 第一民族（First Nations）是一个加拿大的种族名称，与印第安人（Indian）同义，指的是在现今加拿大境内的北美洲原住民及其子孙。在加拿大，原住民的国家级代议机构是第一民族议会。

② 但加拿大统计局公布的政府资产负债表中并没有专门对第一民族和其他原住民政府编制资产负债表。

1. 联邦政府各部委

联邦政府各部委是指为社会提供公共商品和服务的政府机构，包括提供司法服务、维护社会秩序以及调控经济和社会活动等。

2. 联邦非自治性基金组织

联邦非自治性基金组织是指由联邦政府举办但不具备立法和财政自主权的实体。通常它们没有完整独立的财政结算，不拥有资产，不承担负债，不存在盈亏。但是，它们受联邦政府直接控制，在联邦政府预算框架内运营，其收支情况通常在联邦政府的综合财务报表上反映。这些实体在诸如就业保险、人权、情报安全和环境污染等领域提供支持服务。

3. 联邦自治性基金组织

联邦自治性基金组织是由联邦政府举办的、为公众提供特殊商品和服务的实体，包括：提供存款保险，维持公共博物馆和公园运转，以及规范交通安全。该实体由公共资金维持运转，直接向议会负责，每年向议会汇报其业务运行情况。它们拥有完整独立的财务报表，并且需要对其经营情况进行公示。

4. 联邦非自治性养老金计划

联邦非自治性养老金计划是由联邦政府设立和管理的，为退休职工提供收入来源的机构。它们没有法定资产，不从事经济活动，不承担负债，因此，不需要设置独立完整的资产负债表，而是直接由联邦政府控制养老基金的账目和财务。

（二）加拿大和魁北克省养老金计划

加拿大养老金计划（CPP）和魁北克省养老金计划（QPP）是加拿大和魁北克省养老金计划的组成部分。它们同属于社会保障体系但由不同级别的政府管理。加拿大养老金计划由联邦政府管理，而魁北克省养老金计划由魁北克省政府管理。

（三）省和地区政府

省和地区政府①包括省和地区政府各部门及所有由其管控的非市场生产单位。这些实体参与政府政策的制定和执行，并在其管辖范围内提供公共服务。根据行政职能，省和地区政府又分为不同的下属部门。包括：一般政府、大专院校、卫生和社会服务机构。其构成如图 4 - 3 所示。

---

① 加拿大行政区由 10 个省和 3 个地区构成，其中省和地区的主要不同之处在于省是根据宪法条约所设立的，地区是根据联邦法律所设立的。所以地区由联邦政府直接管辖，省由各省设立的政府管辖。

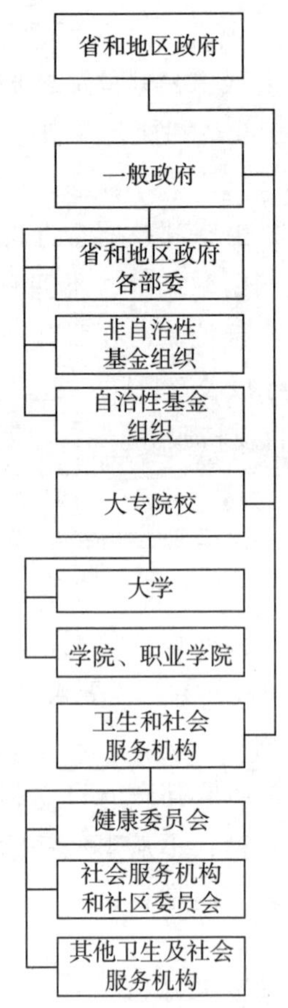

图 4-3　省和地区政府构成图

1. 一般政府

一般政府包括各省和各地区所有非市场生产单位，其组织模式主要有各部委、非自治性政府基金组织和自治性政府基金组织。其中，省和地区政府各部委包括所有为社会提供商品和服务的非市场生产单位，如提供司法服务、维护社会秩序以及调控经济和社会活动等；省和地区非自治性基金组织是指由省和地区政府创建但不具备立法和财政自主权的实体。通常它们没有完整独立的财政结算单，不拥有资产，不承担负债，不存在盈亏。但是，它们受省和地区政府直接控制，纳入各部委预算范畴，其收支情况通常在省级政府或地区政府的综合财务报表上反映。省和地区自治性基金组织是由公共管理部门组建的、为公众提供特定商品和服务的一类特殊实体，它们依靠公共基金来维持运作，向各自的立法机构负责，且每年需要就其运行情况分别向立法机构汇报。

2. 大专院校

省和地区政府通过资助、转移支付、特殊津贴等形式为大专院校类教育机构提供资金支持，包括建造新楼、加固维修旧楼，以及各项科研经费。政府经常需要对该类机构进行问责。具体包括：一是大学。大学包括所有由政府控制的、有权授予学位的高等教育机构。从名称上看，这类机构大部分被称为大学，一部分被称为学院，少部分被称为专科学院或学校。二是学院、职业学院。学院、职业学院等是指由政府控制的、提供除大学以外的高等教育的机构。其中，部分学院如应用艺术学院、技术学院、魁北克省的职业高中，提供广泛的综合性的教育课程；部分学院则提供特定领域的专业课程，如艺术、林业、农业等。一般来说，职业学院重在为学生提供明确的职业规划，而不是注重理论研究。但医院的附属学校，如护理学校、其他健康科学技术学校被划分为医院的组成部分。

3. 卫生和社会服务机构

省和地区政府在 1867 年至 1982 年期间，通过宪法程序确定其负责管辖的卫生和社会服务机构。由此卫生和社会服务机构成为省和地区政府的组成部分。卫生和社会服务机构包括所有非市场生产单位，如自治公共健康委员会、社会服务组织、社区委员会，以及省和地区政府其他卫生和社会服务组织。私人所有和经营的、以盈利为目的的卫生和社会服务机构不包含在这一范畴。其中，健康委员会包括某一特定的区域内，直接或间接对健康服务负有管理、执行、支付和资金支持责任的自治公共卫生组织。健康委员会与当地的卫生服务机构共同制定卫生保健计划，明确提供卫生服务的各种权限，以及向所管辖区域内的医院提供护理设备、向社区提供医疗服务等。它们每年需要向卫生部汇报公共资金使用情况，其财务报表包含它们管辖范围内所有单位的收支情况。它们被划分在公共部门中作为省份和特区政府组成部分的非市场生产单位；社会服务机构和社区委员会包括所有自治性公益社会服务机构及社区委员会，它们直接或通过当地社区组织向社区提供儿童服务、家庭服务、社会项目及其他服务；其他卫生及社会服务机构包括其他自治性公益卫生和社会服务机构，比如医院、特殊看护所，以及其他不受卫生行政部门、社会服务机构和社区委员会控制的卫生和社会服务机构，它们是非市场生产机构单位，属于省或地区政府的一个公共部门。

（四）地方政府

地方政府包括地方政府部门及其他受地方政府管辖的非市场生产单位，负责地方政府政策的制定和执行，以及向管辖区域提供各种服务（见图4-4）。

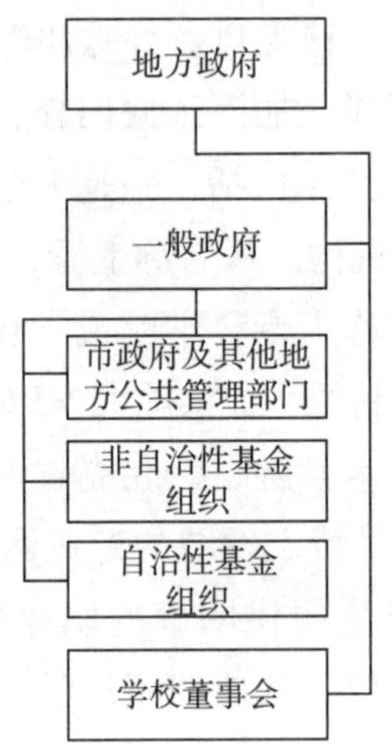

图4-4　地方政府构成图

1. 地方一般政府

地方一般政府包括所有地方性非市场生产单位，如地级市、自治性基金组织和非自治性基金组织，也包括省和地区立法授权、对公众提供特定服务的组织机构。主要有三类：一是市政府及其他地方公共管理部门。包括市政府各部门及其他受市政府控制的、为当地居民提供商品和服务的非市场生产单位，还包括省和地区政府创建的、为该区域提供服务的机构。二是非自治性基金组织，主要是地方政府举办一些没有立法和财政自主权的实体。这些组织不需要建立一套单独完整的财务报表，无资产且不承担负债。这些组织受地方政府直接控制，在市政部门预算框架内运行，通常反映在地方政府的合并财务报表中。三是自治性基金组织。主要是由政府公共部门建立的为公众提供特殊商品和服务的实体，比如公共图书馆、自然资源保护局及水治理机构。

2. 学校董事会

学校董事会是地方教育局设立的用来管理地方税收或者是省级政府授权在特殊地区建立的代表部分居民利益的机构，依照省或者地区政府教育方案的相关条例运行。学校董事会和其管辖的所有学校使用合并财务报表，属于政府公共部门组成中的非市场生产单位。而由省和地区教育部门管辖的小学和中学，其收支情况通常被合并在省或地区政府的公共账户中。

（五）第一民族和其他原住民政府

按照加拿大国民账户体系，第一民族和其他原住民政府机构有类似省和地区政府的分类体系。其结构同省和地区政府类似。目前，由于数据的可获得性问题，加拿大统计局实际公布的政府资产负债表中，没有专门对第一民族和其他原住民政府的分部门数据。

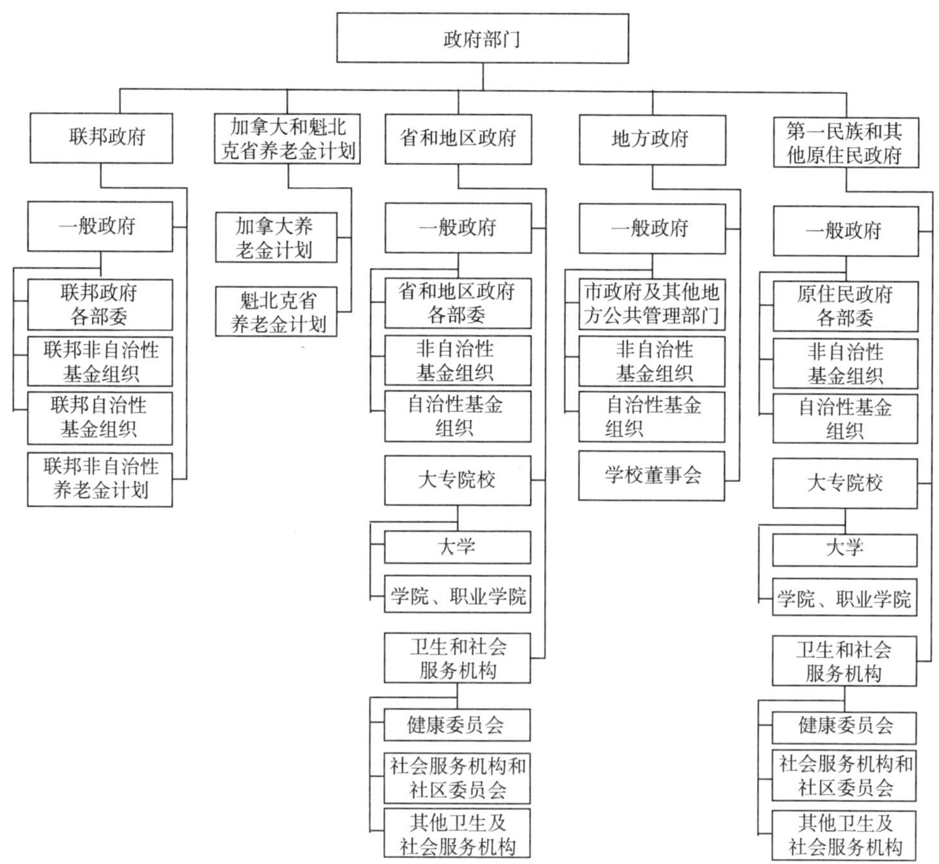

图 4-5　加拿大政府部门划分结构图

二、公共部门

（一）定义

《指南》定义公共部门是衡量政府经济活动的统计对象，它包括所有纳入政府部门范畴的经济实体和所有政府控制的国营企业（Government Business Enterprises）。其中，国营企业是指由政府部门控制经营、参与市场竞争、以具有经济意义的价格提供产品和服务的市场性生产者。根据经营性质，又分为国营非金融企业和国营金融企业。

（二）判断标准

《指南》给出了三个判断实体是否属于公共部门的标准，即是否是机构单位，是否受政府控制，是否是非市场性生产者。

1. 机构单位标准

《指南》沿用SNA中关于机构单位的定义，机构单位是可以自己拥有资产、承担负债、从事经济活动并与其他实体进行交易的经济实体。机构单位具有以下重要特点：一是机构单位能够有权拥有商品或资产，能够在与其他机构单位进行的交易中交换商品或资产的所有权。二是机构单位能够做出经济决策并从事经济活动，在法律上直接对这些决策和活动负责。三是机构单位能够以自己的名义产生负债、承担其他义务或未来承诺并签订合同。四是机构单位具有一整套账户，包括资产负债表，或者从经济和法律的角度看，如果提出要求，该单位可以编制一整套账户。SNA和GFS确定为4类法律和社会实体为公司、准公司、非营利机构和政府单位。其中，前三类判定较为简单，确定政府单位相对困难。《指南》中特别指出，对于一些分支机构单位应该根据其上级机构单位确定其公共部门所属。

2. 政府控制标准

《指南》中将“控制”定义为能够通过董事会或者直接影响一个组织的决策，并将政府控制细分为三个层次，分别是直接政府控制、有效政府控制和间接政府控制。直接控制是指政府对该机构有事实上的或者潜在的表决所有权，如有超过50%的投票权的股权。有效控制是指政府对该机构有显著的投票所有权，如有超过33.3%的投票权的股权，或者有最大的股权。间接控制是指政府能够直接或者有效控制对该机构具有直接或者有效控制权的政府机构。同时《指南》中给出了许多判断政府控制的其他指标。

3. 市场性生产者标准

当某机构单位由政府控制时，它便属于公共部门。但判断它具体属于政府部门还是国营企业主要依据该单位是否按照具有经济意义的价格出售产出。SNA和GFS中定义具有经济意义的价格是对生产者愿意供给的数量和购买者愿意购买的数量具有重要影响的价格。因此，市场性生产者指按具有经济意义的价格向住户或整个社会出售其全部或者大部分产出的机构单位。非市场性生产者是主要免费或按不具有经济意义的价格向住户或整个社会供应商品或服务的单位。最终，政府控制的非市场性生产者属于公共部门中的政府部门，政府控制的市场性生产者属于公共部门中的国营企业。

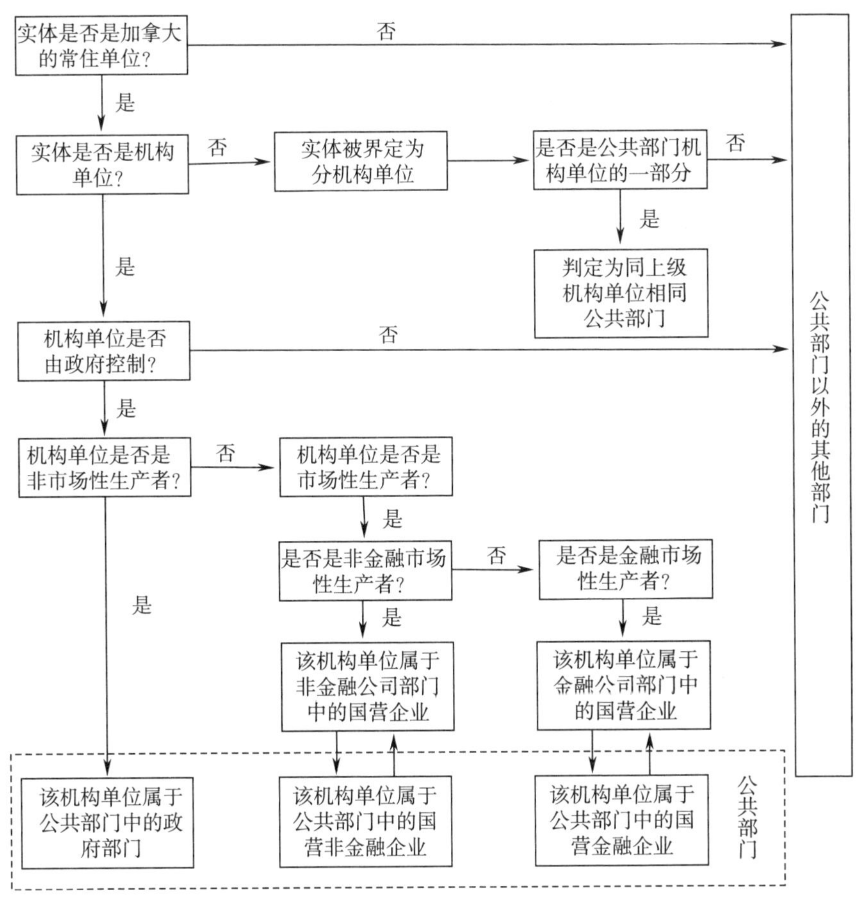

图4-6 公共部门判定过程示意图

三、加拿大现行政府资产负债表核算的政府范围及层次

加拿大国民账户体系中定义的政府部门的范畴同IMF编制的《政府财政统计手册》(GFS)中广义政府的范畴基本一致。但在具体的分部门(Sub-sector)分类上，GFS指出由于对社会保障基金不同的处理方法导致出现两类划分分部门的方法，但更倾向于不将社会保障基金处理为同中央政府、州政府和地方政府同等的单独的分部门。而在NBSA97体系下，加拿大政府部门由联邦政府、省和地区政府、地方政府以及社会保障基金四类分部门构成。但《指南》中确立的最新划分标准中，将加拿大政府部门分为联邦政府、加拿大和魁北克省养老金计划、省和地区政府、地方政府以及加拿大第一民族和其他原住民政府五类(见图4-1)，而GFS更倾向于将政府部门分为中央政府、省和地区政

府、地方政府三类。

第三节 加拿大政府资产负债核算的范围与分类

一、加拿大政府财务报告中资产负债核算的范围与分类

（一）非金融资产

加拿大政府财务报告的政府资产负债表中的非金融资产主要包括固定资产、存货和待摊费用。

1. 固定资产

固定资产主要包括土地、建筑物、公共基础设施、机器设备（包括计算机设备和软件）、交通运输设备（包括船舶、航空器和其他）在建工程等，也包括上述固定资产的租赁改良收益。

2. 存货

存货主要包括原料和供应品、在制品、制成品，军事存货等。其中，军事存货是指武器或武器系统中供一次性使用的物品，如弹药、导弹、火箭、炸弹等。2014 年 3 月末，加拿大政府资产负债表中军事存货占所有存货的 80% 以上。

3. 待摊费用

待摊费用是指已经支出但应由本期和以后各期分别负担的各项费用，如低值易耗品摊销、预付租入固定资产的租金等。

（二）金融资产

1. 现金和其他应收账款

其他应收账款主要包括应计利息收入、应计投资收益、其他政府部门应收款项和外部单位应收款项。

2. 应收税款

应收税款主要包括公司所得税、个人所得税、调和消费税、第一民族货物和服务税、第一民族销售税①和省级税收项目等。

3. 外汇资产

外汇资产主要包括对外汇基金账户的投资、在国际货币基金组织的权益份额、对国际货币基金的应收贷款、对国际货币基金组织的预付票据、特别提款

① 第一民族税是在第一民族居住区域对一些特定商品如酒精饮料、燃料、烟草等特别征收的一种税种。

权配额等。

4. 皇家公司借款

皇家公司借款主要包括对加拿大住房抵押公司、加拿大农业信贷协会和加拿大商业发展银行等机构的借款。

5. 应收贷款

应收贷款主要包括对联邦政府企业的应收贷款、对省及地方政府企业的应收贷款、对国际组织和其他机构的应收贷款。

6. 投资和权益

投资和权益主要包括对国际开发协会的权益份额、对欧洲复兴开发银行的权益份额、对国际复兴开发银行的权益份额、对国际金融公司的权益份额、对多边投资担保机构的权益份额。

（三）金融负债

1. 存款负债

存款负债主要包括加拿大爱尔兰控股公司的存款、加拿大艾尔多公司存款和担保存款。

2. 应付账款和应计负债

应付账款和应计负债主要包括外部单位的应付账款、对安大略省的负债（通用汽车公司投资收益）、赎回加拿大便士的准备金、外汇远期合约重新估值、其他负债等。

3. 应付税款

应付税款主要是联邦政府应向各省级政府转移的税款，包括公司所得税、个人所得税、协调销售税、第一民族销售税、第一民族货物和服务税等。

4. 应付利息

应付利息主要包括国内债务的应计利息、零售债务的应计利息、国外债务的应计利息和对国际货币基金组织债务的应计利息等。

5. 对国际组织发行证券

对国际组织发行证券是指对国际组织定向发行的非计息证券，主要有对国际开发协会发行的证券、对国际复兴发展银行发行的证券、对多边担保机构发行的证券。

6. 到期未付债务

到期未付债务主要包括 1998 年至 2014 年间到期的零售债务和可交易债券。

7. 未到期债务

未到期债务分为国内债务和国外债务，国内债务主要包括国库券、可交易债券和零售债务；国外债务主要包括可交易债券、加拿大债券、中期票据等。

（四）加拿大政府财务报告资产负债核算与国际准则的差异

1. 非金融资产

在财政部编制的资产负债表的项目构成上，最早仅包含金融资产和金融负债，从2004年起加入了非金融资产，但在项目构成上同统计局编制的资产负债表有显著差别。由于政府财务报告主要反映政府的收入、支出，其非金融资产项目构成相对简单，仅包括固定资产、存货和待摊费用三项。

2. 金融资产和负债

和SNA和GFS等国际准则相比，加拿大政府财务报告的资产负债表只反映联邦政府的收入、支出、资产、负债等财务状况，不包含省、自治区和地方政府资产和负债。同时，金融资产负债的统计分类相对简单，金融资产主要包括现金及其他应收账款、应收税金、外汇账户、贷款、投资和预付款等，金融负债主要包括应付账款和应计负债、计息债务等。

（五）加拿大政府财务报告中政府资产负债表资产负债的计价

加拿大政府财务报告的主体包括政府机构及国有企业（如皇家公司）在内的所有政府组织。政府机构（不含国有企业）的财务交易，在对政府机构间的交易进行轧差后，按照统一的会计核算原则进行合并。加拿大国有企业一般不依靠政府进行金融支持，其财务交易按调整股权法进行记录。加拿大养老金计划的变动需经过三分之二成员省区的同意，不受联邦政府控制，因而也未列入财务报告报送主体。

政府部门账户的交易通常以权责发生制为基础，按照《加拿大公共部门会计准则》进行核算，养老金和其他未来福利项目按照收付实现制进行核算。金融资产以历史成本和可变现净值孰低者计价，金融负债一般按照经过时间调整的预计未来最终应付金额计价。非金融资产一般较难在不影响政府日常经营的情况下转换为现金，因此一般按照摊余成本计价。所有一万加元以上的固定资产以其购置成本计价，无形资产、具有历史人文价值的艺术品和文物、博物馆和技术馆等机构的收藏品等不计入资产负债表。机器设备和信息技术设备的摊销期限一般为三至五年，信息技术软件和交通运输设备的摊销期限一般为三年。

二、加拿大统计局对政府资产负债核算的范围与分类

（一）非金融资产

加拿大统计局编制的政府资产负债表中的非金融资产主要分为生产性资产

和非生产性资产两大类，其中生产性资产主要包括住宅、非住宅建筑物、机器和设备、知识产权产品、耐用品、存货、武器系统七类，非生产性资产仅包括土地一项。

1. 住宅

住宅是指完全或基本作为居住使用的房屋或房屋的指定部分，包括各种附属结构，如车库和在住所中习惯安装的所有永久性固定装置。作为居民主要居住场所的居住船只、移动设施和大篷车也包括在内。清理建筑场地的费用是新住宅（或其他建筑物和构筑物）成本中的一部分，因此包含在房屋价值中。

2. 非住宅建筑物

非住宅建筑物包括未被指定为住宅的整个或部分建筑物，固定装置、设施和设备等建筑物的组成部分也包括在内。对于新建房屋，其价值还包括场地清理费和准备费。

3. 机器和设备

机器和设备包括交通设备，用于信息、计算机和通信的机器，以及其他机器和设备。对于为军事目的而获得的机器和设备，除了武器系统外都包括在内。

4. 知识产权产品

知识产权产品是研究、开发、调查或者创新的成果，这些行为会产生知识，开发者能够销售这些知识，或者在生产中使用这些知识获利，因为通过法律或其他保护手段，这些知识的使用是受到限制的。

5. 耐用品

耐用品是指可在至少一年的时间内反复或连续使用，并假定具有正常或平均物理使用率的物品。耐用消费品是以消费为目的、可以反复或连续使用一年以上的货物。

6. 存货

存货主要包括原料和供应品、在制品、制成品，军事存货，以及持有的或用于出售的住宅和非住宅建筑物。其中，军事存货是指武器或武器系统中供一次性使用的物品，如弹药、导弹、火箭、炸弹等。

7. 武器系统

武器系统包括诸如军舰、潜艇、军用飞机、坦克、导弹运载工具和发射架等交通设备和其他设备。

8. 土地

土地指地面本身，包括覆盖的土层和附属的地表水，所有者通过持有或使用他们可以对其行使所有权，并获取经济利益。土地又分为住宅用地和非住宅用地。

（二）金融资产

1. 政府储备资产

政府储备资产包括政府持有的黄金和外汇储备（包括美元和其他储备货币的现金和存款）、对国际货币基金组织的贷款、特别提款权以及加拿大在国际货币基金组织的储备头寸等。

2. 通货和存款

通货和存款包括流通中现钞、在存款吸收机构的本币存款和外币存款等。存款吸收机构包括特许银行、信贷协会、抵押贷款公司以及外资金融机构等。

3. 债务证券

债务证券主要包括加拿大短期票据（包括加拿大政府短期票据和其他短期票据）、对国外投资的短期票据、加拿大债券（包括储蓄债券、加拿大联邦政府债券、加拿大省和自治区政府债券、加拿大地方政府债券和其他政府债券等）、对国外投资的债券等。

4. 贷款

贷款主要包括消费信贷、非抵押贷款、抵押贷款（加拿大住房管理局发放的住房抵押贷款、未参加保险的住房抵押贷款、非居民抵押贷款和其他抵押贷款等）、证券回购协议、融资租赁和贷款减值准备等。

5. 股权和投资基金份额

股权和投资基金份额包括上市公司股权、非上市公司股权、共同基金份额、政府间股权（包括政府之间的股权、国有企业间的股权以及政府持有国有企业的股权等）、货币市场投资基金、非货币市场投资基金份额（如房地产投资基金份额）等。

6. 寿险和养老金

寿险和养老金包括各类人寿保险（健康险、婚姻险、疾病险等）和养老金信托计划等。

7. 其他应收账款

其他应收账款主要包括贸易信贷应收账款、应收税款、应收利息、其他应收账款、应收账款准备等。

（三）金融负债

1. 政府国际储备

政府国际储备包括政府持有的黄金和外汇储备（包括美元和其他储备货币的现金和存款）、对国际货币基金组织的贷款、特别提款权以及加拿大在国际货币基金组织的储备头寸等。

2. 通货和存款

通货和存款包括流通中的铸币（由加拿大皇家铸币局发行）和现钞（由加拿大中央银行发行）。

3. 债务证券

债务证券主要包括加拿大短期票据（包括加拿大政府短期票据和其他短期票据）、对国外投资的短期票据、加拿大债券（包括储蓄债券、加拿大联邦政府债券、加拿大省和自治区政府债券、加拿大地方政府债券和其他政府债券等）、对国外投资的债券等。

4. 贷款

贷款主要包括银行透支款项、传统贷款和垫款、融资租赁、抵押贷款、证券回购协议等。

5. 股权和投资基金份额

股权和投资基金份额包括上市公司股权、非上市公司股权（普通股、优先股和一些特别基金对其所属政府机构发行的内部基金）、其他股权（实缴资本、储备基金、留存收益及其他累积综合收益）等。

6. 寿险和养老金

寿险和养老金包括各类人寿保险和年金、养老金计划、养老金以外的雇员未来福利、工人补偿理事会负责的除人寿保险以外的福利债务等。

7. 其他应付账款

其他应付账款主要包括贸易信贷应付账款、应付税款、应付利息、其他应付账款等。

（四）加拿大统计部门编制的政府资产负债表与国际准则的差异及原因

1. 非金融资产

加拿大在实际编制国家及政府资产负债表时，非金融资产涵盖的项目非常有限，其中 NBSA97 体系下的资产负债表中非金融资产仅包括住宅、非住宅建筑、机器和设备、存货以及土地共计五类项目。2012 年 10 月后，NBSA12 体系下的非金融资产项目增加了知识产权产品和武器系统两类，并且对历史数据进行了追溯，具体构成参见前文表 4－1。地下资产的缺失成为加拿大政府资产负债核算的主要缺陷，并直接导致加拿大政府非金融资产规模相对较少，低于大多数国家的平均水平。根据 IMF（2013）研究显示，2011 年加拿大非金融资产占 GDP 比例在 45% 左右，而同期可获得相关数据的 30 个国家的平均水平为 67%。

但加拿大国民账户体系包含一张加拿大自然资源和生产资产表（见表 4－3），该表除国家资产负债表中非金融资产的全部项目外，还包含林木和地下资产两项。加拿大统计局在自然资源和环境上有完备的统计体系，并专门发布了相关核算手册（*Concepts, Sources and Method of the Canadian System of Environmental and Resource Accounts*），建立有专门的自然资源存量账户体系和矿产能源流量账户体系，目前可以下载 1990—2012 年的年度自然资源存量核算结果。在数据上，该自然资源资产表中的土地存量同国家资产负债表中的土地存量一致。因此，该表可以作为加拿大国家资产负债表的补充，可以用于国际比较，但该表仅包含国家数，没有分部门统计。

表 4－3　　2012 年加拿大国家自然资源资产和生产资产表　单位：百万加元

项目	存量值
非金融资产	8041096
生产资产	4895157
住宅	1980938
非住宅建筑	1588777
机器和设备	325358
耐用消费品	525196
存货	259899
非生产资产	2579305
土地	2360816
林木	113133
地下资产	671990
能源资源	441628
矿产资源	230362

2. 金融资产和负债的差异及原因

加拿大政府资产负债表中金融资产包括通货和存款、债务证券、贷款、股权和投资基金份额、寿险和养老金以及其他应收账款六类项目。需要注意以下两点：一是加拿大统计局使用官方国际储备代替 SNA 和 GFS 等国际标准中的货币黄金和特别提款权。在具体构成上，官方国际储备除包括货币黄金、特别提款权外，还包括可自由兑换的美元和其他货币的外汇储备。和 SNA、GFS 等国际标准相比，加拿大政府资产负债表在金融资产和负债项目构成上主要有以下两点差异：一是将中央银行划入金融企业部门中，因此，政府资产负债表中的金融资产中不包含官方国际储备。并且，中央银行不属于国营金融企业，因此加拿大公共部门资产负债表中同样不包含官方国际储备。二是加拿大政府资产负债表使用寿险和养老金代替常用的保险技术准备金，由于不包含非寿险保险，因此其资产方数额为零。而中央和州/省政府作为非自治养老金计划的创造者，其负债方下不为零。

（五）加拿大统计局对政府资产负债的计价

加拿大国家统计局在编制政府资产负债表过程中遵循多项国际准则，最主要的是国民经济核算的 SNA 标准和 IMF 编制的《政府财政统计手册》。在具体的细项方面，如资产估值方法参照 OECD 发布的《资本计量手册》（*Measuring Capital*：*OECD Manual*），自然资源存量估计参照 *System of Environment Economic Accounting Central Framework* 等国际标准。与政府资产负债表相关的国内出版物主要有：《加拿大国民账户体系使用指南》（*A User Guide to the Canadian System of National Accounts*），对加拿大国民经济核算制度和方法进行了全面说明，其中第 5 章介绍了资产负债表的编制方法；《加拿大公共部门分类指南》（*Guide to the Public Sector of Canada*），详细规定了加拿大政府部门和公共部门的划分原则和构成；《加拿大政府统计财务管理体系》（*Financial Management System*），统一规定了各级政府部门以及公共公司的会计核算准则，同时也在第 7 章对政府资产和负债进行了详细说明；《加拿大环境与资源账户体系的概念、来源及方法》（*Concepts*, *Sources and Methods of the Canadian System of Environmental and Resource Accounts*），在第三章自然资源存量账户中对自然资源物量和价值核算的原则和方法进行了介绍。除上述各类指南和手册外，加拿大统计局对具体的资产负债表核算方法还有专项的编制说明，如《住宅折旧及存量的测算方法》（*Methodology for the Calculation of Depreciation and Net Residential Stock*）等。

1. 金融资产和负债的计价

加拿大统计局从 2003 年就开始编制采用市场价值的资产负债表，虽然当时大部分可交易资产和负债都是以市场价格计值，但未上市股票和国外直接股权投资仍然使用账面价值。由于 SNA2008 认为资产负债表上的金融资产和负债应该采用当期价值，不应该采用历史价值，因此在 2012 年加拿大国民账户体系中，未上市股票和国外直接股权投资也开始采用当期市场价值计值。未上市股票难以取得公开市场价格，因此要采用一定的估值方法来计算其市场价值。通常采用的估值方法有两类：近期交易价格法和市场资本化法。近期交易价格法只适用于未上市的大型公司，因为容易获取可比公司信息。市场资本化法选择恰当的资本化率来计算未上市公司的股票价值。

2. 非金融资产计价

（1）存货的计价

对于存货，加拿大统计局采用两种方法对其存量价值进行估值。农产品存货的价值等于牲畜以及农作物数量乘以市场价格。非农产品存货的估值过程相对复杂，按照收入和支出账户的程序把账面价值转化为存量变动。对于除存货之外的生产性非金融资产，加拿大统计局主要采用永续盘存法这一典型的间接法对资产存量进行估计。加拿大统计局在固定资本形成总额流量统计方面比较完善，按部门、按项目全面核算了相关流量数据（见表4-4），为永续盘存法的使用奠定了核算基础。

表4-4　　2013年加拿大固定资本形成统计表

2007年为基期　　单位：百万加元

项目	所有部门	其中：广义政府
固定资本形成总额	396446	65982
建筑物和构建物	257525	41030
住宅	114006	1144
非住宅建筑	143326	39879
机器和设备	91299	10483
武器系统	764	764
知识产权产品	47487	13937

（2）住宅价值存量的计价

目前，加拿大统计局采用永续盘存法（Perpetual Inventory Method）对住宅价值存量进行测算。操作上主要参照OECD发布的《资本测算手册》，并根据加拿大的实际情况进行调整。具体采用如下公式

$$NS_t = NS_{t-1} + GFCF_t - DM_t - DP_t$$

式中，NS_t表示第t期的住宅存量；$GFCF_t$表示第t期的固定资本形成总额；DM_t表示第t期的住宅拆除价值；DP_t表示第t期的折旧。为计算折旧值，加拿大统计局给出了一个折旧率δ，并且假定当期固定资本形成总额折旧率为上期资本存量折旧率的一半，因此

$$DP_t = \delta \times NS_{t-1} + \delta/2 \times GFCF_t$$

在具体的测算过程中，各变量的数据通过以下方式获得：一是初始住宅存量。加拿大统计局直接选择了1941年的普查结果作为初始值。虽然初始存量很难准确估量，但随着时期的推移，初始存量的误差对后期存量的影响将微乎其微。二是住宅固定资本形成总额。主要包括三方面内容：新建住宅、装修以及其他与住宅交易相关的税费。其中，新建住宅价值相关数据主要通过加拿大统计局按月开展的建筑许可调查以及加拿大抵押和住房公司（Canada Mortgage and Housing Corporation）开展的住宅项目开工和完工调查，装修及税费数据主要来自国民经济核算部门。三是住宅拆除价值。该部分数据主要来自建筑许可调查，另外火灾引起的建筑物损失根据加拿大消防理事会的年度报告。四是折旧率。加拿大统计局设定住宅的折旧率统一为2%。五是价格指数。新建住宅采用新建房屋价格指数（New Housing Price Index），装修价值根据劳动力成本和原材料价格加权计算出价格指数。最终根据上述公式计算出各年度的住宅价值存量。

永续盘存法在国际上的应用最为广泛，该方法最大的优势是可以最终使得流量表与存量表完美衔接，缺点是对数据要求比较高，包括投资流量数、折旧率及价格指数等都会影响最终结果。因此，加拿大统计局同样存在其他估算住宅价格存量的方法，包括调查法和估值法。其中，调查法是指通过问卷调查的形式对住宅现值进行估计，例如，加拿大住户问卷调查中就包含这样一个问题："如果你要卖掉你的房产，你预计能卖多少钱?"。估值法是指从2004年起加拿大统计局采用的通过各地区独立评估住房价值并逐级上报汇总的方法，具体的评估方法主要采用市场价格法，并发展成为NBSA12中估计住宅价值的主流方法。加拿大采用这种估值方法的一个有利因素是，近年来加拿大统计局实现了对存量住宅价格指数的编制，能够代替过去长期使用的新房价格指数，这一转变有效提高了住宅存量估值的准确性。

（3）土地价值存量的核算

相对于其他生产资产和非生产资产，对土地价值存量的测算是一项复杂的工作。首先很难将土地附属物的价值从总价值中剔除，其次交易的土地相对于土地储备总量来讲仅占据很小一部分，因此市场参考价格很难界定，另外部分土地在市场上不可能被交易，如规划的公共用地等。

在加拿大的自然资源核算框架中土地被分为多类用途，包括城市用地（沿用人口普查的定义）、农村用地（沿用人口普查的定义）、农业用地（沿用农业普查的定义）、森林用地、交通用地、公共用地（主要指用于电力、电话、输油管道等用途的土地）以及其他用地（如用于旅游、野生动物栖息地等用途的土地）。而在加拿大国家资产负债表中作为有形非生产资产的土地主要指商业土地，具体包括住宅及非住宅建筑下的土地和农业用地。因此，大量土地未包含在资产负债表内，比如公共所有的森林和公园用地。

第四节　加拿大政府资产负债表的编制

一、加拿大政府财务报告的编制

（一）数据来源

加拿大政府财务报告主要提供政府预算平衡表、政府资产负债表、政府净债务变动情况表和政府现金流量表。这些报表的编制由加拿大财政部、加拿大税务局和加拿大财政委员会共同负责，其中政府金融交易的数据由加拿大税务局提供，其他财务数据由加拿大联邦政府相关机构、加拿大皇家公司和其他国有企业按要求报送。加拿大财政部完成政府财务报告后提交加拿大审计署，由审计署出具独立审计意见后上报众议院。

（二）数据处理方法

加拿大财政部政府财务报告中的资产负债表以权责发生制为基础，遵照加拿大公共部门会计准则进行核算，将政府部门间的交易进行合并。加拿大财务报告的机构范围仅包括加拿大联邦政府，不包括省、自治区政府和地方政府，也不包括养老金计划（因为养老金计划的变动须经三分之二以上参与省份的同意）。政府财务报告的政府资产负债表不含或有资产/负债，重要的或有事项记入备忘项。

表 4－5　　加拿大财政部编制的资产负债表　　单位：10 亿加元

项目	2010 年	2011 年	2012 年	2013 年	2014 年
金融负债	883.3	920.9	967.7	1016.1	1000.8
应付账款和应计负债	120.5	119.1	125.0	118.7	111.4
计息债务	762.8	801.8	842.7	897.4	889.4
未到期债务	559.1	591.2	626.4	672.4	659.0
养老金及其他未来收益	197.1	204.3	209.4	219.0	224.5
其他负债	6.6	6.3	6.9	6.0	5.9
金融资产	300.8	304.0	317.6	337.8	318.5

续表

项目	2010 年	2011 年	2012 年	2013 年	2014 年
现金及其他应收账款	32. 1	18. 3	21. 7	32	36. 1
应收税金	69. 1	78. 6	86. 0	92. 1	92. 5
外汇账户	47. 0	48. 5	57. 0	58. 8	72. 3
贷款、投资和预付款	152. 7	158. 5	152. 9	154. 9	117. 6
净债务	582. 5	616. 9	650. 1	678. 3	682. 3
非金融资产	63. 4	66. 6	68. 0	68. 9	70. 4
固定资产	55. 1	57. 7	59. 0	60. 2	61. 9
存货	6. 2	6. 8	7. 0	7. 5	7. 3
待摊费用	2. 1	2. 1	1. 9	1. 2	1. 2
净值	-519. 1	-550. 3	-582. 2	-609. 4	-611. 9

二、加拿大统计局政府资产负债表的编制

从 2012 年起，加拿大统计局按季度从数据源直接收集存量数据，用于编制政府资产负债表。结果显示，数据源直接报数与资金流量表的推导数差异明显，特别是抵押贷款、共同基金、通货和存款、寿险和养老金等金融工具的数据变化较大。

（一）数据来源

1. 金融资产和负债

加拿大政府的金融资产负债数据主要来源于各类政府公布的财务报告。大部分财务数据可以从三级政府的公开财报中获得，学校董事会和市政府的数据通常来自省/州教育和政务管理部门。部分实体的数据来自加拿大统计局各部门，例如医院和社区医疗机构的数据来自健康统计处，高校的数据来自文化、旅游和教育中心统计处，高校的资本费用数据则来自投资和资本存量处。在很多情况下，报表中的关键数据是运用各种估算技术推算出来的。例如省/州级高校和医院的数据可以根据省/州级政府在教育、健康和社会服务上的支出来估算。地方政府的预算报告是重要的估算基础。

2. 非金融资产和负债

住宅用地价值主要来自于加拿大抵押公司和房产公司建筑许可数据（Canada Mortaga and Housing Corporation Building Permit Data），非住宅建筑下土地的价值来自资本存量信息，农业用地价值来自农业普查数据。

（二）数据整理方法

从数据源取得的基础财务数据，在登录资产负债表时主要根据交易对手和金融工具类型进行数据录入，但也根据加拿大本国的金融市场发展状态和数据收集情况，在核算方法上进行一些本地化调整。

加拿大各级政府部门以及国有企业执行的会计准则不统一，目前存在现金收付实现制和权责发生制两种核算基础，还有一些部门以修正的现金收付实现制为会计核算基础。因此在编制合并资产负债表时，要先合并部分机构以消除会计准则的差异。加拿大统计局在编制政府资产负债表时是按照各栏目、各部门分别进行简单加总，而并未进行合并，并且公共部门的资产负债表需要用户自行加总计算。

此外，加拿大国民账户体系要求每个金融资产和负债类别相等。如果由于覆盖面或计值原因出现了差异问题，会对数据进行详细检查以分析差异原因，然后根据分析结果把差异划分进合适的部门。这个过程类似投入产出体系中商品供给和分配的平衡过程。

（三）存量和流量

某一类金融资产或负债在一段时期内的总流量主要分为三类：交易、重新定值和资产数量的其他变化。一是交易。单位之间根据共同签订的协议，从而对金融资产或负债所有权的形成、清算或变动产生的金融流量。通过出售、转移或其他方式放弃与金融资产或负债有关的各种权利、义务和风险，会带来所有权的改变。二是重新定值。主要有两类，金融资产、负债的价格变化以及以外币计值的金融资产和负债的汇率变化。三是资产数量的其他变化。上述两类因素之外导致资产和负债流量变化的因素主要包括特别提款权的分配和取消、债权人冲销坏账、分类和结构的变化、政府会计政策变动带来的追溯调整、可疑账户提取准备金的变动。

对于金融资产和负债的存量数据，加拿大统计局仍主要采用间接法进行核算，主要借助年度资金流量表，根据资金流量表的累积变化数据推导出存量数据。2012 年以前，加拿大统计局编制政府资产负债表时，金融资产和负债的存量数据主要来自年度资金流量表，根据资金流量表的累积变化数据推导出存量数据。从 2012 年起，加拿大统计局按季度从数据源直接收集存量数据，用于编制政府资产负债表。结果显示，数据源直接报数与资金流量表的推导数差异明显，特别是抵押贷款、共同基金、通货和存款、寿险和养老金等金融工具的数据变化较大。

表 4 - 6　　　　加拿大政府及国营企业资产负债表

2014 年末　　　　单位：10 亿加元

项目	广义政府						国营企业	
		联邦政府	省州政府	地区政府	原住民政府	社保基金	国营金融企业	国营非金融企业
总资产	2087	350	916	452	29	341	441	475
非金融资产	842	80	377	356	29	0	4	397
生产资产	666	69	302	275	20	0	3	330
住宅	24	1	7	8	9	0	0	0
非住宅建筑	532	30	235	256	11	0	2	226
机器和设备	30	9	14	8	0	0	1	68
知识产权产品	73	23	47	3	0	0	0	31
存货	0	0	0	0	0	0	0	0
武器系统	0	0	0	0	0	0	0	5
非生产资产	6	6	0	0	0	0	0	0
土地	176	12	74	81	9	0	1	68
金融资产	174	9	74	81	9	0	1	68
通货和存款	- 1062	- 673	- 588	- 63	- 29	290	6	- 246
债务证券	1245	269	539	95	0	341	437	78
贷款	0	0	0	0	0	0	0	0
股权和投资基金份额	83	23	37	22	0	0	5	12
寿险和养老金	308	6	165	43	0	93	249	11
其他应收账款	263	92	148	1	0	22	137	21
总负债	450	118	132	0	0	201	18	9
通货和存款	0	0	0	0	0	0	0	0
债务证券	141	30	57	28	0	26	28	25
贷款	2307	942	1127	158	29	51	432	324
股权和投资基金份额	0	0	0	0	0	0	0	0
寿险和养老金	6	6	0	0	0	0	32	0
其他应收账款	1512	702	724	77	0	10	262	96
净值	52	1	43	9	0	0	79	110

表 4－7　　加拿大统计局编制的广义政府资产负债表

2010—2014 年　　单位：10 亿加元

项目	2010 年	2011 年	2012 年	2013 年	2014 年
总资产	1692.5	1788.9	1906.5	1987.3	2095.8
非金融资产	685.7	737.2	784.9	814.7	840.1
生产性资产	548.2	587.0	623.5	647.2	666.4
住宅	21.0	21.9	23.0	23.5	24.5
非住宅建筑	438.7	474.0	505.6	519.6	532.2
机器和设备	23.9	25.0	27.3	28.8	30.2
知识产权产品	57.5	58.8	60.0	68.0	72.8
耐用消费品	0.0	0.0	0.0	0.0	0.0
存货	0.2	0.2	0.3	0.3	0.2
武器系统	6.9	7.0	7.4	7.0	6.4
非生产性资产	137.5	150.1	161.4	167.6	173.7
土地	137.5	150.1	161.4	167.6	173.7
金融资产	1006.8	1051.7	1121.7	1172.6	1255.7
政府储备资产	0.0	0.0	0.0	0.0	0.0
通货和存款	44.9	50.9	74.2	83.9	83.6
债券	239.1	250.3	263.3	291.0	305.9
贷款	259.6	264.0	270.4	253.4	268.6
股权和投资基金份额	312.9	330.4	361.3	399.8	453.4
寿险和养老金	0.0	0.0	0.0	0.0	0.0
其他应收账款	150.2	156.1	152.5	144.5	144.2
总负债	1865.6	2037.4	2162.9	2176.3	2311.0
政府储备资产	0.0	0.0	0.0	0.0	0.0
通货和存款	5.3	5.4	5.5	5.6	5.7
债券	1215.6	1353.1	1443.8	1452.5	1511.0
贷款	44.3	46.5	48.2	50.0	51.9
股权和投资基金份额	0.0	0.0	0.0	0.0	0.0
寿险和养老金	220.7	226.1	231.0	235.8	240.3
其他应付账款	379.6	406.2	434.3	432.3	502.1
净值	－173.1	－248.5	－256.3	－189.0	－215.2

表 4-8　　加拿大统计局编制的国营企业资产负债表

2010—2014 年　　单位：10 亿加元

项目	2010 年	2011 年	2012 年	2013 年	2014 年
总资产	844	872	897	896	916
非金融资产	345	361	378	390	401
生产性资产	287	301	314	324	333
住宅	0	0	0	0	0
非住宅建筑	201	209	218	223	228
机器和设备	56	60	63	66	68
知识产权产品	26	28	28	31	32
耐用消费品	0	0	0	0	0
存货	4	4	4	4	5
武器系统	0	0	0	0	0
非生产性资产	58	61	64	66	68
土地	58	61	64	66	68
金融资产	499	510	519	506	515
政府储备资产	0	0	0	0	0
通货和存款	12	12	12	17	17
债券	273	289	292	259	261
贷款	125	128	135	146	158
股权和投资基金份额	24	25	27	26	27
寿险和养老金	0	0	0	0	0
其他应收账款	66	56	54	57	53
总负债	676	707	720	718	755
政府储备资产	0	0	0	0	0
通货和存款	23	26	27	29	32
债券	302	320	327	339	358
贷款	201	203	206	186	189
股权和投资基金份额	89	92	92	90	89
寿险和养老金	0	0	0	0	0
其他应付账款	61	66	68	74	87
净值	167	165	177	178	161

三、政府财务报告与统计局的政府资产负债表比较

加拿大财政部政府财务报告和加拿大统计局宏观经济账户中的政府资产负债表不仅发布单位不同，而且在机构范围、核算方法及和核算结果等方面都存在一定差异。以 2014 年为例，加拿大财政部政府财务报告中联邦政府总资产为 3889 亿加元，总负债为 10008 亿加元，净联邦债务为 -6119 亿加元。在加拿大统计局编制的政府资产负债表中，加拿大联邦政府总资产为 20958 亿加元，总负债为 23110 亿加元，净头寸为 -2152 亿加元。政府财务报告资产负债表和加拿大统计局资产负债表的差异主要有以下几点。

（一）核算时期不同

政府财务报告中资产负债表与财政年度一致，主要反映的上年 4 月 1 日至当年 3 月 31 日间的交易，资产负债数据为当年 3 月 31 日的资产负债数据。加拿大统计局的资产负债表则按自然年度编制，资产负债表反映的是每年年末的政府的资产负债情况，流量反映的是政府自当年 1 月 1 日至 12 月 31 日的交易情况。

（二）核算分类不同

政府财务报告中的资产分类相对简单，特别是非金融资产，仅包括固定资产、存货和待摊费用。而加拿大统计局的政府资产负债表中非金融资产分为生产性资产和非生产性资产，生产性资产包括住宅、非住宅建筑、机器和设备、耐用消费品、知识产权产品、存货和武器系统七大类，其中知识产权产品和武器系统为 2012 年后新增；非生产性资产仅包括土地。在负债方面，加拿大统计局的分类基本和 SNA 一致，分为政府储备资产、通货和存款、债券、贷款、股权和投资基金份额、寿险和养老金、其他应收账款七大类，货币当局在加拿大统计局编制政府资产负债表是被归入金融性公司中，因此在政府资产负债表中政府储备资产为零。政府财务报告中的负债分为应付账款和应计负债、计息债务两大类，其中计息债务主要包括未到期债务、养老金及其他未来收益、其他负债。

（三）核算方法不同

在政府财务报告中，非金融资产是以摊余成本计价的。而加拿大统计局的政府资产负债表中，对于存货以外的非金融资产，加拿大统计局主要采用永续盘存法进行估计。存货则采用两种方法分别计价，农产品存货的价值等于牲畜以及农作物数量乘以市场价格，非农产品存货则按照收入和支出账户的程序把账面价值转化为存量变动。由于核算方法的不同，两者在非金融资产的价值上

差异较大，以2014年为例，加拿大统计局编制的政府资产负债表中非金融资产为8401亿加元，其中存货2亿加元。财政部政府财务报告中非金融资产为704亿加元，其中存货为73亿加元。

第五节 对加拿大政府资产负债表的简要分析

在资产负债表的分析应用方面，首先，对国家及各部门资产、负债总量及结构的整体把握，对特定风险资本开展持续跟踪监测。其次，通过资产负债表以及流量表的对比研究可以估计出资本产出比等合成指标。资本存量在宏观经济分析中具有重要的意义，通过引入其他变量，可以估计出整个经济体的全要素生产率，为政策决策提供重要的参考工具。最后，资产负债表内部各个指标之间的比率在实际分析过程中有着重要的参考价值。下面根据近五年加拿大政府资产负债表的时序数据对加拿大政府资产负债状况进行简要分析。

一、对加拿大政府财务报告政府资产负债表的分析

根据2009财年至2014财年加拿大政府财务报告的时序数据，我们对加拿大政府资产负债表的结构和变动情况进行了初步分析。

1. 联邦政府资产以金融资产为主

2014财年，加拿大联邦政府总资产为3889亿加元，较2010财年增长6.8%，基本保持稳定。从结构上看，联邦政府资产以金融资产为主，占联邦政府总资产的80%以上。2014财年，在联邦政府总资产中，金融资产和非金融资产的占比分别为82%和18%。在金融资产中又以“贷款、投资和预付款”占比最大，2014财年该项资产约占金融资产的36.9%。

2. 联邦政府负债以政府债券和养老金债务为主

2014财年，加拿大联邦政府总负债为1万亿加元，较2010财年增长13.3%，明显高于金融资产增速。从结构上看，联邦政府负债中计息债务占比达到八成以上，2014财年计息债务占联邦政府负债的88.9%，其中政府债券占比为65.8%，养老金负债占比为22.4%。

3. 联邦政府净资产为负且逐年递增

2010财年至2014财年，加拿大联邦政府净资产一直为负，且呈逐年递增的趋势。2010财年联邦政府净资产为-519.1亿加元，到2014财年扩大至-611.9亿加元，这主要是因为加拿大联邦政府为应对金融危机采取了扩张性的财政

政策。

4. 净债务占 GDP 的比例呈上升趋势

国际上反映政府部门资产负债状况最常用的指标是政府净债务占 GDP 的比例，2012 年，加拿大联邦政府净债务占 GDP 的比例为 85.5%，较 G7 国家平均水平低 36 个百分点，在 G7 国家中处于最低的水平，但较 2007 年金融危机爆发前上升了 20 个百分点。

二、对加拿大统计局政府资产负债表的分析

目前，加拿大统计局按季核算资产负债表，于各季最后一个月的中旬左右对外公布上季末的国家及分部门资产负债表，并且在加拿大统计局网站上可自主下载各部门层次、各项目的资产负债表截面及时序数据。

1. 政府资产以金融资产为主

加拿大政府总资产以金融资产为主，且占比较为稳定，2010 年至 2014 年金融资产占总资产的比重一直保持在 60% 左右。加拿大政府持有的金融资产以股权和投资基金份额、债券和贷款为主，这三类资产合计一般占到全部金融资产的 80% 以上。

2. 政府负债以债券、其他应付账款以及寿险和养老金为主

2014 年，加拿大政府负债以债券、其他应付账款、寿险和养老金为主，三项负债分别占总负债的 65.4%、21.7% 和 10.4%。

3. 政府净资产为负

2010 财年至 2014 财年，加拿大政府的净资产均为负值，近五年基本在 -2000亿加元上下波动，2012 年最高达到 -2563 亿加元，之后又逐步下降至 2014 年的 -2152 亿加元。

4. 广义政府部门是加拿大公共部门的主体

无论是资产还是负债，广义政府部门都远远高于其他部门。2014 年，广义政府资产是国营金融企业和国营非金融企业的 4.5 倍和 4.3 倍；负债分别是国营金融企业和国营非金融企业的 5.1 倍和 7.3 倍。

5. 省州政府、地方政府的资产负债状况明显优于联邦政府

2013 年，加拿大联邦政府总资产为 3496 亿加元，占所有层级政府（联邦政府、省州政府、地区政府、原住民政府、社保基金）总资产的 16.8%；总负债为 9421 亿加元，占所有层级政府总负债的 40.8%。近年来，联邦政府净资产持续为负且资产负债缺口有不断扩大的趋势。相比而言，加拿大省州及地方政府

资产负债状况明显优于联邦政府。2014 年，加拿大省州政府总资产为 9160 亿加元，占所有层级政府的 43.8%，总负债为 1.13 万亿加元，占所有层级政府总负债的 48.8%，资产和负债占比基本相符；地区政府和原住民政府的净资产均为正值，资产负债状况更为宽松。

参考文献

[1] Agriculture Canada, 1991, Soil Landscapes of Canada: Procedures Manual and User's Handbook, Catalogue No. A53 - 1868/1991E, Ottawa.

[2] Bartelmus, P. et al., 1991, Integrated Environmental and Economic Accounting: Framework for a SNA Satellite System, Review of Income and Wealth, Vol. 37, No. 2, 111 - 148.

[3] Born, A., 1992, Development of Nature Resource Accounts: Physical and Monetary for Crude Oil and Nature Gas Reserves in Alberta, Canada, Statistics Canada, National Accounts and Environment Division Discussion Paper No. 11, Ottawa.

[4] Born, A., 1995, Valuation of Canada's Mineral Resources: A Discussion of Conceptual Issues, Statistics Canada, National Accounts and Environment Division Discussion Paper No. 21, Ottawa.

[5] Boskin, M. J., M. S. Robinson, T. O'Reilly and P. Kumar, 1985, New Estimates of the Value of Federal Mineral Rights and Land, American Economic Review, Vol. 75, No. 5 (December), 923 - 936.

[6] Hotelling, H., 1931, The Economics of Exhaustible Resources, Journal of Political Economy, Vol. 39, No. 2, 137 - 175.

[7] Statistics Canada, 1989, A User Guide to the Canadian System of National Accounts, 59 - 69.

[8] Statistics Canada, 2006, Concepts, Sources and Methods of the Canadian System of Environmental and Resource Accounts, 21 - 66.

[9] Statistics Canada, 2008, Guide to the Public Sector of Canada.

[10] Soloday, J. J., 1980, Measurement of Income and Product in the Oil and Gas Mining Industries, in Dan Usher (ed.) Studies in Income and Wealth, Vol. 45: The Measurement of Capital, University of Chicago Press, Chicago.

第五章　澳大利亚政府资产负债表的编制

第一节　澳大利亚政府资产负债表编制的基本情况

目前，澳大利亚统计局和财政部门分别编制和发布政府资产负债表。两套报表服务于不同的目的，侧重点与核算角度有所差异，但其概念、分类和编制原理基本相同。

一、统计局编制政府资产负债表的基本情况

澳大利亚统计局基于《国民账户体系》（SNA）核算原理和国际货币基金组织（IMF）颁布的《政府财政统计手册》（GFS）编制本国政府资产负债表。1981 年和 1994 年，澳大利亚统计局分别根据 SNA1968 和 GFS1986 编写发布了《澳大利亚国民账户体系》（ASNA1981）和《澳大利亚政府财政统计体系：概念、来源和方法》（AGFS1994）。这两个标准特别是 AGFS 搭建了澳大利亚政府财政统计的理论体系和核算框架。

首个《澳大利亚政府财政统计报告（1992—1993 财政年度）》于 1994 年发布①。此后，澳大利亚统计局逐年编制并于每年 6 月发布上一财政年度的政府财政统计报告②。该报告按广义政府、公共非金融公司、非金融公共部门、公共金融公司、总公共部门分别提供每一部门类别在各政府层级的一个（组）资产负债表及其合并报表。

如表 5 - 1 所示，对于某一特定部门（如广义政府部门）的资产负债表，主栏表示各资产负债项目，宾栏表示各政府层级，以此反映 2012—2013 财年末

① 此外，澳大利亚统计局每年发布的国民经济账户核算中，亦包含有澳大利亚广义政府部门的资产负债表（但没有公共非金融公司、公共金融公司及总公共部门的资产负债表），该表与政府财政统计中的相应报表无显著差异，故本书不再详述。

② 澳大利亚财政年度为每年 7 月 1 日至下一年的 6 月 30 日。因此每年 6 月发布的是上一个财年的报告，如 2014 年 6 月发布 2012—2013 财政年度报告；2015 年 6 月发布 2013—2014 财政年度报告；以此类推。

（2013 年 6 月 30 日）各政府层级中某一特定部门（如广义政府部门）的资产负债余额。

表 5-1　澳大利亚政府财政统计报告中的广义政府部门（分政府层级）资产负债表

（2012—2013 财年①，期末余额数）　　单位：百万澳元

科目	国家层级		州和领地层级	地方政府层级	所有层级政府（合计）
	联邦政府	复合管辖权			
资产					
金融资产					
现金和存款	2094	3502	17686	9152	32432
发放的借款	37048	0	11033	26	43977
投资、贷款和债券销售	111098	7151	58667	10393	185296
其他非股权资产	63253	8296	24687	3779	92475
股权	59039	957	272388	7142	339527
金融资产小计	272532	19906	384460	30492	693708
非金融资产					
土地和固定资产	96739	38875	578364	333076	1047055
其他非金融资产	2187	339	2735	1933	7116
非金融资产小计	98926	39214	581099	335009	1054171
资产总计	371458	59120	965559	365501	1747879
负债					
货币发行②	—	—	—	—	—
持有的存款	3786	26	4112	463	8386
已收到的贷款	0	0	3020	21	0
借款	300464	2611	121896	11389	433259
无经费的养老金负债及其他员工福利	208111	10484	157274	3194	379063
其他备付	14380	116	9701	452	24650
其他非股权负债	44002	3339	21719	4181	65624
负债总计	570744	16576	317722	19700	910982
净值	-199287	42544	647838	345801	836896

资料来源：澳大利亚统计局报表中“广义政府部门——所有层级政府资产负债表”。

由于澳大利亚统计局对每个机构部门都提供了如表 5-1 所示的资产负债

① 如前所述，按澳大利亚统计局的编制与发布周期，2013—2014 财年的报告需待 2015 年 6 月才发布。因此，2012—2013 财年报告为当前最新数据。

② “货币发行”为非金融公共部门（发行的硬币）和公共金融公司（中央银行发行的纸币）特有的负债项目。

表，因此我们通过简单整理，即可得到主栏为资产与负债项目，宾栏为机构部门的表式（如表5-2所示），来反映某一特定政府层级（如联邦政府）中各机构部门的资产负债余额。

表5-2　经整理的澳大利亚联邦政府（分机构部门）资产负债表

（2012—2013财年，期末余额数）　单位：百万澳元

科目	广义政府	公共非金融公司	非金融公共部门	公共金融公司	公共部门
资产					
金融资产					
现金和存款	2094	-199287	2985	1095	4080
发放的借款	37048	—	36745	—	36745
投资、贷款和债券销售	111098	154010	111198	102796	213993
其他非股权资产	63253	-298212	64656	576	65007
股权	59039	-199287	49042	740	37335
金融资产小计	272532	154010	264625	105206	357160
非金融资产					
土地和固定资产	96739	12813	109553	999	110551
其他非金融资产	2187	1359	3545	54	3599
非金融资产小计	98926	14173	113098	1053	114151
资产总计	371458	17596	377723	106260	471311
负债					
货币发行	—	—	3604	56943	60547
持有的存款	3786	0	182	26183	26365
已收到的贷款	0	304	0	0	0
借款	300464	3546	304010	7596	311606
无经费的养老金负债及其他员工福利	208111	1298	209410	1341	210750
其他备付	14380	1404	15785	1168	16953
其他非股权负债	44002	1037	44019	581	44375
负债总计	570744	7588	577009	93813	670597
股份和其他投入资本①	—	10008	0	12447	0
净值	-199287	0	-199287	0	-199287

资料来源：根据澳大利亚统计局报表中各机构部门在所有层级政府的资产负债表整理。

① “股份和其他投资资本”是指政府机构在公共公司中的投入资本，它反映在公共非金融公司和公共金融公司的资产负债表中，但在非金融公共部门和总公共部门的资产负债表中被冲销合并。

二、澳大利亚财政部门编制政府资产负债表的基本情况

澳大利亚是联邦制国家，根据宪法，澳大利亚各州（领地）政府享有很大的自治权。这一宪政架构下，联邦政府和各州（领地）政府的财政部门在各自管辖权内，编制自己的政府资产负债表①。

以联邦政府为例，自 1995—1996 财年起②，澳大利亚财政部根据《澳大利亚会计准则》（AASs）和政府财务报表编制相关要求，如《政府财务报表》（AASB31）以及取代它的《整个政府和广义政府部门财务报表》（AASB1049），逐年编制发布《合并后的联邦政府财务报表》。该报表包含了联邦政府层级资产负债表（见表 5 -3）。

表 5 -3　　澳联邦政府（分部门）资产负债表

（2012—2013 财年，期末余额数）　　单位：百万澳元

科目	广义政府	公共非金融公司	公共金融公司	冲销和轧差	澳大利亚政府
资产					
金融资产					
现金和存款	2113	891	1095	-37	4062
发放的借款	29373	14	1759	-1071	30075
其他应收和应计收入	41626	1334	557	-783	42734
投资、贷款和债券销售	111097	1001	101037	-21835	191300
股权投资	59033	11	740	-24879	34905
金融资产小计	243242	3251	105188	-48065	303076
非金融资产					
土地	8917	373	149	1	9440
建筑物	23500	1972	270	—	25742
工厂、设备和基础设施	52898	8268	209	—	61375
无形资产	5636	1826	360	—	7822
投资性房产	195	173	—	—	368
存货	7926	101	9	2	8038
生物资产	33	—	—	—	33
培育资产	10547	—	—	—	10547

---

① 《澳大利亚统计局政府财政统计报告（2012—2013 财年）的说明》第 48 条。

② 澳大利亚财政部网站 www. finance. gov. au 发布了 1995—1996 财年至 2013—2014 财年的《合并后的联邦政府报表》。

续表

科目	广义政府	公共非金融公司	公共金融公司	冲销和轧差	澳大利亚政府
持有代售资产	110	103	—	—	213
税收资产	—	904	13	-917	—
其他非金融资产	2755	1521	68	-120	4224
非金融资产小计	112517	15241	1078	-1034	127802
资产合计	355759	18492	106266	-49639	430878
负债					
计息负债					
持有的存款	182	—	26183	-20241	6124
政府债券	285748	—	—	-1588	284160
贷款	4074	2509	2268	-1020	7831
其他借款	1024	1338	—	-1	2361
其他计息负债	9616	3	5329	—	14948
计息负债小计	300644	3850	33780	-22850	315424
备付和应付					
养老金负债	193313	59	321	1	193694
其他雇员福利负债	14796	1239	1311	4	17350
应付供应商	6447	1005	362	-228	7586
应付的个人福利	5699	—	—	—	5699
应付补贴	3580	—	—	—	3580
应付的专项拨款	3355	—	—	—	3355
澳大利亚货币发行	—	—	56943	—	56943
税收负债	—	555	1	-556	—
其他应付	3104	999	1250	-705	4648
其他备付	32333	414	446	—	33082
备付和应付小计	262516	4271	60634	-1484	325937
负债合计	563160	8121	94414	-24334	641361
净值					
累积结果	-249354	-69	1163	-11018	-259278
储备	41953	1702	10558	-5418	48795
股权出资	—	8738	131	-8869	—
少数股东权益	—	—	—	—	—
净值合计	-207401	10371	11852	-25305	210483

资料来源：澳大利亚财政部《合并的政府财务报表》中的资产负债表。

注：(1) 冲销和轧差栏包括冲销部门内交易以及对资产销售和外币交易中收益与损失进行轧差后的结果。

(2) 2011—2012 财年报表的计息负债中还有“透支”一项（余额为6000万澳元），此处未列入。

由上可见，澳大利亚财政部编制的资产负债表反映了澳大利亚政府及其细分部门的资产负债余额，其主栏为资产与负债项目，宾栏为机构部门。此外，表5－3最后一列中的“澳大利亚政府”指“澳大利亚联邦政府”①，它包括广义政府部门、公共非金融公司和公共金融公司。根据AASB1049，这些政府实体的部门分类与澳大利亚统计局《澳大利亚政府财政统计》中的定义和分类一致②。

三、澳大利亚政府编制的两套政府资产负债表的简要比较

澳大利亚统计局报表按ASNA和AGFS要求来编制，偏向于国民账户核算的框架；澳大利亚财政部报表主要基于财务会计准则，侧重于政府会计的核算体系。其中，统计和会计上的差异不可能完全避免③。

但两者并无本质差异且逐步趋同。从统计局角度看，其制定并更新修订政府财政统计标准时，均注重与财政和会计部门的协商与协调，采取各种措施使两者差异最小化④；从财政部角度看，统计局AGFS2005标准已有效运用在其编制的政府财务报表中，除非某些标准与会计准则相悖⑤。

从机构范围和层次看，两者在机构部门定义与分类上基本一致⑥，均分为广义政府、公共非金融公司和公共金融公司，并一起构成“公共部门”（财政部报表称为“整个政府”）。主要区别在于，统计局报表涵盖了所有层级政府，而财政部报表只提供了联邦政府的资产负债数（详见第二节）。

从资产负债范围与分类看，1991年5月总理会议后，澳大利亚每个管辖权政府均以AGFS分类为标准提供自己的财务报告⑦。因此两者在资产负债的定义、范围、分类上无大的差异。主要的区别在于，财政部报表提供了更细分项目的数据而统计局的项目展示得较为“粗放”（详见第三节）。

从资产负债的计价看，两者都按权责发生制来确定记录时间。财政部报表遵循会计准则对资产负债项目进行定值和核算；统计局报表则依赖于政府会计账户的原始记录（初始定值未必都按市值定价），而在后续重估值中会按市场价

① 《合并后的联邦政府财务报表（2012—2013财年）》Note 1.6。

② 《合并后的联邦政府财务报表（2012—2013财年）》Note 1.7。

③ 《澳大利亚政府财政统计体系：概念、来源和方法（2005年版）》序言第27－29行。

④ 《澳大利亚政府财政统计体系：概念、来源和方法（2005年版）》序言。

⑤ 《合并后的联邦政府财务报表（2012—2013财年）》Note 1.3。

⑥ 《合并后的联邦政府财务报表（2012—2013财年）》Note 1.7。

⑦ 《澳大利亚政府财政统计体系：概念、来源和方法（2005年版）》第7章第93－95条。

格进行调整（详见第三节）。

从数据来源与数据整理看，两套报表数据同源，都来自政府部门（公共部门）的会计账户记录，因此在源数据上并无大的差异。尽管可能在具体细节上存在差异，但在编制过程中都对源数据进行汇总、轧差、合并等处理，并通过编辑输入、输出编辑等流程生成所需财务报表（详见第四节）。

第二节　澳大利亚政府机构范围与层次

澳大利亚统计局编制的政府资产负债表核算的机构范围是公共部门。其公共部门可按机构部门划分为非金融公共部门和金融公共部门：前者包括广义政府（含狭义政府和非营利组织）和公共非金融公司，后者即公共金融公司；又可按政府层级分为国家、州和领地、地方三个层次。

澳大利亚财政部编制的政府资产负债表核算的机构范围是澳大利亚联邦政府（又称为“整个政府”），包括广义政府、公共非金融公司和公共金融公司。财政部报表只针对联邦层级的政府，不包括州和领地等其他政府层级。

一、澳大利亚统计局资产负债表的机构范围与层次

澳大利亚统计局报表的机构范围是组成澳大利亚公共部门的所有企事业单位[①]。“公共部门”定义为所有政府单位以及由政府控制的常住单位[②]。

在实践中，统计局报表并未完全覆盖公共部门的所有单位及其全部经济活动。当某一单位的经济活动不够显著且被认为不值得花费成本去采集数据时，这个单位就被整体“遗漏”了。这样的单位数量极少，主要是小商品市场营销部门。此外，当间接渠道足以得到某一单位的绝大多数经济活动信息且不值得花费过多成本去采集剩余信息时，这个单位的经济活动就被部分“遗漏”了，这样的单位主要是公立医院、中小学以及许多由财政供养、扮演监管或咨询角色的小型权力机构[③]。

公共部门可按机构部门和政府层级（管辖权）来划分，如表5－4所示。

① 《澳大利亚政府财政统计体系：概念、来源和方法（2005年版）》第2章第18条。

② 《澳大利亚经济部门分类标准（SESCA）2008版》第29页第5行。

③ 《澳大利亚政府财政统计体系：概念、来源和方法（2005年版）》第2章第24－25条。当然，澳大利亚政府正努力采取措施减少核算范围和实际覆盖度之间的差异，使上述“遗漏”最小化。

表 5-4 机构部门和政府层级（管辖权）下的澳大利亚公共部门划分

<table>
<tr><td rowspan="2">按机构部门划分</td><td colspan="4">公共部门</td></tr>
<tr><td colspan="3">非金融公共部门</td><td>金融公共部门</td></tr>
<tr><td rowspan="2">按政府层级
（管辖权）划分</td><td colspan="2">广义政府</td><td rowspan="2">公共非
金融公司</td><td rowspan="2">公共金融公司</td></tr>
<tr><td>狭义政府</td><td>非营利组织</td></tr>
<tr><td>国家（含联邦管辖权和复合管辖权）</td><td></td><td></td><td></td><td></td></tr>
<tr><td>州和领地（分别对应一个管辖权）</td><td></td><td></td><td></td><td></td></tr>
<tr><td>地方（对应联邦或州或领地管辖权）</td><td></td><td></td><td></td><td></td></tr>
</table>

（一）按机构部门划分

从机构部门的角度划分，澳大利亚公共部门可分为广义政府、公共非金融公司和公共金融公司。前两者可合并称为“非金融公共部门”；后两者可合并称为“公共公司”。

1. 广义政府

广义政府包括狭义政府和非市场化非营利机构。其核心职能是提供非市场产品和服务、监管和影响经济行为、维持政策法令和市场秩序，以及通过转移支付进行收入分配。这些核心职能的履行主要依靠一般政府税收来提供资金[①]。

（1）狭义政府

与 SNA 2001 定义相同，澳大利亚狭义政府是指因政治程序而设立的特殊法律实体，在既定区域内享有对其他机构单位的立法、司法和行政权。狭义政府包括联邦政府、州和领地政府、地方政府的所有机构单位[②]。具体有：澳大利亚联邦政府的总理与内阁府，司法部、国防部、教育部等内阁部门，以及动物卫生部、行政上诉法庭、犯罪委员会等执行机构。如果将地方层级的政府考虑在内的话，还包括澳大利亚 6 个州和 2 个领地的州级政府机构；以及州和领地下设的地方政府所有机构。

（2）非市场化非营利机构

非营利机构是指为提供产品或服务而建立的法律或社会实体，这些实体并不为组建或控制它们或为它们提供资金的单位获取收入、利润或其他资本所得。SNA 2008 将非营利机构分为市场化非营利机构和非市场化非营利机构。如果非营利性机构的控制者或出资者是政府机构，则为非市场化非营利机构。非市场化非营利性机构提供的商品、服务要么是免费的，要么不具备“经济显著性”。

① 《澳大利亚政府财政统计报告（2012—2013 财年）》的“EXPLANATORY NOTES”第 8 条。

② 《澳大利亚政府财政统计体系：概念、来源和方法（2005 年版）》第 2 章第 29 条。

只有非市场化非营利机构才属于广义政府部门。在澳大利亚，这类非市场非营利机构主要是公立大学[①]，还包括那些由政府控制的、向政府或公众提供产品和服务且价格不具经济显著性的非法人企业，以及只定向对政府单位销售商品且没有其他机构与之进行市场竞争的准公司[②]。

2. 公共非金融公司

公共非金融公司包括所有常住的、由政府控制的、主要生产市场化商品或提供非金融服务的公司或准公司。公共非金融公司与广义政府部门合并为非金融公共部门。

公共非金融公司不同于广义政府部门中的非市场非营利机构。两者的主要区别在于其资金来源不同：尽管有些公共非金融公司也接受政府补贴以弥补运营资金不足，但其绝大部分资金来源于消费者；而非市场非营利机构的主要资金来源为政府税收收入[③]。

澳大利亚公共非金融公司的商业化程度各不相同，从如铁路、公交系统等那些严重依赖政府补贴的公司，到那些对政府税收做出净贡献的公司。澳大利亚电讯公司（Telstra）、邮政集团、电力、港口、州的铁路系统、地方的公交系统是澳大利亚公共非金融公司的代表[④]。

3. 公共金融公司

澳大利亚公共金融公司包括所有常住的、由政府控制的、主要从事金融中介和辅助性金融服务的公司或准公司，如证券经纪公司、贷款经纪人、安排对冲工具（如掉期、期权和期货）的机构等[⑤]。

在澳大利亚，承担中央银行角色的澳大利亚储备银行以及监管金融系统的审慎监管机构（APRA）也属于公共金融公司。澳大利亚公共金融公司还包括政府控制的商业银行、保险公司和养老基金，及由澳大利亚各级政府拥有的经济发展公司和金融辅助机构。

目前，澳大利亚每个州和领地政府都设有中央举债机构（Central Borrowing Authority，CBA），以便为其拥有或控制的公共公司、准公司和其他机构提供融资和理财服务。这些 CBA 由当地政府控制，主要从事转贷、投融资等金融中介活动，也参与相邻州或领地政府的财务管理，因而将其作为公共金融公司对待

① 《澳大利亚政府财政统计体系：概念、来源和方法（2005 年版）》第 2 章第 35 - 37 条。
② 《澳大利亚政府财政统计报告（2012—2013 财年）》的“EXPLANATORY NOTES”第 10 条。
③ 《澳大利亚政府财政统计报告（2012—2013 财年）》的“EXPLANATORY NOTES”第 12 条。
④ 《澳大利亚政府财政统计体系：概念、来源和方法（2005 年版）》第 2 章第 29 条。
⑤ 《澳大利亚政府财政统计体系：概念、来源和方法（2005 年版）》第 2 章第 41 条。

（澳大利亚首都领地的 CBAs 机构除外，它作为广义政府来对待）。此外，澳大利亚各州政府为帮助首次购房者而建立的房屋金融方案也作为公共金融公司对待①。

（二）按澳大利亚政府层级（管辖权）划分

如果说上述机构部门划分是一种“纵向”划分，那么按澳大利亚政府层级（管辖权）的划分则近似于“横向”的划分，它与澳大利亚行政区划密切相关。

1. 按澳大利亚政府层级划分

GFS 2001 将广义政府分为中央政府、州政府、地方政府和社保基金四个层级②。因澳大利亚不存在社保基金，所以其层级只有中央、州、地方三个③。另一方面，澳大利亚的 AGFS 中设立了 GFS2001 所没有的管辖权划分和复合管辖权的概念，就有了作为联邦政府和复合管辖权结合体的“国家”层级，它代替了 GFS 2001 中的“中央政府”层级。

于是，澳大利亚政府分为国家（包含联邦政府与复合管辖权）、州和领地、地方三个层级。

（1）国家

如果机构职能的政治权威延伸到澳大利亚的整个领土或者其职能涉及的政策主要关注国家层面，那么这个机构一般被认为有国家角色或国家职能。所有这些有国家角色或职能的公共部门单位都属于国家这一政府层级。

复合管辖权单位（Multi－jurisdictional Units）是指被两个或两个以上管辖权政府管辖，或无法明确地分到某个管辖权政府的公共部门单位。目前，属于国家层级的复合管辖权单位主要是国立大学。尽管国立大学受联邦政府和其所在的州政府的共同管辖，但它主要由联邦政府提供资金并受联邦政府管辖④。

总而言之，澳大利亚国家层级的政府包括联邦政府的机构单位、由联邦政府控制或提供主要资金的非营利机构、由联邦政府控制的公共非金融公司和公共金融公司（包括澳大利亚中央银行），以及复合管辖权单位中的国立大学。

（2）州和领地

如果机构职能的政治权威局限于州和领地或者其职能涉及的政策主要关注

---

① 《澳大利亚政府财政统计体系：概念、来源和方法（2005 年版）》第 2 章第 42－44 条。

② 在机构范围上，GFS 2001 主要针对广义政府部门，尽管它叙述了公共部门的组成并建议可以编制反映公共部门或其组成部门的数据，但未提供详细说明。

③ 《澳大利亚政府财政统计体系：概念、来源和方法（2005 年版）》第 7 章第 8－11 条。

④ 《澳大利亚政府财政统计体系：概念、来源和方法（2005 年版）》第 2 章第 47 条。

州和领地层面，那么这个机构一般被认为有州或领地角色或职能。所有这些有州和领地角色或职能的公共部门单位都属于州和领地这一政府层级。

澳大利亚设6个州和2个自治领地。按照澳大利亚宪法规定，凡不属于联邦政府管辖的权限均由州政府负责。澳大利亚州和领地层级的政府包括州和领地政府的机构单位、由州和领地政府控制或提供主要资金的非营利机构，以及由州和领地政府控制公共非金融公司和公共金融公司。

（3）地方

与州和领地层级相似，所有具有地方角色或职能的公共部门单位都属于地方这一政府层级。在澳大利亚，地方政府管辖的区域通常称为市、镇、郡、区、自治区等，其职能范围依其所处不同州和领地（或管辖权）而有很大不同，但通常都是负责当地非常具体化的事物，如社区服务、消费者事务、社会治安、环境服务等。

澳大利亚地方层级的政府包括地方政府的机构单位、由地方政府控制或提供主要资金的非营利机构，以及由地方政府控制公共非金融公司和公共金融公司等。

2. 管辖权

澳大利亚将管辖权分为联邦政府、南澳大利亚、塔斯马尼亚、新南威尔士、维多利亚、西澳大利亚、昆士兰、首都领地、北领地和复合管辖权等10个管辖权。即澳大利亚行政区划中的6个州和2个领地各为一个管辖权，再加上联邦政府管辖权（含联邦政府及其直辖的一些海外领土如诺福克岛和圣诞岛）和复合管辖权。

管辖权与政府层级关系密切：被联邦政府直接控制的机构单位，属于联邦政府管辖权；被州或领地政府直接控制的机构单位，属于相应的管辖权；地方政府机构或由其控制的单位，属于管辖该地方政府的上一级政府（联邦、州或领地政府）所对应的管辖权①。

二、澳大利亚财政部编制的资产负债表核算的机构范围与层次

（一）澳大利亚财政部资产负债表的机构范围与层次

澳大利亚财政部编制的政府资产负债表只针对联邦政府，不包括州（领地）政府和地方政府层级，因此也就没有像统计局报表那样的政府层级划分。

① 《澳大利亚政府财政统计体系：概念、来源和方法（2005年版）》第2章第54条。

财政部报表核算的机构范围是“整个联邦政府”（Whole of Commonwealth Government），包括国家政府部门、议会部门、执行机构、联邦当局和澳大利亚政府持有控制性股权的联邦公司，但不含澳大利亚国立大学①。

“整个联邦政府”可按机构部门划分为广义政府、公共非金融公司和公共金融公司，这一划分与统计局报表中的机构部门分类一致②。因此，财政部报表核算的机构范围相当于统计局报表中联邦政府层级的“总公共部门”，并剔除后者中作为非市场非营利组织的国立大学。

（二）与统计局报表的主要区别

从核算的机构范围看，统计局和财政部编制的资产负债表之间并无大的差异，均涵盖了广义政府、公共非金融公司、公共金融公司，以及总公共部门（财政部报表称为“整个政府”）的资产负债表。细微的区别仍然存在，如财政部报表不包含作为非市场非营利组织的国立大学，使财政部报表中广义政府部门的范围较统计局小，相应的资产负债存量较低；又如，财政部发布的报表中未提供广义部门与公共非金融公司所构成的非金融公共部门的合计数。

从政府层级划分看，统计局的核算更为全面，它涵盖了国家（联邦政府和复合管辖权）、州和领地、地方所有层级政府，并提供了合计数；而财政部的报表只提供了联邦政府层级的资产负债数，并未与其他层级政府的报表进行合并。

层级范围的不同带来了两者表式设计上的差异。如表5-1和表5-3所示，由于统计局报表需要提供的是包含“机构部门×政府层级×资产负债”的三维数据（不考虑时间维度），它按机构部门的分类，对某一部门类别（如广义政府部门）运用“政府层级×资产负债”的二维表来反映其资产负债余额，因此它的表式主栏为资产与负债项目，宾栏为政府层级。而财政部报表只针对联邦政府层级进行核算，本身就是一个“机构部门×资产负债”的二维数据（不考虑时间维度），因此它的表式主栏为资产与负债项目，宾栏为机构部门。

① 《合并后的联邦政府财务报表（2012—2013财年）》Note 1.6。

② 《合并后的联邦政府财务报表（2012—2013财年）》Note 1.6。

第三节　澳大利亚政府资产负债核算的范围、分类和计价

资产是反映经济主体在拥有、持有或使用某个实体一段时间后所能产生的一系列经济利益，这个利益可以是使用资产的主要收入或通过出售资产来实现的价值；负债是向其他经济单位提供经济价值的义务，是拥有索取权的单位所持有的金融资产的相对物①。

一、澳大利亚统计局编表资产负债核算的范围和分类

（一）金融资产

金融资产是以其他经济部门的金融债权形式存在的资产②。澳大利亚统计局编制的政府资产负债表中包括以下金融资产③：

1. 现金和存款

包括：（1）持有的纸币和硬币；（2）持有的尚未兑付的支票；（3）本币或外币的现金或存款，这些存款存在澳大利亚所有的商业银行、非银行金融机构和其他接受存款的机构中，并能根据需要收回或转让；（4）在短期货币市场的存款，如从联邦政府获得的、在货币市场沉淀过夜的资助资金；（5）除以上外的其他现金和存款，如现金管理信托基金份额，以及可取出的建筑协会共享资金。

2. 发放的借款

指因政策需要（而非流动性管理目的）而发放（未偿还）的贷款和其他非证券金融资产。一般来说，除了中央举债机构（CBAs）之外的广义政府部门向其他政府单位发放的借款均被认为是具有政策目的的借款。

发放的借款包括：（1）为政策目标而发放给公共部门单位的长期或短期贷款；（2）非市场化债券；（3）长期和短期承兑协议（债券或票据）。不包括政府在公共公司的股权、补贴和无偿资金以及为流动性管理和收入增长目的而进行的投资。

---

① 《澳大利亚政府财政统计体系：概念、来源和方法（2005 年版）》第 2 章第 188 条。

② 《澳大利亚政府财政统计体系：概念、来源和方法（2005 年版）》第 2 章第 184 条。

③ 根据《澳大利亚政府财政统计体系：概念、来源和方法（2005 年版）》第 2 章、第 7 章（表 7.5）、附录 3 相关内容以及实际报表的项目整理。

3. 投资、贷款和债券销售

包括：（1）除垫款之外的不可流通不可转让的贷款；（2）不动产信贷银行的贷款；（3）延期支付计划和再回购协议；（4）本票等有价证券；（5）汇票；（6）银行存单；（7）定期存款；（8）财政部票据和债券；（9）可赎回的优先股；（10）债券；（11）长期票据；（12）掉期净值和其他衍生品的净资产头寸；（13）所有作为金融资产持有的特别提款权（SDRs）①。

4. 其他非股权资产

主要是交易过程中形成应收和预付款项，包括：（1）短期或长期贸易信贷和应收账款；（2）应收账款的本息；（3）已形成的预付款项。

5. 股权

指赋予持有人分享实体收入，并当实体清盘时有权分享剩余资产的要求权。包括：（1）上市公司发行股票的市值；（2）优先股和兑换后仍可兑换票据（Convertible Notes after Conversion，不包括兑换前可兑换的票据）。对非上市公司而言，这里所说的“股权”也指资产的账面价值（实体经济和金融）减去非上市公司的负债。

（二）非金融资产

非金融资产指除了金融资产以外的所有资产。统计局报表将其分为“土地和固定资产”、“其他非金融资产”两项。

1. 土地和固定资产

包括土地以及建筑物、基础设施、机器设备等固定资产。

（1）土地：指地面本身，包括覆盖的土壤、相关地表水及对土地的重大改良。不包括土地上的建筑物、培育资产、地下资产、非培育的生物资源、地下水等。

（2）建筑物和基础设施：包括住宅、其他建筑以及其他构建物或基础设施。住宅是指用于居住的建筑物以及附着在建筑物上的车库、永久性固定装置等相关设施（含工地清理和预备费用），包括船屋、驳船、大篷车等作为家庭主要居住场所的移动房屋，以及住户拥有的视同住宅的历史遗迹。其他建筑是指非居

① 特别提款权是IMF创设并分配给成员国，作为其已有储备资产的补充的一种国际储备资产。澳大利亚统计局2011年4月就AGFS中对SDR的处理方式进行了修改，以适应新的国际标准。具体修改为：在原AGFS中，IMF分配给澳大利亚的SDRs份额被从“其他经济流量”项目中放入澳大利亚政府资产负债表，作为一项没有对应负债项的金融资产。修改后的处理有了对应的负债项，这一负债项是IMF全体成员国共同持有而不是IMF自身持有（参见下文负债中的“借款”项）。详见Amendments to Australian System of Government Finance Statistics 2013，Chapter 1。

住的建筑以及作为其组成部分的固定设施（含工地清理和预备费用），包括仓库、工厂、银行、剧院、旅馆、医疗中心和中小学等，以及住户拥有的视同其他建筑的历史遗迹。其他构建物和基础设施是指除以上建筑之外的构建物及其相关设备设施，包括公路、铁路、桥梁、港口、水坝、管道、通信和电力线路等基础设施，以及采矿场、制造厂、体育或娱乐用途建筑等构建物。

（3）机器设备：包括交通设备、计算机设备和其他设备。交通设备包括机动车辆、半拖车、船舶、机车、飞机、航天器等，不包括作为家庭住户最终消费品的运输设备和已纳入住宅类的船屋、驳船、大篷车等设备。计算机设备指计算机硬件设备，不包括作为家庭住户最终消费品的计算机软、硬件设备。其他设备包括家具、办公用品、通讯设备、医疗工具、音响设备，不包括作为家庭住户最终消费品的上述设备、固化而成为建筑或武器平台一部分的机械设备、相对便宜的小工具，以及未完工且非自产自用的机械设备。

（4）其他固定资产：包括培育资产、无形固定资产等。培育资产是指由政府单位直接控制、负责和管理的畜牧养殖和种树育林产业中生产出来，又作为这些产业生产资料的产品，包括家禽、奶牛、绵羊，用于运输、比赛或娱乐的动物，希望获取其果实、树皮、叶、花等的树木（如果树），以及自产自用的未成熟的培育资产。无形固定资产包括矿产勘查、计算机软件以及娱乐、文学和艺术原著等。

2. 其他非金融资产

包括存货、贵重品以及除土地之外的非生产性资产。

（1）存货：指在当期或在较早时期生产，将在稍后时期被出售，用于生产或其他用途的商品和服务，如生产过程中的产品、产成品及用于转售的商品。包括材料、耗材、国防武器平台（用来发射破坏性武器的军用车辆和装备）等。

（2）贵重品：包括贵重的珠宝、玉石、古董、艺术品等。

（3）除土地外的非生产性资产：非生产性资产指非人为生产出来且不会在后续的生产过程中再生的，由生产者持有主要用于生产目的的非金融资产。这里包括地下资源（如矿产）、自然形成的生物资源（如原始森林、渔场）和水资源（矿泉水资源），以及专业知识、专利、著作权和商誉等其他无形资产。

（三）负债

统计局报表将负债分为货币发行、持有的存款、已收到的贷款、借款、无经费的养老金负债和其他职员福利、其他备付金和其他非股权负债七项。

1. 货币发行

指澳大利亚联邦政府财政部发行的硬币和澳大利亚储备银行（中央银行）发行的纸币。

2. 持有的存款

包括持有的现金余额，以及持有的其他公共部门或私人部门实体的存款。后者包括替其他公共部门或私人实体持有的信托账户，但不包括职工养老信托基金余额和持有的任何将减少雇员福利负债（Entitlement Liability）的信托基金余额。

3. 已收到的贷款

指为政策目标（而不是为收入增长或流动性管理的目标）而从政府机构获得的贷款。不含从商业金融机构（非政府来源）获得的贷款以及赠款等无偿获得的资金。

4. 借款

指通过与出借人直接签约、销售债券以及融资租赁而产生的负债。具体包括融资租赁负债、贷款和有价证券。

（1）融资租赁负债：即那些租赁物的大部分风险和收益由承租人承担的租赁安排，包括在《澳大利亚会计准则》第 17 号（AAS17）中所定义的融资租赁，也可能包括经济影响与融资租赁相同的其他安排，但不包括经营性租赁。当一项融资租赁产生被企业视为递延资产的收入时，应将其作为“负”的负债和对租赁负债的冲销来对待。

（2）贷款：指来自国内和国外的贷款，包括银行透支、本外币长期和短期贷款、不动产信贷银行的贷款以及延期支付计划和再购买协议。

（3）有价证券：包括本票、汇票、银行存单、定期存款、财政部票据和债券、债券、长期票据、掉期等衍生品的负债净头寸，以及与 IMF 分配给澳大利亚 SDR 相联系的负债。

5. 无经费养老金的负债和其他职员福利

包括计提了但未实缴的养老金负债，以及除了养老金以外的雇主未来需支付其他职员福利，包括在退休和辞职期间给予带薪病假、休闲假期、长期服务假、雇主支付（而不是保险公司支付）的工人赔偿、支付已计提工资和薪金等的义务等。

6. 其他备付金

除上述无经费养老金和其他职员福利的备付金以外的其他备付金。这里的备付金指具有负债性质的备付金，不包括那些储备性质的备付金，也不包括那些诸如为未来损失的备付、“自我保险”的备付等不满足负债定义的备付金。具体包括负债账户中的所得税和股息的备付金，不包括坏账准备金。

7. 其他非股权负债

指上述负债项目以外的所有非股权负债，主要包括短期和长期的贸易债务和应付账款、应付本息，以及收到的预付款等。

二、澳大利亚财政部报表资产负债核算的范围与分类

财政部报表将资产分为金融资产和非金融资产；负债分为计息负债以及备付与应付两大类（见表5-5）。

（一）金融资产

财政部报表中的金融资产包括现金和存款，发放的借款，其他应收和应计收入，投资、贷款和债券销售，股权投资五项。

1. 现金和存款

包括银行库存和公众持有的现金（纸币和硬币）、随时可支取的短期存款、用于现金管理目的而在短期货币市场工具上的逐日投资、未偿付的银行透支的净额，以及可以便利地转换为现金且没有显著交易风险的原始期限在三个月及三个月内的银行账户存款①。

2. 发放的借款

包括发放给州和领地政府的贷款、“高等教育贷款项目”中已发放的贷款、“学生财务补助项目”中发放的贷款和其他已借出款，但要剔除可疑债务的备付金②。

3. 其他应收和应计收入

（1）其他应收款：包括商品和服务应收款、收回的福利支出、应收税款和其他应收款，但要剔除上述项目的可疑债务备付金以及信用修正的备付金。

（2）应计收入：包括应计税收收入和其他应计收入③。

4. 投资、贷款和债券销售

包括货币黄金、存款、政府债券、公司债券、IMF配额、固定福利养老金计划资产、集合投资工具、其他计息证券和其他项目④。

---

① 《合并后的联邦政府财务报表（2012—2013财年）》Note1.3。

② 《合并后的联邦政府财务报表（2012—2013财年）》Note17。

③ 《合并后的联邦政府财务报表（2012—2013财年）》Note17。

④ 《合并后的联邦政府财务报表（2012—2013财年）》Note18。

5. 股权投资

包括股票投资、对公共公司的投资以及权益法入账的投资[①]。

（二）非金融资产

财政部报表中的非金融资产包括土地，建筑物，工厂、设备和基础设施，培育资产，无形资产，存货，生物资产，投资性房产，持有代售资产，税收资产和其他非金融资产等11项。

1. 土地

土地本身，包括覆盖的土壤、相关地表水及对土地的重大改良。其价值为历史成本与所估值之和。

2. 建筑物

包括用于居住的建筑物以及作为其组成部分的固定设施和非居住的建筑以及作为其组成部分的固定设施，如住宅、银行、剧院、旅馆、中小学等，但不包括工厂及其设施、其他基础设施等[②]。其价值等于历史成本与所估值之和减去相应的累计折旧[③]。

3. 工厂、设备和基础设施

包括专用军事装备以及除以上建筑物外的构建物、设备和基础设施，如工厂、采矿场、制造厂、公路、铁路、桥梁、港口、水坝、管道、通信和电力线路等。其价值等于历史成本与所估值之和减去相应的累计折旧[④]。

4. 无形资产

包括计算机软件和其他无形资产[⑤]。

5. 投资性房产

投资性房产主要指为了获得租金收入或资本升值而持有的房产，不包括那些尽管也能获取租金或升值，但主要是出于战略目的或为社会服务目的的投资房产。其价值等于所估值[⑥]。

6. 存货

包括持有待售的存货和非持有待售的存货。前者又包含已完工商品、原材

---

① 《合并后的联邦政府财务报表（2012—2013 财年）》Note19。

② 《合并后的联邦政府财务报表（2012—2013 财年）》Note20。

③ 《合并后的联邦政府财务报表（2012—2013 财年）》Note20。

④ 《合并后的联邦政府财务报表（2012—2013 财年）》Note20。

⑤ 《合并后的联邦政府财务报表（2012—2013 财年）》Note21。

⑥ 《合并后的联邦政府财务报表（2012—2013 财年）》Note2。

料和在制品；后者又包含消耗品和持有待分配的产品①。

7. 生物资产

即非培育的生物资源，其经济价值未包含在相关土地价值之内，如可进行商业开发的原始森林、渔场等。

8. 培育资产

包括重复或连续使用一年以上、以生产其他商品或服务的动物和植物，如饲养的牲畜、奶牛、果树等。它们的价值等于历史成本与所估值之和减去相应的累计折旧。

9. 持有代售资产

指上述持有代售存货以外的其他政府持有将在未来某一时期内出售的资产。

10. 税收资产

指递延税款的借方，即公共公司预付税款所形成的资产。

11. 其他非金融资产

即以上非金融资产以外的所有非金融资产，包括预付款和其他项目。

（三）计息负债

包括持有的存款、政府债券、贷款、其他借款、其他计息负债五项。

1. 持有的存款

包括结汇账户中的存款、澳大利亚联邦储备银行（中央银行）提款账户中的存款、州政府的存款、外国政府的存款、信托中的持有款项和其他项目。

2. 政府债券

包括国债、国库券、国债指数债券和其他项目。

3. 贷款

按类型分，包括汇票和本票、非政府债券和取得的贷款；按期限分，包括一年内、一年以上两年内、两年以上五年内和五年以上的贷款。

4. 其他借款

主要指融资租赁负债，包括一年内、一年以上五年内和五年以上融资租赁的最小租赁支出，需剔出未来的财务费用。

5. 其他计息负债

包括掉期交易中的应付本金（Swap Principal Payable）、有价证券的回购、IMF 特别提款权、融资租赁奖励（Finance Lease Incentives）和其他项目。

---

① 《合并后的联邦政府财务报表（2012—2013 财年）》Note22。

（四）备付与应付

包括养老金负债、其他雇员福利负债、应付供应商、应付的个人福利、应付补贴、应付的专项拨款、澳大利亚货币发行、税收负债、其他应付、其他备付十项。

1. 养老金负债

包括为依据《养老金法案 1973》建立的联邦养老金计划、依据《养老金法案 1990》建立的公共部门养老金计划、依据《议会共同养老金法案 1948》建立的议会共同养老金计划（Parliamentary Contributory Superannuation Scheme）、依据《国防军退休和死亡福利法案 1973》建立的国防军退休和死亡福利计划、依据《军队退休和福利法案 1991》建立的军队退休和福利计划，以及总督养老金计划、联邦法官养老金计划、联邦巡回法庭法官死亡与退休计划、联邦储备银行职员养老金计划等其他养老金计划①。

2. 其他雇员福利负债

包括休假和其他雇员权利、应计工资和薪水、工人赔偿要求、离职与裁员补偿、军人赔偿要求和其他项目。

3. 应付供应商

包括交易应付款、经营性租赁的应付租金和其他应付款。

4. 应付个人福利

除以上养老金和其他雇员福利以外的应付未付个人福利。

5. 应付补贴

除以上补贴、津贴以外的其他应付补贴。

6. 应付的专项拨款

包括应付给州和领地政府的专项拨款、给私人部门的专项拨款、给予海外部门的专项拨款、给予地方政府的专项拨款和其他项目。

7. 澳大利亚货币发行

包括发行的纸币和硬币。澳大利亚货币发行代表发行人对持有人的债务。

8. 税收负债

指递延税款的贷方，即公共公司应付未付税款所形成的负债。

9. 其他应付

包括非劳动收入、应计费用和其他项目。

---

① 《合并后的联邦政府财务报表（2012—2013 财年）》Note37。

10. 其他备付

包括专项拨款的备付，为偿付福利和索赔的备付，退税的备付，返还、停止运营和补偿的备付以及其他项目。

（五）与统计局报表的区别

直观地看，财政部报表的资产负债项目较多，分类较细。如财政部报表中的非金融资产和负债项目分别较统计局报表多9项和8项。此外，财政部报表中的部分资产负债项目似乎未在统计局报表中核算，如非金融资产中的存货、培育资产、无形资产，以及负债中的应付供应商、应付补贴、应付的专项拨款等。

表5－5罗列并比较了财政部报表的资产负债分类与统计局分类的异同。

表5－5　　财政部和统计局报表对资产负债的分类比较

财政部报表的分类	统计局报表的分类
一、资产	一、资产
（一）金融资产	（一）金融资产
1. 现金和存款	1. 现金和存款
2. 发放的借款	2. 发放的借款
3. 其他应收和应计收入	—
4. 投资、贷款和债券销售	3. 投资、贷款和债券销售
—	4. 其他非股权资产
5. 股权投资	5. 股权
（二）非金融资产	
—	1. 土地和固定资产
1. 土地	（1）土地
2. 建筑物 3. 工厂、设备和基础设施	（2）建筑物和基础设施 （3）机器设备
—	（4）其他固定资产
4. 培育资产	①培育资产
5. 无形资产	②无形固定资产
—	2. 其他非金融资产
6. 存货	（1）存货
—	（2）贵重品
—	（3）其他非生产性资产
7. 生物资产	—
8. 投资性房产	—

续表

<table>
<tr><th>财政部报表的分类</th><th>统计局报表的分类</th></tr>
<tr><td>9. 持有代售资产</td><td>—</td></tr>
<tr><td>10. 税收资产</td><td>—</td></tr>
<tr><td>11. 其他非金融资产</td><td>—</td></tr>
<tr><td>二、负债</td><td>二、负债</td></tr>
<tr><td>1. 澳大利亚货币发行</td><td>1. 货币发行</td></tr>
<tr><td>2. 持有的存款</td><td>2. 持有的存款</td></tr>
<tr><td>3. 政府债券（主要包括国债、国债指数债券和国库券）
4. 贷款
5. 其他借款</td><td>3. 借款
4. 已收到的贷款</td></tr>
<tr><td>6. 其他计息负债（主要包括 IMF 的特别提款权负债和有价证券的回购协议）</td><td>—</td></tr>
<tr><td rowspan="2">7. 养老金负债
8. 其他雇员福利负债
9. 应付供应商
10. 应付的个人福利
11. 应付补贴
12. 应付的专项拨款
13. 税收负债
14. 其他应付</td><td>5. 无经费的养老金负债及其他员工福利</td></tr>
<tr><td>6. 其他非股权负债
（1）短期和长期的贸易债务
（2）应付账款和应付本息
（3）收到的预付款</td></tr>
<tr><td>15. 其他备付</td><td>7. 其他备付</td></tr>
</table>

资料来源：根据澳大利亚财政部《合并后的政府财政报告（2012—2013 财年）》和统计局《政府财政统计报告（2012—2013 财年）》的表式整理。

进一步比较可以发现，如果将统计局报表中各资产负债项所包含的细分项目展开来进行比较，则两者的差异并无直观感觉的大。如表 5 – 5 所示，财政部报表中的建筑物，工厂、设备和基础设施，培育资产，无形资产等，都包含在统计局报表中的土地和固定资产项下；财政部报表中的政府债券（主要包括国债、国债指数债券和国库券）和其他计息负债（主要包括 IMF 的特别提款权负债和有价证券的回购）的内容，包含在统计局报表的“借款”项中；财政部报表中的应付供应商、应付的个人福利、应付补贴、应付的专项拨款、其他应付等项，包含在统计局报表中的“其他非股权负债”项中。

换言之，两套报表资产负债核算的范围（即涵盖的资产、负债细分项目）

基本一致。之所以造成直观感觉上的显著差异，大多是因统计局核算但未单列发布某些资产负债细项，如建筑物、机器设备、存货、无形资产等非金融资产，以及各类细分的应付项目、政府债券等负债；而财政部报表提供了更详细的细分项目数据而使统计局项目分类显得“少而粗放”。

这一解释亦可从数值的比较上得到验证。考察表5-2和表5-3可知，联邦政府广义政府部门的资产余额分别为3714.6亿澳元（统计局）和3557.6亿澳元（财政部），财政部核算的资产余额较统计局少4.2%；两者负债余额分别为5707.4亿澳元（统计局）和5631.6亿澳元（财政部），财政部核算的负债余额较统计局数字少1.3%。再从公共部门总体情况看，根据上述两表，联邦政府总公共部门的资产余额分别为4713.1亿澳元（统计局）和4308.8亿澳元（财政部），财政部核算的资产余额较统计局少8.6%；负债余额分别为6706亿澳元（统计局）和6413.6亿澳元（财政部），财政部核算的负债余额较统计局数字少4.4%。总体看，两套报表数据值的差异基本在5%以内，再考虑到财政部报表不包含国立大学使其数值偏小的因素，可以认为两套报表的数值几无差异。这从实证角度佐证了两者资产负债核算范围基本一致的判断。

三、资产负债的计价

资产负债的计价包括记录时间、定值、量变化的核算等要素。澳大利亚财政部按AASB1049标准来编制政府资产负债表，其资产负债项目的计价方法与相关会计准则一致。统计局报表的数据主要来自会计账户，其计价与会计准则亦不相悖。

（一）记录时间

不论是统计局还是财政部的报表，其资产负债项目都是基于权责发生制来确定记录时间。

AGFS 2005还给出了实践中运用权责发生制的更具体指引，涵盖税收和其他强制性转移、拨款和其他自愿转移、股利和源于准公司的提款、商品和非金融资产的交易、连续发生的服务交易、多数金融资产、多数应付和应收款等具体项目的记录时间[①]。

总体看，澳大利亚统计局依据权责发生制所确定的记录时间与会计准则中的时间基本一致。对于个别特殊实例，当统计局认为某一原始数据的记录时间

① 《澳大利亚政府财政统计体系：概念、来源和方法（2005年版）》第2章第78-87条。

与相关要求不一致时，相应交易将被其重新调查以便更密切地反映 AGFS 的要求①。

（二）定值

澳大利亚财政部的报表根据会计准则要求对资产负债项目进行定值。《合并的联邦政府财政报告》的解释文件中给出了主要资产、负债项目的具体定值方法②。

澳大利亚统计局根据 AGFS 2005 标准，要求政府财政统计中的所有流量和存量都要以市场价格（Current Prices）计值。即流量应当以其记录时的市场价格计值；存量应以编制资产负债表时的市场价格计值③。同时，AGFS 还给出了当原始数据非市场计价时如何对其市场价值进行估算的指引。

但在实际操作中，市场价格不可能普遍一致地运用在澳大利亚统计局编制的政府资产负债表的所有账户数据上。一个最主要的原因是，政府行为的特性决定了作为 AGFS 数据源的政府会计账户并非普遍一致地使用市场价格来定值。

从交易的角度看，对于货币交易，流量可以以交易时双方认可的交易价格计值；但对于公共部门间的实物交易，其计值就只能参考类似的物品或服务，而难以用市场价格计值。从存量计值的角度看，市价计值只对于金融市场公开交易的金融资产才最可能实现；而对于缺乏定价市场的公共部门资产而言，则完全无法实现。在这两个极端之间，多数存量的计值就存在一种混合的计值方式，而无法实现一致的市价计值。尽管会计准则要求定期进行重估值，但重估值难以足够频繁来保证每次编制报表时都是以市场价格计值。因此，作为 AGFS 数据源的政府部门会计账户，将主要按成本计价的会计原则对流量或存量进行原始记录，而不会特意将其转换为市值。

尽管澳大利亚统计局在采集数据时努力进行了市价的调整，并也无法确保每一流量和存量的数据都按要求用市场价格进行计值。实践中，对相关项目进行市价的估值，多延迟至对相应资产和负债的重估值时才进行④。

（三）资产负债量变化的核算

在每个会计期间，存量和流量报表都记录了以上每一项资产和负债在交易、

① 《澳大利亚政府财政统计体系：概念、来源和方法（2005 年版）》第 2 章第 87 条。

② 《合并后的联邦政府财务报表（2012—2013 财年）》Note 1. 14 - 21。

③ 《澳大利亚政府财政统计体系：概念、来源和方法（2005 年版）》第 2 章第 88 条。

④ 《澳大利亚政府财政统计体系：概念、来源和方法（2005 年版）》第 2 章第 89 - 91 条。

重估值和其他物量变化时的价值变化①（见表7－6）。

1. 金融资产

对于金融资产，其交易表示金融资产的获得减去同类资产的减少。金融资产的重估值更经常发生，特别是对那些诸如股票、债券等在金融市场交易或易受汇率影响的金融资产。金融资产的其他物量变化主要指贷款坏账的注销，但不包括那些由借贷双方直接协议取消的债务（它作为双方间的资金转移处理）。

2. 非金融资产

对于非金融资产，其交易记录在政府收支运营表中的“非金融资产净获得”项下。非金融资产的重估值反映了会计期间内其市场价格的变动。实践中，非金融资产的重估值只发生在其被售出时。当非金融资产销售时，销售所带来的利润或损失作为重估值来记录，而只有资产账户价值记录为交易价值。非金融资产的其他物量变化包括矿产发现、未记录等因素带来的存量增加，以及自然灾害、退化或开采导致的资产破坏或枯竭带来的存量减少。

3. 负债

对于负债，其交易反映新债务的签约和以往债务的偿付。前者包括从其他政府单位接收存款和收到预付款，从金融市场融资，发行债券、票据等有价证券。负债的重估值通常发生在金融市场交易及易受汇率影响的金融工具如证券上。除交易和重估值以外的负债量的变化极为少见。而且，如果是借贷双方协议取消债务，应该作为借贷双方的资金转移处理而非负债的其他物量变化。

表5－6　澳大利亚政府资产负债表流量与存量核算框架

期初存量	流量变化				期末存量
	交易	其他流量变化		价值的总变化	
		重估价值	资产总量的其他变化		
非金融资产期初存量	持有的非金融资产净值	非金融资产价值重估	非金融资产总量的其他变化	非金融资产总变化	非金融资产期末存量
金融资产期初存量	金融资产的交易变动	金融资产价值重估	金融资产总量的其他变化	金融资产总变化	金融资产期末存量
负债期初存量	负债的交易变动	负债价值重估	负债总量的其他变化	负债总变化	负债期末存量

① 《澳大利亚政府财政统计体系：概念、来源和方法（2005年版）》第2章第185条、第187条、第189条。

续表

期初存量	流量变化				期末存量
	交易	其他流量变化		价值的总变化	
		重估价值	资产总量的其他变化		
股本与投入资本期初存量	资本投入净值	股本与投入资本价值重估	股本与投入资本总量的其他变化	股本与投入资本的总变化	股本与投入资本期末存量
期初净资产 = 期初总资产 - 总负债及股份与投入资本	因交易产生的净资产变化 = 政府财务统计运行净值	因价值重估产生的净资产变化	因资产总量的其他变化产生的净资产变化	净资产的总变化	期末净资产 = 期末总资产 - 总负债及股份与投入资本

资料来源：根据《澳大利亚政府财政统计体系：概念、来源和方法（2005 年版）》第 2 章第 26 条表 2.1 整理。

第四节　澳大利亚政府资产负债表的编制

一、数据的来源和采集

如前所述，澳大利亚政府资产负债表的数据来源于澳大利亚会计系统，这一系统维持着澳大利亚所有公共部门单位财政账户的运营，澳大利亚统计局根据一定的规则来采集这些原始数据。

（一）数据来源

早期，澳大利亚统计局主要从公开发布的财政账户信息中采集相关数据。这一情况自 1991 年 5 月澳大利亚总理办公会后有了改变。此次会议要求澳大利亚所有的管辖权政府都要在自身预算文本中包含一份基于 AGFS 标准的统一的数据报告。之后，联邦政府以及各州和领地的财政部门都在澳大利亚统计局的指导和帮助下，编制自己的非金融公共部门统计报表；并在后来扩展到包括公共金融公司的整个公共部门。至此，各管辖权政府已能够基于 AGFS 的标准定期提供公共部门的财务信息，这些信息构成了澳大利亚政府资产负债表最直接、最主要的数据来源。

目前，联邦及州和领地政府的数据主要来源于：（1）州和联邦财政部门的公共账户与预算管理系统；（2）机构和部门的年度报告；（3）预算文本；

（4）审计报告。地方政府的数据主要来源于地方当局完成的年度账户报表①。

（二）采集方式

如前所述，澳大利亚政府资产负债表的数据主要来源于各管辖权政府依据AGFS标准编制并发布的财务数据。这些源数据大都保存于一个集中式的计算机数据系统（澳大利亚公共账户系统）中。澳大利亚统计局等用户可依据权限在此电子系统中提取、使用相关数据，这种采集方式称为电子采集。其他未保存在该系统的数据需要澳大利亚统计局向相应的单位索取，称为个别采集，个别采集的方式主要有表格（电子或纸制的调查表、调查问卷）和分析其财务报表。

从目前看，澳大利亚政府资产负债表的绝大多数数据已实现电子采集。仅有地方政府层级中金融非公共公司的数据等需要进行个别采集。具体的各类数据采集方式详见表5－7。

表5－7　AGFS年度报告中数据来源与采集方法

政府层级	机构部门	数据来源		采集方法		
		集中式数据系统	个别采集	电子采集	表格	分析报表
联邦政府	广义政府	是	—	是	—	—
	非金融公共部门	是	—	是	—	—
	金融公共公司	是	—	是	—	—
州和领地政府	广义政府	全部	—	全部	—	—
	非金融公共部门	全部	—	全部	—	—
	金融公共公司	全部	—	全部	—	—
地方政府	广义政府	全部	—	全部	—	全部
	非金融公共部门	—	全部	—	—	全部

资料来源：根据《澳大利亚财政统计体系：概念、来源和方法（2005年版）》表3.1整理。

二、数据的整理

完成数据采集后，需要对数据进行整理，主要包括推算、轧差、合并等过程。

（一）推算

推算是指对个别单位存量或流量的记录值进行算术运算，以获得其估算值

① 《澳大利亚政府财政统计报告》的解释文件第31条、第32条。

的过程。它包括汇总与平衡运算两种方法。

汇总就是将某一部门或次部门中所有机构单位的存量进行加总，或某一类别的所有资产或负债进行加总。如核算澳大利亚广义政府的资产负债时，应将构成广义政府的所有单位的资产和负债数字进行加总。

平衡运算是通过计算不同总数间的差异来获得经济性结构的方法，如收入总数减去支出总数来求得净收支平衡。

（二）轧差

轧差又称取净额，它与上述汇总相对应，取决于某一类别的流量和存量是按总额还是按净额表示。轧差就是一组流量（或存量）之和减去另一组流量（或存量）之和。AGFS 要求，在编制政府资产负债表时，按下列原则决定对某一类别的流量或存量是否进行以及如何进行轧差处理①：

1. 以总额表示的收入和支出类别

以总额表示的收入类别，不剔除同一类别或有关的支出；支出类别也同样处理。如利息收入和利息支出都按总额表示，而不仅仅是净利息支出或净利息收入。接受拨款或支付缴款、租金收入和租金支出都以总额表示。此外，商品和服务的销售也以总额表示。

2. 以净额表示的收入和支出类别

以净额表示的收入类别，剔除对有关收入的退款；按净额表示的支出类别，剔除因错误或未经授权的交易而出现的同一支出的流入。例如，当预扣的税款或以其他方式在最终确定前缴纳的税款超过了实际应交税款时，可支付退税，这种退税应作为负税收收入记录。相似地，如果错误支出的货币得到了回收，那么回收就应记为负的支出。

3. 除存货以外的其他非金融资产的获得或处置

应以总额表示，如土地的获得和处置分别按总额表示。

4. 存货量的变化

每一类存货量的变化以净值表述，即按增加额减去提用额的净额表示。

5. 金融资产的获得与处置

每一类金融资产的获得与处置也以净额表述。如“持有的现金”只反映现金持有额的净变化，而不是现金收入和支付的总额。

---

① 《澳大利亚政府财政统计体系：概念、来源和方法（2005 年版）》第 2 章第 96 条。

6. 负债变化

负债的增加按剔除了偿还额的净额表示。

7. 重估值

重估值以净额表示。也就是说，表示为每一资产和负债的净持有收益，而不是总持有收益和总持有损失。

8. 非金融资产存量

从获得非金融资产开始，其存量就以剔除折旧、重估、枯竭和其他变化后的净额表示。

9. 金融资产和负债的存量

从获得金融资产和负债开始，其存量就以剔除重估和其他变化后的净额表示。

10. 同一类型的金融工具的存量

既作为金融资产又作为金融负债持有的同一类型的金融工具的存量以总额表示。如一个单位持有的债券资产与其债券负债分别按总额表示。

（三）合并

合并是指冲销属于一个核算范围内的机构单位之间的存量或流量。比如在核算澳大利亚广义政府资产和负债时，需要冲销狭义政府和非市场非营利组织之间的资产负债往来，以及各狭义政府单位之间的相关往来。合并通常在汇总或轧差后进行。

在AGFS中，许多涵盖了国家层级整体以及每个管辖权个体的不同组的单位数据都必须合并。如表5－8所示，每个带“＋”的单元都是一个需进行合并处理的单元；此外，国家层级的数据需要由联邦政府的数据和复合管辖权的数据合并得来；每层级政府、每个管辖权以及每个机构部门内部的不同单位之间，可能都需要进行数据的合并。

表5－8　　澳大利亚统计局报表数据的合并处理

	公共部门				
	广义政府（1）	公共非金融公司（2）	非金融公共部门（1）＋（2）	公共金融公司（3）	公共部门（1）＋（2）＋（3）
国家（A）					
州和领地（B）					
地方（C）					
所有层级（A＋B＋C）					

合并被认为是一种特殊类型的轧差，因此应该与上文所述的总额与净额记录分开，单独进行考虑。合并涉及抵销双方所有交易和债权债务关系。也就是说，同一集团内一个单位的交易或持有的存量与另一个单位记录的同一交易或持有的存量匹配，两项匹配的交易或持有的存量就从集团的合计数中冲销。

例如，在编制整个公共部门账户的过程中，如果一个广义政府单位拥有一个公共金融公司发行的债券，广义政府单位持有的债券资产的存量和公共金融公司相应的债券负债将从公共部门的债券资产和负债的合计数中冲销。类似地，相应债券的利息收入和利息支出也将从公共部门的相关合计数中冲销。

但是，对所有层级、机构部门和资产负债类别等进行充分合并是非常复杂的，且有着相当严苛的数据要求。因此，实践中常常限制合并处理的运用范围。当为消除少量的集团内交易或持有资产需耗费过多资源时，出于成本效益的考虑将不进行合并处理，而保留总额的记录数。

除了用于冲销集团内匹配的交易或债权债务外，合并也能用于估算所需数值。如当一个集团与集团外单位的交易及债权债务关系缺乏精确记录值时，合并能用来产生估算的合计数。

三、报表的编制流程

上文分析论述了机构范围与层次、资产负债范围与分类、资产负债的计价，以及数据的采集与整理。下文对整个报表编制的流程进行一个概要性梳理，其中可能重复上文已述的部分内容。

报表编制指对采集来的数据进行分类、编辑、合并等处理，将公共部门单位的会计数据转变为符合 AGFS 标准的经济统计数据，最终编制统计报表的过程。澳大利亚政府资产负债表的编制主要包括单位分类、流量和存量分类、输入编辑、数据汇总推导和合并、输出编辑五个过程。报表编制的基本流程详见图 5－1。

（一）对各部门单位进行分类

如前所述，AGFS 单位分类主要有政府层级（管辖权）和机构部门两个维度。对单位分类在其创建（如新设、分拆或合并时）且进入澳大利亚政府财政统计的范围时进行。一旦确定类别，则只在其主要职能发生重大变化时才重新对其进行分类。

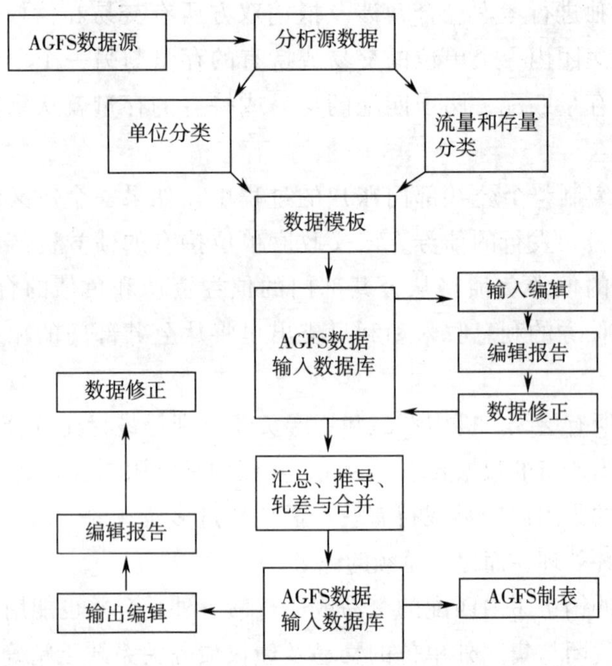

图 5-1　澳大利亚政府资产负债表编制流程图

单位分类主要是审视创建时的相关国会法案和单位的财务报表以及其他补充信息，明确该单位的职责范围和建立的法律背景，确认该单位是否纳入 AGFS 范围以及属于哪一类型的公共部门。

（二）对源数据进行流量和存量的分类

对流量、存量的分类主要包括审视其会计记录以及给每个项目分配合适的分类代码。每一项目可能有多个分类代码，分类代码将在数据合并及报表产出过程中使用。

就资产负债表的编制而言，除经济类型框架（ETF）分类和政府目的框架（GPC）分类外，主要涉及资产类型分类（TAC）和来源/目的分类（SDC）。前者即上文所述的金融资产与非金融资产的分类及其进一步的细分；后者主要是对每笔金融资产，确认该资产所匹配的金融债权由哪个机构部门和政府层级的单位持有。

与上述对单位的分类相似，对源数据流量和存量的分类也运用于新单位发生的流量和存量或已有单位新产生的流量和存量上。既有流量和存量的分类一旦确定，则只在数据描述改变，或价值显著改变，或怀疑其内容改变时才重新对其进行分类。

（三）输入编辑

编辑输入（Input Editing）是指对源数据进行单位编辑、部门内编辑及合并编辑（Aggregate Edits）后，将其输入系统。

1. 单位编辑

包括分类编辑、账户平衡分析和部分合计数编辑。

（1）分类编辑

即检查上述流量、存量的GFS分类代码是否有效，包括合法性编辑、代码组合编辑、代码存在编辑、代码层次编辑等。

（2）账户平衡编辑

即依据会计学上的借贷平衡原理，检查数据项目的值是否已正确输入、是否重复输入、是否输入到与原始记录账户对应的正确账户上。

（3）部分合计数编辑

与账户平衡编辑一起，检查单位内是否出现会计平衡错误。

2. 部门内编辑

即运用来源/目的分类码来识别流量（或存量）之间的不平衡错误。对于资产负债表项目来说，SDC将识别资产持有部门和对应债务的负担部门。对流量（或存量）不平衡的识别和调整对于形成合理的合并结果来说是必需的，尽管不是所有的不平衡都能在AGFS的框架下解决。

3. 合并编辑

在单位编辑和部门内编辑完成之后进行，主要是检查AGFS分类代码在合并过程中的变化特别是其中显著或不寻常的变化，以确保分类代码连续且一致。

（四）数据的汇总、推导和合并

完成输入编辑后，将对数据进行汇总、推导、轧差与合并等处理。在这一过程中，数据被逐步移动到根据最终数据要求的输出数据库中。

（五）输出编辑

在统计报表正式发布前，需要进行输出编辑（Output Editing）以确保将要输出的数据是正确的，且能够反映出政府政策改变产生的影响以及公共部门财政的发展趋势。输出编辑即检查以上过程的结果，判断数据是否正确合理。此外，在数据发布前，输出编辑还要检查并确保拟发布信息没有违反1905年《普查和统计法案》的保密要求。

第五节　对澳大利亚政府资产负债表的初步分析

一、对澳大利亚联邦政府的分析

通过对表5－10“澳大利亚财政部：2009—2014财年澳大利亚政府资产负债表（联邦政府层级，分机构部门）”进行分析，可以初步得到以下判断：

（一）联邦政府的净资产为负值（净负债）

2009财年至2014财年的5年间，联邦政府总资产和总负债均不断增加，但负债的增速较快。除2008—2009财年外，其他财年联邦政府的净资产（资产总额减去负债总额）均为负值，且总体呈不断扩大趋势（从2010财年的－1034.1亿澳元扩大到2014财年的－2643.1亿澳元），反映澳大利亚联邦政府为应对金融危机而采取了扩张的财政政策。

（二）联邦政府的资产结构以金融资产为主

资产以金融资产为主，占联邦政府总资产的60%以上。2014财年，联邦政府金融资产和非金融资产占总资产的比重分别为72%和28%。金融资产中又以“投资、贷款和债券”项比例最大，2014财年该项资产约占金融资产的65.2%。

（三）联邦政府负债以政府债券和养老金负债为主

在联邦政府的负债中，计息负债与备付和应付负债大致持平，占比差距不大。在计息负债中，以政府债券占比最高，2014财年达87.2%；备付和应付负债中，养老金负债占比最大，2014财年约占该项负债的62.3%。

（四）广义政府部门是联邦政府的主体

这反映在无论是资产还是负债，广义政府部门所占比重都最大。2014财年，联邦层级的广义政府资产分别是相应公共非金融公司与公共金融公司的17倍和2.6倍；负债分别是这两者的61倍和5倍。

（五）联邦政府各部门资产负债增速不一

从资产变化看，2009财年至2014财年，联邦政府的公共非金融公司资产增长最快，增幅为134%；而广义政府部门资产增长最慢，为24.3%。从负债变化看，增长最快的仍为公共非金融公司，增幅为174%，公共金融公司的负债增长最慢，增幅为61.4%。

二、对澳大利亚所有层级政府的分析

通过对表5－9“澳大利亚统计局：2008—2013财年澳大利亚政府资产负债表（所有政府层级，分机构部门）”的分析，可以得到以下初步判断：

（一）各机构部门均持有净资产

澳大利亚公共部门和各机构部门（所有层级政府的合计数）的净资产均为正值。尽管近两年净资产额比此前有所收缩，但2013财年澳大利亚所有层级政府公共部门的总净资产仍达8369亿澳元。

（二）资产以非金融资产为主

非金融资产占所有层级政府总资产的60%以上。2014财年，所有层级政府金融资产和非金融资产占总资产的比重分别为28.8%和71.2%。

（三）负债以借款和养老金及其他员工福利为主

2013财年，借款和养老金及其他员工福利负债分别占所有层级政府总负债的48.8%和31.9%。

（四）广义政府部门是澳大利亚整个公共部门的主体

这反映在不论是资产还是负债，广义政府部门的占比均最大。2013财年，广义政府资产分别是公共非金融公司和公共金融公司的3.9倍和3.8倍；负债分别是公共非金融公司和公共金融公司的5.9倍和2倍。

（五）各部门资产负债增幅不一

2008—2013财年，澳大利亚公共部门（所有层级政府）的资产存量逐年增加。资产从2007—2008财年的17191.3亿澳元增长到2012—2013财年的20686.9亿澳元，增长20.3%，其中公共金融公司的资产增长最快，累计增长34.8%；负债的增长较资产增长快，从2007—2008财年的7819.06亿澳元增长到2012—2013财年的12317.9亿澳元，增长57.5%，其中，广义部门的负债增长最快，累计增速达78.1%。

三、对不同层级政府的比较分析

通过对表5－9、表5－10的比较分析，我们可以得出如下判断。

（一）联邦政府资产少、负债多

2012—2013财年，澳大利亚联邦政府层级总资产为4308.8亿澳元；约占所有层级政府总资产的20.8%；负债总额6413.6亿澳元，约占所有层级政府负债总额的52%，呈现资产负债的不对称性。

表 5-9　　澳大利亚统计局：2008—2013 财

（所有政府层级

科目	广义政府部门					公共非金融公司					非金融	
	2008-2009	2009-2010	2010-2011	2011-2012	2012-2013	2008-2009	2009-2010	2010-2011	2011-2012	2012-2013	2008-2009	2009-2010
资产												
金融资产												
现金和存款	26686	25995	32044	30927	32432	7640	8533	9388	9292	8083	33759	33502
已支付的预付款	33538	30191	33103	36748	43977						30856	27352
投资、贷款和债券销售	159553	160961	167430	169936	185296	7645	9259	11911	8752	7048	166362	169337
其他非股权资产	69233	77633	78123	82248	92475	11252	11033	12515	13298	14658	72983	81253
股权	291872	308758	326588	317482	339527	1071	1134	3900	3926	2384	43464	43875
金融资产小计	580882	603537	637287	637342	693708	27608	29959	37715	35269	32173	347425	355320
非金融资产												
土地和固定资产	863764	937436	958031	1003984	1047055	337562	365551	386240	393262	407273	1201326	1302987
其他非金融资产	4151	5004	5863	6544	7116	2266	2504	2964	6717	8825	6383	7485
非金融资产小计	867915	942440	963895	1010529	1054171	339828	368055	389204	399979	416098	1207709	1310472
资产总计	1448797	1545977	1601182	1647871	1747879	367436	398014	426919	435248	448271	1555134	1665792
负债												
货币发行											3518	3291
持有的存款	6563	7011	7943	8573	8386	207	251	209	231	273	2685	2945
应收账款	0	0	0	0	0	3177	3293	3804	3903	3444	0	0
借贷	168699	239608	301843	386719	433259	83952	97003	103713	107504	115466	252310	336182
无经费的养老金负债及其他员工福利	267658	294811	303168	443660	379063	7491	7671	8091	11179	9452	275149	302482
其他备付	19616	21375	21221	23425	24650	3291	2922	3461	4161	4937	22907	24297
其他非股权负债	49035	52231	58152	59439	65624	19839	20858	21258	20488	20848	61337	65653
负债总计	511571	615036	692326	921816	910982	117958	131997	140537	147465	154420	617908	734851
股份和其他投入资本						249478	266017	286382	287783	293851	0	0
净值	937226	930941	908855	726055	836896	0	0	0	0	0	937226	930941

年澳大利亚政府资产负债表

分机构部门）

单位：百万澳元

公共部门					金融公共公司					公共部门		
2010－2011	2011－2012	2012－2013	2008－2009	2009－2010	2010－2011	2011－2012	2012－2013	2009－2010	2010－2011	2011－2012	2012－2013	2013－2014
40892	39366	39897	5511	7713	8647	9212	8185	29692	32158	40058	39947	40646
29718	33209	36545						36175	34468	36974	40337	43663
172187	173074	188686	325489	339972	355660	395789	438464	334329	333562	309737	323497	364074
82516	86839	96637	6352	4897	6907	7201	6199	78328	84046	87845	91580	101069
45801	35119	49663	3937	4291	5971	6009	6724	30713	39605	43874	42968	45452
371114	367606	411428	341289	356874	377184	418211	459572	509237	523839	518488	538329	594904
1344272	1397247	1454327	2100	2533	2907	3136	3488	1203426	1305520	1347179	1400383	1457815
8759	13229	15858	117	95	163	191	124	6468	7578	8916	13385	15975
1353031	1410476	1470185	2218	2627	3069	3327	3612	1209894	1313098	1356095	1413769	1473790
1724145	1778082	1881613	343506	359501	380254	421538	463184	1719131	1836936	1847582	1952097	2068694
3406	3509	3604	48087	48759	50059	53595	56943	51606	52050	53465	57104	60547
4207	4440	4436	46958	30965	28547	27268	35503	40066	24852	23273	23078	32504
0	0	0	3966	3613	2761	295	269	0	0	0	0	0
398821	488973	541079	195535	231829	253388	298353	316157	299608	402993	444116	549383	601547
311259	454839	388516	998	1097	3639	4090	4241	276147	303579	314898	458928	392757
24682	27586	29586	23644	26115	27789	32997	33136	46552	50412	52470	60582	62722
71220	71187	75892	7629	8562	7867	8273	7602	67927	72109	77504	76966	81720
813595	1050534	1043113	326818	350940	374051	424871	453853	781906	905995	965727	1226042	1231798
1695	1493	1603	16688	8561	6203	－3333	9332	0	0	0	0	0
908855	726055	836896	0	0	0	0	0	937226	930941	908855	726055	836896

表 5－10 **澳大利亚财政部：2009—2014 财**

（联邦政府层级，

科目	广义政府					公共非金融公司					公共金	
	2009－2010	2010－2011	2011－2012	2012－2013	2013－2014	2009－2010	2010－2011	2011－2012	2012－2013	2013－2014	2009－2010	2010－2011
资产												
金融资产												
现金和存款	1865	2477	2523	2113	3844	1022	1551	1331	891	1380	2325	1893
已支付的预付款	20117	21889	26817	29373	34040	13	14	16	14	8	1747	1481
其他应收和应计收入	37149	36626	38523	41626	42629	874	1068	1164	1334	1172	528	716
投资、贷款和债券销售	102910	98674	98492	111097	117611	232	357	706	1001	415	86397	76705
股权投资	51324	50356	50037	59033	75576	307	301	294	11	9	769	941
金融资产小计	213365	210022	216392	243242	273700	2448	3291	3511	3251	2984	91766	81736
非金融资产												
土地	8562	8688	8648	8917	9331	340	356	354	373	366	134	149
建筑物	21437	22448	23332	23500	24723	1504	1753	1862	1972	2374	263	247
工厂、设备和基础设施	47697	50555	52862	52898	54294	4064	5098	5954	8268	11613	165	176
无形资产	4032	4385	5501	5636	6137	300	582	868	1826	1921	223	363
投资财产	504	472	181	195	183	225	183	196	173	192	—	—
存货	6529	6874	7339	7926	8253	87	96	100	101	106	25	18
生物资产	119	104	37	33	36	—	—	—	—	—	—	—
培育资产	9367	9474	10433	10547	10825	—	—	—	—	—	—	—
持有代售资产	151	154	90	110	95	52	61	55	103	48	—	54
税收资产		—	—	—	—	491	795	814	904	913	44	47
其他非金融资产	2832	2272	2725	2755	3395	287	516	896	1521	2410	52	57
非金融资产小计	101230	105426	111148	112517	117272	7350	9440	11099	15241	19943	906	1111
资产合计	314595	315448	327540	355759	390972	9798	12731	14610	18492	22927	92672	82847
负债												
计息负债												
透支			—					60				
持有的存款	232	208	192	182	211	—	—	—	—	—	20882	17504

年澳大利亚政府资产负债表

分机构部门）　　　　　　　　　　　　　　　　　　　　单位：百万澳元

融公司			抵销与轧差					整个政府（公共部门）				
2011－2012	2012－2013	2013－2014	2009－2010	2010－2011	2011－2012	2012－2013	2013－2014	2009－2010	2010－2011	2011－2012	2012－2013	2013－2014
903	1095	1030	298	－381	－677	－37	－1740	5510	5540	4080	4062	4514
1610	1759	1851	－922	－1011	－1021	－1071	－1065	20955	22373	27422	30075	34834
861	557	573	－874	－153	－1143	－783	－1441	37677	38257	39405	42734	42933
84085	101037	143954	－16151	－12948	－16120	－21835	－32204	173388	162788	167163	191300	229776
708	740	638	－21641	－18725	－20900	－24879	－35746	30759	32873	30139	34905	40477
88167	105188	148046	－39290	－33218	－39861	－48065	－72196	268289	261831	268209	303076	352534
153	149	149	—	－1	—	1		9036	9192	9155	9440	9846
250	270	284	—	1	1	—	—	23204	24449	25445	25742	27381
171	209	275	—	—	—	—	1	51926	55829	58987	61375	66183
367	360	263	—	－1	—	—	—	4555	5329	6736	7822	8321
—	—	—	—	—	—	—	—	729	655	377	368	375
21	9	11	—	－1	—	2	1	6641	6987	7460	8038	8371
—	—	—	—	—	—	—	—	119	104	37	33	36
—	—	—	—	—	—	—	—	9367	9474	10433	10547	10825
54	—	—	—	—	－1	—	—	203	269	198	213	143
74	13	12	－535	－842	－888	－917	－925	—	—	—	—	—
51	68	91	—	－75	－115	－120	－115	3171	2770	3557	4224	5781
1141	1078	1085	－535	－919	－1003	－1034	－1038	108951	115058	122385	127802	137262
89308	106266	149131	－39825	－34137	－40864	－49639	－73234	377240	376889	390594	430878	489796
										60		
18000	26183	53574	－15002	－12810	－15179	－20241	－29197	6112	4902	3013	6124	24588

续表

科目	广义政府					公共非金融公司					公共金	
	2009－2010	2010－2011	2011－2012	2012－2013	2013－2014	2009－2010	2010－2011	2011－2012	2012－2013	2013－2014	2009－2010	2010－2011
政府债券	157353	201755	269770	285748	351282	—	—	—	—	—	—	—
贷款	5683	4714	4053	4074	4708	923	1382	1840	2509	2510	2268	2466
其他借贷	770	756	848	1024	1529	1	1	238	1338	3461	—	—
其他计息负债	7569	5080	5220	9616	5674	5	4	4	3	14	4698	2345
计息负债小计	171607	212513	280083	300644	363404	929	1387	2142	3850	5985	27848	22315
备付和应付												
养老金负债	141061	145113	235385	193313	221747	136	88	455	59	4	—	—
其他雇员福利负债	10672	11563	14934	14796	15930	1221	1174	1210	1239	1349	931	1066
应付供应商	5772	6030	5426	6447	4882	532	690	816	1005	1036	253	313
应付的个人福利	7077	6461	5386	5699	5607	—	—	—	—	—	—	—
应付补贴	1792	1823	2392	3580	4482	—	—	—	—	—	—	—
应付拨款	2468	3346	3012	3355	3355	—	—	—	—	—	—	—
澳大利亚货币发行		—	—	—	—	—	—	—	—	—	48759	50059
税收负债		—	—	—	—	226	521	392	555	560	94	142
其他应付	5382	4782	3972	3104	3476	536	588	714	999	1307	1323	612
其他备付	19886	24127	29707	32333	29181	297	352	336	414	393	415	388
备付和应付小计	194110	203245	300214	262516	288660	2948	3413	3923	4271	4649	51775	52580
负债合计	365717	415758	580297	563160	652064	3877	4800	6065	8121	10634	79623	74895
净值												
累积结果	－99035	－140795	－292940	－249354	－316139	1908	1865	773	－69	－1530	1828	1726
储备	47913	40485	40183	41953	55047	1375	1820	1647	1702	1852	11075	6080
股权出资	—	—	—	—	—	2638	4246	6125	8738	11971	146	146
少数股东权益	—	—	—	—	—	—	—	—	—	—	—	—
净值合计	－51122	－100310	－252757	－207401	－261092	5921	7931	8545	10371	12293	13049	7952

融公司					抵销与轧差					整个政府（公共部门）		
2011－2012	2012－2013	2013－2014	2009－2010	2010－2011	2011－2012	2012－2013	2013－2014	2009－2010	2010－2011	2011－2012	2012－2013	2013－2014
—	—	—	－788	－457	－1577	－1588	－4666	156565	201298	268193	284160	346616
2672	2268	2285	－818	－961	－950	－1020	－1039	8056	7601	7615	7831	8464
—	—	—	—	—	3	－1	—	771	757	1089	2361	4990
2493	5329	7247	—	—	—	—	－1	12272	7429	7717	14948	12934
23165	33780	63106	－16608	－14228	－17703	－22850	－34903	183776	221987	287687	315424	397592
—	321	197	—	—	—	1	—	141197	145201	235840	193694	221948
1160	1311	1441	—	—	—	4	—	12824	13803	17304	17350	18720
306	362	407	－96	－135	－184	－228	－179	6461	6898	6364	7586	6146
—	—	—	—	—	—	—	—	7077	6461	5386	5699	5607
—	—	—	—	—	—	—	—	1792	1823	2392	3580	4482
—	—	—	—	—	—	—	—	2468	3346	3012	3355	3355
53595	56943	60778	—	—	—	—	—	48759	50059	53595	56943	60778
32	1	28	－320	－663	－424	－556	－588	—	—	—	—	—
1874	1250	2046	－1036	－129	－1113	－705	－1397	6205	5853	5447	4648	5432
385	446	477	1	—	－1	—	－1	20599	24867	30427	33082	30050
57352	60634	65374	－1451	－927	－1722	－1484	－2165	247382	258311	359767	325937	356518
80517	94414	128480	－18059	－15155	19425	－24334	－37068	431158	480298	647454	641361	754110
1452	1163	1370	－5948	－9433	－11070	－11018	－3665	－101247	－146637	－301785	－259278	－319964
7208	10558	19150	－13034	－5157	－4113	－5418	－20399	47329	43228	44925	48795	55650
131	131	131	－2784	－4392	－6256	－8869	－12102	—	—	—	—	—
—	—	—	—	—	—	—	—	—	—	—	—	—
8791	11852	20651	－21766	－18982	－21439	－25305	－36166	53918	－103409	－256860	－210483	－264314

（二）澳大利亚地方政府拥有更雄厚的财富

这表现在，从净资产看，联邦政府层级的净资产为负值（净负债），而所有层级政府的净资产为正值。可以推断，澳大利亚地方政府（州和地方政府）持有较雄厚的净资产财富。

参考文献

[1] 杜金富：《政府财政统计学》，北京，中国金融出版社，2008。

[2] 杜金富：《货币与金融统计学》，北京，中国金融出版社，2013。

[3] 国际货币基金组织：《2001 年政府财政统计手册》，2001。

[4] Australian Bureau of Statistics：Australian National Accounts，National Balance Sheet，2000（No. 5241. 0. 40. 001）.

[5] Australian Bureau of Statistics：Australian System of National Accounts（No. 5204. 0）.

[6] Australian Bureau of Statistics，Australian System of National Account：Concepts，Sources and Methods，Australia 2013（No. 5216. 0）.

[7] Australian Bureau of Statistics，Australian System of Government Finance Statistics：Concepts，Sources and Methods 2005（No. 5514）.

[8] Australian Bureau of Statistics，Australian System of National Accounts ：Financial Accounts（No. 5232. 0）.

[9] UN，System of National Accounts 2008，2008.

[10] Wilson Au – Yeung，Jason McDonald，Amanda Sayegh，Australia Government Balance Sheet Management，NBER Working Paper，2006.

第六章　日本政府资产负债表的编制

为了更好地制定宏观经济政策，评估财政风险，履行国家财务状况的披露责任，日本政府分别由财务省和内阁府编制了两份资产负债表。日本财务省负责编制中央政府的月度和年度决算会计数据及政府资产债务数据，地方政府则分别编制本地的资产负债表；内阁府经济社会综合研究所负责编制包含中央政府、地方政府及非市场非营利机构的广义政府资产负债表，并作为日本国民经济账户中一个部门的数据对外公布。总体来看，日本政府资产负债表的编制年限较短，相关制度正在逐渐成熟完善中。

第一节　日本政府资产负债表编制的基本情况

一、日本政府资产负债表编制的基本发展过程

（一）日本财务省资产负债表编制的基本发展过程

1. 1999 年日本政府决定编制资产负债表

经济泡沫破灭后，日本政府财政状况恶化，社会公众日益要求政府披露资产负债状况。1999 年（平成 11 年）2 月，日本首相直属的咨询机关经济战略会议出台《日本经济再生战略》，并提出“为了便于国民理解政府资产负债的情况，应当公布基于企业会计原则的政府财务报表”的建议。

2. 从 2000 年起日本开始编制中央政府总体的资产负债表

日本政府资产负债表的编制采取了先总体后局部的方法。总体上，2000 年（平成 12 年）10 月，日本在参考发达国家的政府资产负债表编制经验的基础上①，将中央政府作为一个整体，公布了基于 1998 年决算信息②的《日本政府资

① 20 世纪 90 年代，英美等发达国家为了实施财政机构改革，在政府部门尽可能地引进了民间企业的经营理念及经营手法，着手于资产负债表的制作和财政状况报告的改善等。

② 日本政府平成 10 年度（1998 年）的决算表中，公布了将一般会计以及特别会计合并的全国性质的财务信息。从平成 12 年度（2000 年）决算开始，一并公示了含特殊法人等的合并财务报表。

产负债表（试行方案）》。报表公布后，社会公众对政府会计的关注度明显提高，对政府资产负债表所具有的社会监督和政务公开功能的期待也有所增加。基于此，2004 年 6 月，日本政府又发布了 2002 年（平成 14 年）决算的情况，除了以前单纯合并有关政府资产负债的各类财务信息外，进一步采用折旧和准备金计提等企业会计的计算方法，对原来没有作为报告对象的公共财产等信息进行了估算。

3. 从 2003 年起日本开始编制中央政府所辖省厅的资产负债表

为提高各省厅财政收支活动的行政效率和透明度，2003 年 6 月，日本政府开始制作各省厅的流量及存量财务报告。日本政府于 2004 年 6 月推出了《各省厅财务报告的制作基准》，作为各省厅财务报告的基本会计准则。准则要求日本政府编制并公示自 2002 年（平成 14 年）决算以来各省厅流量及存量的《各省厅财务报告》。据此，日本财务省主计局开始制作并公布基于各省厅财务数据的流量和存量国家财务报告。

4. 2011 年财务报告自动生成系统引入将政府报表公布的时间大大提前

2011 年，日本政府采用了财务报表自动生成系统，公布《日本政府资产负债表》（一般会计与特别会计合计）的时间由原来下下个年度的 5 月，提前至下个年度的 1 月。经过十多年的实践探索，日本形成了体系完整、科学规范、流程严谨的政府资产负债表编制体系。

（二）日本统计部门资产负债表编制的基本发展过程

日本统计部门资产负债表的编制时间要早于日本财政部门，1925 年即开始尝试编制包含政府资产负债的国民经济账户。1942 年日本首相办公室下属的统计局正式开展此项统计工作；之后因第二次世界大战而搁置。1953 年，战后内阁会议以《1951 年国民收入报告》的形式对外发布了国民经济账户。在 1978 年采用 1968 年版 SNA 国际准则后，即开始系统性编制国民经济账户，主要由日本总务省统计局统计研修所专职负责日本统计工作，从整个国家角度负责账户的编制。2000 年日本政府采用了 1993 年版 SNA，根据新版本对国民经济账户进行了相应修改和改进。2001 年 1 月日本政府新创立的内阁府经济社会综合研究所开始专门负责编制及发布年度国民经济账户及其包含的国家资产负债表部分。

二、日本政府资产负债表编制的现状

日本政府资产负债表是在一般会计、特别会计对象数据基础上单独进行合并整理生成的，自 2003 年起，各省厅财务数据的国家财务报告由日本财务省主计局制作并公布，并在此基础上编制包含符合一定规则的非市场非营利机构和公共公司的合并财务报表，以及为进一步编制涵盖地方政府的合并财务报表做准备。

日本财务省编制的政府资产负债表只针对中央政府，不包括地方政府层级，因此也就没有像统计部门报表那样的政府层级划分。因此，从涵盖的政府层级来看，统计部门的核算更为全面，涵盖了国家和地方所有层级政府，并提供了合计数；而财务省的报表只提供了中央政府层级的资产负债数，并未与其他层级政府的报表进行合并。

（一）财务部门财务报告中的政府资产负债表

1. 日本财务省编制的日本政府资产负债表体系

日本财务省的资产负债表以资产负债流动性为主线，以资产总额、负债总额、资产负债差额为主要指标，反映了日本政府的资产、负债以及净头寸，表明了其债务偿还能力、举债筹资能力等。

在编制范围和层次上，主要分为三个层次：第一层为国家财务报表；而国家财务报表则是由省厅别财务报表合并计算得到的，各省厅财务报表为第二层；在省厅财务报表下，又分成省厅一般会计和特别会计财务报表，这构成了第三层（见图6－1）。

除以上三个层次外，根据是否合并省厅财务报表与合并对象法人（公共公司和独立行政法人等）财务报表，又可分为国家财务报表和合并财务报表。国家财务报表主要反映国家行政机关的资产负债情况，不包含地方政府，仅局限于中央政府及其所辖省厅（完整数据见表6－15）。合并财务报表是在国家财务报表的基础上，合并从事行政关联事务的公共公司和独立行政法人等合并对象法人资产负债表编制而成，全面反映国家的财政活动状况，因此从资产负债规模上看，合并财务报表的数据大于国家财务报表的数据。合并财务报表包含独立行政法人和国有企业（完整数据见表6－16）。

因为有国家投资和补贴，并且政府对人员任命和管理存在影响，一些非市场非营利机构和公共公司的财务状况作为合并对象反映在合并财务报表中，从2000年开始，日本财务省根据公司会计准则中合并财务报表要求，汇总入符合要求的公共公司编制合并的财务报表。2001年开始在2000年合并财务报表基础上进一步增加独立行政法人机构（多数为非市场非营利机构）。但是由于目前合并财务报表允许采用不同的会计方法和结算日期，合并规则也会根据合并对象法人的改革进度而不断进行调整，合并财务报表的编制仍有待完善，因此合并

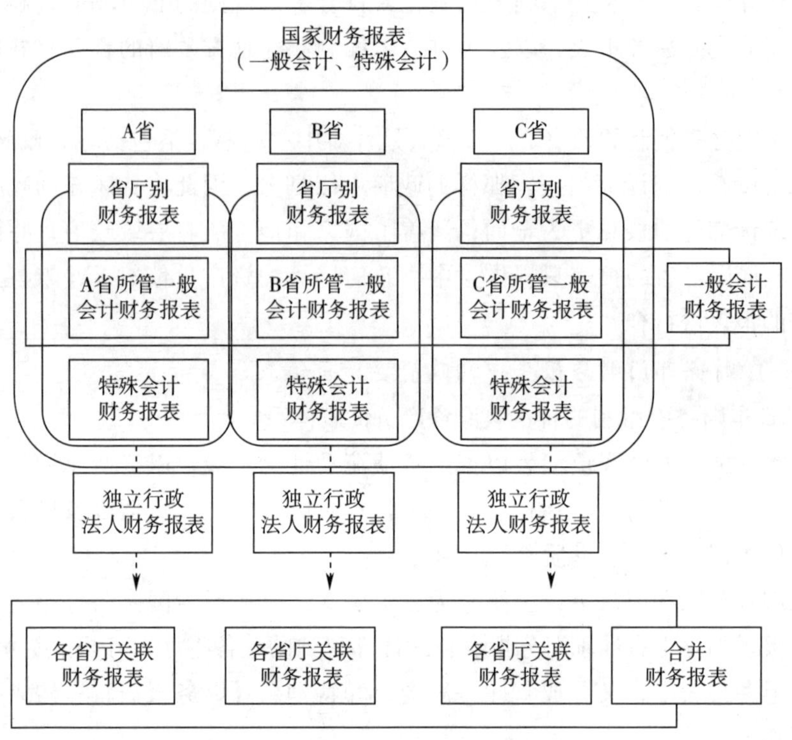

图6－1　日本政府资产负债表编制层次

财务报表仅作为参考报表对外公布。

根据2013财年日本政府合并财务报告，在合并财务报表中的非市场非营利机构和公共公司等合并对象法人机构主要包括存款保险机构、日本邮政株式会社、日本国际合作机构、日本政策投资银行、国际协作银行、东京大学、全国健康保险协会、新关西国际空港株式会社等214家机构①。

如表6－1所示，对于日本政府合并财务报表，横栏表示省厅层级政府部门和其各部门下属负责管理的公共公司和非营利非市场机构等合并对象法人机构，并在最右侧列示了汇总的国家财务报表层次、合并法人对象层次（所有公共部门合并对象法人的汇总）和合并财务报表层次，纵栏则表示各资产负债项目，以此反映2013财年末（2014年3月31日）中央政府各部门的资产负债余额，并不包含地方政府层次的资产负债项目。

① 对非市场非营利机构和公共公司的解释参见本章第二节政府范围和层次。具体机构列表可参见日本财务省《平成25年度連結財務書類》。

表6-1　　合并财务报表明细表表式　　单位：万亿日元

	各省厅…	各合并对象法人…	合并对象法人合计	国家财务报表（一般会计、特别会计）	轧差	合并财务报表
资产项目						
现金和存款	…	…	59.7	18.6	-8.9	49.4
有价证券	…	…	396.8	129.3	-216.8	309.3
库存	…	…	1.6	3.9	—	5.6
应收账款	…	…	3.2	11.1	-1.4	12.9
贷款	…	…	131.2	137.9	-85.8	183.3
坏账准备	…	…	-2.3	-2.3	0.03	-4.6
有形资产	…	…	88.3	177.7	-0.03	266.0
无形资产	…	…	1.0	0.2	—	1.2
出资额	…	…	1.6	66.3	-53.3	14.6
支付承诺返还	…	…	2.7	—	—	2.7
其他资产	…	…	1.0	—	—	2.7
资产合计	…	…	704.6	652.7	-494.1	863.1
负债项目						
应付账款	…	…	7.2	11.2	-2.0	16.4
政府短期证券	…	…	—	101.6	-2.5	99.1
国债	…	…	0.2	855.8	-194.2	661.8
独立行政法人债券	…	…	61.0	—	-12.6	48.5
借款	…	…	93.7	28.4	-85.5	36.6
委托保管金	…	…	—	7.0	-2.9	4.1
邮政储蓄	…	…	201.3	—	-26.0	175.3
责任准备金	…	…	96.0	9.4	—	105.4
公共年金存款	…	…	3.5	112.2	—	115.8
退休工资准备金	…	…	6.0	8.8	—	14.8
支付承诺等	…	…	2.7	—	—	2.7
其他负债	…	…	127.4	7.7	-105.7	29.4
负债合计	…	…	602.6	1143.1	-431.5	1314.2
资产、负债差额	…	…	102.0	-490.4	-62.7	-451.0

注：（1）包含在合并财务报表中的公共公司，纳入合并财务报表的主要原则：①在人事和经营上需要中央政府批准的公共公司；②对人事和经营存在中央政府影响的公共公司。根据以上要求共有日本国立石油公司、日本地区发展公司、日本高速公路公共公司、日本铁路建设公共公司、日本环境公司、农林水产金融公司、日本国际合作银行等134家公共公司符合标准①，日本商工组合中央金库有限公司、东京地下铁株式会社、电源开发株式会社、关西国际机场4家公共公司符合标准②被纳入国家合并财务报表中。（2）独立行政法人，主要包括依非营利组织法、民法、各种特别法规所设立的“特定非营利活动法人”、“公益法人”、“宗教法人”、“学校法人”、“医疗法人”等具有独立法人资格的组织。独立行政法人机构的负责人由相关省厅负责任命，并且其商业计划和发展规划都需相关省厅的批准，因此符合上述的第二条原则，应被纳入合并财务报表。

资料来源：日本财务省2015年初发布的平成25年度（2013年）合并财务报表概要。

表 6－2　　国家、合并财务报表比较

2014 年 3 月 31 日　　单位：万亿日元

	国家财务报表 2014.03.31	合并财务报表 2014.03.31	增减		国家财务报表 2014.03.31	合并财务报表 2014.03.31	增减
资产项目				负债项目			
现金和存款	18.6	49.4	30.8	应付账款	11.2	16.4	5.3
有价证券	129.3	309.3	180.0	政府短期证券	101.6	99.1	－2.5
库存	3.9	5.6	1.6	国债	855.8	661.8	－194
应收账款	11.9	13.9	2.0	独立行政法人债券	—	48.5	48.5
贷款	137.9	183.3	45.4	借款	28.4	36.6	8.2
委托运用金	104.8	—	－104.8	委托保管金	7.0	4.1	－2.9
坏账准备	－2.3	－4.6	－2.2	邮政储蓄	—	175.3	175.3
有形资产	177.7	266.0	88.3	责任准备金	9.4	105.4	96
无形资产	0.2	1.2	1.0	公共年金存款	112.2	115.8	3.5
出资额	66.3	14.6	－51.7	退休工资准备金	9.1	15.4	6.3
支付承诺返还	—	2.7	2.7	支付承诺等	—	2.7	2.7
其他资产	4.3	21.7	17.4	其他负债	8.4	33.1	24.7
				负债合计	1143.1	1314.2	171.1
				资产、负债差额项目			
				资产、负债差额	－490.4	－451.0	39.4
资产合计	652.7	863.1	210.5	负债及资产、负债差额合计	652.7	863.1	210.5

资料来源：日本财务省 2015 年初发布的平成 25 年度（2013 年）合并财务报表概要。

2. 地方政府财务报告

各地方政府都以修正的权责发生制为基础编制发布资产负债表向本地居民披露其财政状况。但是，具体编制方法各地方政府仍存在很大差别（尤其是有形资产，如房地产和建筑等），一是计价方法不同，部分地方采用取得成本法，部分地方采用当期价值法；二是计价资产的范围不同，如资产中是否包含道路等基础设施。

目前，日本地方政府与中央政府相类似，根据是否合并对象法人（与政府有关联的公共公司、公益法人等），又可分为地方政府财务报表和合并（全体）财务报表。其中，合并（全体）财务报表是将从事地方政府关联事务的公营企业和公益法人合并编入财务报表。

以东京都政府的财务报告为例，东京都政府在编制都政府本身财务报表（一般会计和特别会计对象）的基础上，汇总了11类公营企业会计对象，33个监理团体及3个独立的行政法人，从而生成了东京都政府合并（全体）财务报表。

考虑到中央政府补贴是地方政府资产的重要来源，编制地方与中央政府合并的政府资产负债表具有重要意义。但在准备编制中央政府和地方政府的合并的资产负债表前，首先需要考虑的问题是编制方法的统一性问题。为此，日本内务省地方政府综合财务分析研究组已经发布了编制手册以指导地方政府在未来资产负债表的编制过程中做出相应调整。但该编制手册对地方政府编制资产负债表仅起到指导作用，并无强制力要求其参照此标准，因此未来仍需继续关注地方政府的编制情况。

表6-3　　东京都财务报表表式

科目	金额（亿日元）	科目	金额（亿日元）
资产部分		负债部分	
Ⅰ 流动资产	13279	Ⅰ 流动负债	6189
现金和存款	804	退税未支付额	13
应收账款	1047	东京都政府债	5396
未缴纳亏损准备金	132	奖金	757
基金公积金	8509	其他流动负债	22
短期贷款	3021	Ⅱ 固定负债	68959
坏账准备金	0	东京都政府债	58285
其他流动资产	30	退休工资准备金	10570
Ⅱ 固定资产	287694	其他固定负债	104
行政财产	58432	负债部分合计	75148
普通财产	10766		
重要物品	827	净资产部分	
基础设施资产	140948	净资产	225825
在建工程	12079		
其他资产	64641	净资产合计	225825
资产部分合计	300973	负债及净资产合计	300973

资料来源：东京都政府网站。

（二）日本统计部门政府资产负债表编制的基本情况

根据统计法，日本国民经济账户政府部门的编制由内阁府经济社会综合研究所（Economic and Social Research Institute，ESRI）负责。内阁府经济社会综合研究所利用了大量现有的各省厅经济统计数据，还通过该部门自己开展的调查和研究来评估本国的经济规模和活动，编制国民收入账户、投入产出表、资金流量账户、国际收支账户及反映国家资产与负债情况的国家资产负债表。国家资产负债表与其他四个描述流量的账户不同，主要描述存量情况及资产价格变动引起的变化。国家资产负债表包含金融资产和负债，还包括生产资产如住房、建筑、机器设备及土地、森林等非金融资产。

自2000年起，内阁府经济社会综合研究所开始以1993 SNA为基础框架编制国民经济账户政府部门数据，编制范围与层级分类与1993 SNA的差异很小，即将机构单位按照主要职能、活动和目标分组，分为非金融公司、金融公司、广义政府（General Government）、住户，以及为住户服务的非营利机构（NPISH）五大类机构部门。

从政府层级划分看，统计部门的广义政府资产负债表更为全面，涵盖了国家和地方政府层级以及社会保障基金，但不包括公共公司；公共部门则在广义政府的基础上进一步增加了金融和非金融公共公司。而日本财务省的报表只提供了中央政府层级的资产负债数，并未包含地方政府，因此也没有做广义政府和公共部门这样的划分。

表6－4　日本国民经济账户政府各机构分类

<table>
<tr><td colspan="3">政府服务提供者</td><td>民间非营利服务提供方</td><td colspan="3">产业</td></tr>
<tr><td colspan="3">广义政府</td><td rowspan="2">民间非营利
机构
NPISH</td><td colspan="2">公共公司</td><td rowspan="2">民营
企业</td></tr>
<tr><td>中央
政府</td><td>地方
政府</td><td>社会保障
基金</td><td>非金融</td><td>金融</td></tr>
</table>

资料来源：日本内阁府经济社会综合研究所网站。

表6－5　日本国民经济账户广义政府部门资产负债表表式　单位：十亿日元

资产总额	政府	负债总额和净值	政府
1. 非金融资产	590462.2	3. 负债	1167144.7
（1）生产资产	472817.4	（1）贷款	164166.6
a. 存货	2639.5	（2）债券	953119.1
b. 固定资产	470177.9	（3）股票和投资基金	24360.0
（2）土地	117644.8	（4）金融衍生产品	54.1
2. 金融资产	577054.4	（5）其他负债	25444.9
（1）现金和存款	79741.8	4. 净值	371.9
（2）贷款	35963.5		
（3）债券	114926.4		
（4）股票和投资基金	153745.9		
（5）金融衍生工具	83920.8		
（6）其他金融资产	0.0		
总资产	1167516.6	总负债和净值	1167516.6

资料来源：日本内阁府经济社会综合研究所网站。

第二节　日本政府部门的范围和层次

一、狭义政府及其构成

日本实行内阁制，日本“政府”一词通常用来指代表国家最高行政机构的核心，即“内阁”，由于第二次世界大战战败，日本政府不含军事机构，其军事机构被撤销，只允许组建自卫队，属于行政部门防卫省统筹管辖。作为政府资产负债表核算的对象，日本政府包括皇室及立法、司法和行政部门等中央政府机构，以及地方政府等。

（一）日本中央政府及其构成

日本的中央政府包括皇室及国会、法院、会计检查院等立法和司法部门，以及以内阁为首的中央行政部门。与通常认定有所区别的是，日本皇室的财产在战前不属于国家，皇室费用不受国家限制。战后，根据宪法规定，皇室的一切财产属于国家，皇室的一切费用必须列入国家预算，并经国会讨论通过，因此皇室的资产与负债也作为省厅级别的单独一项列示在中央政府的资产负债表中。

日本国会为日本的最高权力机构与立法机构，现今依《日本国宪法》而设置，由众议院与参议院构成。今众议院议员设480席，参议院议员设242席，选民则为20岁以上的日本国民。国会议员可兼任内阁阁员，内阁总理大臣（首相）亦由国会推选。

日本最高法院，日文称作“最高裁判所”，是日本的最高审判机关，为日本的国家最高法院。其根据《日本国宪法》设立，其组织和运行依照日本《裁判所法》。日本最高法院主要负责对宪法及法律的释义的审议以及对高等法院上诉案件的审理。

日本的最高审计机关为会计检查院，成立于1880年。1889年的日本明治《宪法》规定，会计检查院虽然独立于内阁，但隶属于天皇。1947年第二次世界大战后的日本新《宪法》实施，《会计检查院法》也于同期颁布，规定会计检查院独立于内阁、国会和天皇。会计检查院由检查官委员会和事务总局组成。

内阁是最高行政机关，由内阁辅助机构、总理府及其所属机构和行政省组成。内阁辅助机构包括内阁官房、内阁法制局、人事院和安全保障会议，主要任务是辅助总理大臣（首相），协助内阁工作；总理府及其所属机构包括总理府本府及其下属外局（包括各委员会和各厅），总理府本府即总理大臣（首相）办公室，主要负责有关抚恤、统计、荣典以及其他部门不管的事项。行政省机构是中央政府的主体，包括总务省、法务省、外务省、财务省、文部科学省、厚生劳动省、农林水产省、经济产业省、国土交通省、环境省和防卫省、国家公安委员会等 12 个省，上述行政省内部机构一般分省、局、课三个层次，个别行政省在局与课之间加设部一层。

（二）日本地方政府及其构成

日本的地方政府采取地方自治形式，统称为“地方公共团体”或者“地方自治体”。地方政府分为两个层级：第一级为都、道、府、县，包括一都（东京都）、一道（北海道）、二府（大阪府、京都府）和 43 个县。日本的都、道、府、县是平行的一级行政区，直属中央政府，但各都、道、府、县都拥有自治权，具有双重性，既是地方行政机构，又是中央政府的机构；第二级为市、町、村、特别区，为第一级下设的地方基层组织，共 2395 个，其中市 739 个，町 1317 个，村 339 个。市、町、村三者之间无隶属关系。一般来说，各都道府县的权能没有很大差别，市町村之间在权能上也没有太大差别，对于大城市实行“政令指定都市”制度和“中核市”制度等，这些城市享有代替都道府县行使部分事务的权能。

表 6－6　　　　日本地方政府类型统计表　　　　单位：个

<table>
<tr><th>类型</th><th colspan="4">数量</th><th></th></tr>
<tr><td rowspan="4">都道府县</td><td rowspan="4">47</td><td colspan="3">都（东京都）</td><td>1</td></tr>
<tr><td colspan="3">道（北海道）</td><td>1</td></tr>
<tr><td colspan="3">府（大阪府、京都府）</td><td>2</td></tr>
<tr><td colspan="3">县</td><td>43</td></tr>
<tr><td rowspan="6">市町村</td><td rowspan="6">2395</td><td rowspan="4">市</td><td rowspan="4">739</td><td>政令指定市</td><td>14</td></tr>
<tr><td>中核市</td><td>35</td></tr>
<tr><td>特例市</td><td>40</td></tr>
<tr><td>其他市</td><td>650</td></tr>
<tr><td colspan="3">町</td><td>1317</td></tr>
<tr><td colspan="3">村</td><td>339</td></tr>
</table>

每个一级行政区，即都、道、府、县都设有一名行政长官和一院制地方议会，并且每四年进行一次选举。所有一级行政区根据法律要求管理一般事务、金融、地区福利、健康和劳动、农林水产和商务。一般情况下，县级行政机构

设有总务部、企划部、生活环境部、健康福祉部、商工劳动部、农林水产部、水土部及出纳室和企业局；市级行政机构设有总务课、税务课、市民课、商业观光课、农政课、保健福祉课、建设课、消防本部及会计课和企业局等。地方教育、警察等部门采用行政委员会制度。行政委员会的宗旨是中立、公正，它是相对独立于地方首长的行政机构。教育委员会等的委员由知事及市町村长提名，经议会批准后任命。

根据日本相关法律规定，地方政府有权在宪法和法律的范围内自主处理本地域的自治事务，也有权处理法定委托事务。同时，中央行政机构与地方行政机构之间存在监督与被监督、指导与被指导的关系，中央行政机构在立法、财政和司法等方面对地方行政机构进行监督和控制。

二、非市场非营利机构及其构成

广义的非市场非营利机构（NPO）是指依非营利组织法、民法、各种特别法规所设立的“特定非营利活动法人”、“公益法人”、“宗教法人”、“学校法人”、“医疗法人”等具有独立法人资格的组织，另外，也包括不具有法人资格的市民活动团体与各种协同组合。根据日本 1998 年 3 月通过的《非市场非营利机构法》，只要会员在 10 人以上，会员可分为正式会员与准会员两种，不要求有注册资金和固定办公场所，但要有 3 人以上理事、1 人以上监事，就可以申请注册为 NPO。在日本，NPO、NGO（非政府组织）、民间组织、独立部门等术语，一般是可以混用的。

根据 2013 财年日本政府合并财务报告，日本政府合并的财务报表中汇总加入的非市场非营利机构主要包括符合一定要求的特殊法人、认可法人、独立行政法人、国立大学法人等，包括日本司法支援中心、全国健康保险协会等 4 家特殊法人，预备金保险机构、核能损害赔偿支援机构等 3 家认可法人，国立公文书馆、国际交流基金、造币局、国立印刷局、建筑研究所等 101 家独立行政法人，北海道大学、东京大学等 86 家国立大学法人，自然科学研究机构、高能粒子加速器研究机构等 4 家大学共同利用机关法人等。

在编制地方合并财务报表时，通常也将同地方政府相关联的地方行政法人（主要为监理团体及独立行政法人等）包括在内。以东京都为例，在其财务报告中除地方政府行政机构外，在编制合并报表时，还包含东京税务协会、东京都历史文化财团、东京都交响乐团、东京都环境公社、东京都福祉保健财团、东京都医学综合研究所、东京都医疗保健公社、东京都中小企业振兴公社、东京都农林水产振兴财团、东京观光财团、东京动物园协会、东京都公园协会、东京都道路整备保全协会、东京防灾救急协会、东京都社会福祉事业团、东京都住宅供给公社等23个公益法人机构，以及公立大学法人，首都大学、东京都立产业技术研究中心、东京都健康长寿医疗中心3个独立的行政法人。

三、公共公司及其构成

在日本，强调以企业与国家之间的资本联系来确定公共公司的范畴，并强调公共公司是实现政府管制的一种重要方式，通常把中央和地方直接经营或控制的国有企业、地方公营企业或依《特别法》（不是民商法）成立的企事业法人称为公共公司。主要包括三类：一是由国家或地方公共团体直接经营的企业，其所有权和经营权由国家或地方公共团体统一掌握，企业不具有独立法人地位；二是由国家投资并按行政分离，独立经营、独立核算的企事业法人。三是由国家和民间共同投资，采取股份制形式的企业，国家是最大股东并拥有最终决策权。

根据公共公司的经营方式，可以分为以下四种形式：一是“公有公营（或国有国营）”。也就是政府对那些国有产权性质的公共公司，像管理公共部门那样进行管理。二是“授权经营”。对于具有规模经济效益的自然垄断行业（如供水、供气、供电等），政府部门可通过公开招标的方式选择民营企业，通过签订合同的方式将企业资产委托给中标的民营企业去经营，这就是经常所说的“国有民营”。三是“混有民营”。对于那些初始投资较大的基础设施项目，如道路、桥梁、高速公路、港口、机场等，由政府通过控股或参股方式，引导社会资本进入，成立混合所有制企业。四是“民办公助”。对于那些从事高新技术开发，或提供职业教育服务、卫生服务等具有正的外部效应的民有企业，政府可通过给减免税（或费）、“以奖代补”、贷款贴息等适当方式给予一定数量的补助。

由于公共公司组织形式的多样化，与中央政府在财务和经营管理上的联系具有很大差别，因此，对公共公司是否汇入合并报表更具体的要求是看这些公共公司是否是根据特定的法律和条例建立的，仅有那些中央政府有较大利益或由政府进行补贴的公共公司才被纳入国家合并财务报表。在许多情况下，公共公司的最高决策机构不是股东大会，国家利益也不体现在对这些公司的直接控制上，而是以对其提供基础性资产或以投资形式提供运营资金为目标，因此只有那些符合①在人事和经营上需要中央政府批准的公共公司，以及②对人事和经营存在中央政府影响的公共公司才被纳入国家合并财务报表。

根据以上要求共有日本国立石油公司、日本地区发展公司、日本高速公路公共公司、日本铁路建设公共公司、日本环境公司、农林水产金融公司、日本国际合作银行等134家公共公司符合标准①，日本商工组合中央金库有限公司、东京地下铁株式会社、电源开发株式会社、关西国际机场等4家公共公司符合标准②被纳入国家合并财务报表中。需要注意的是，日本银行并不在合并报表范围内，这是由于根据《日本银行法》，其经营是独立的。

在编制合并地方财务报表时，通常也将同地方政府相关联的公营企业包括在内。以东京都2013年财务报表为例，合并报表包含了东京都政府医院、中央批发市场事业、都市再开发事业、临海地域开发事业、港湾事业、交通事业、高速铁路事业、电器事业、水道事业、工业用水道事业、下水道事业等11类公营企业，以及东京临海高速铁路、东京体育场、东京国际论坛、东京交通服务等10家株式会社。

四、社会保障基金

日本的社会保障基金包含在统计部门广义政府的资产负债表中，是雇主和雇员按照工资收入总额的一定比例共同缴纳的公共年金制度，是典型的现收现付制。国家财政支出对公共年金制度只起到基金补充的作用。为了保证社会保险事业的控制和管理，日本政府逐步建立了一套庞大的社会保障组织机构。由厚生省统一负责社会保障事业管理。厚生省设立独立于其他局的社会保险厅，该厅专管厚生年金、健康保险等收支等级、结算和管理。日本社保基金来源于个人、企业和政府三方面的依法强制性支出。日本厚生年金基金是企业经厚生大臣批准独立设立的特殊法人机构。在日本社保基金运营方面，根据委托代理对象的不同，厚生年金基金的运营方式可以分为证券公司、人寿保险公司和投资顾问公司三种类型。证券公司的委托协议分为年金信托和年金指定信托，它们可以与其他基金、资产共同运用和各年金分别运用，按实际收益进行分红。

日本社会保障基金的投资方式主要是采取“社会投资”，就是指日本的公共年金进入公共基础设施、不动产以及其他产业等领域，用于实现社会公共发展目标。日本公共年金总资产的80%用来购买政府债券，这些政府债券主要投资的内容包括医疗保健和住宅社会福利项目等公共基础设施，也包括一些工业投资建设项目和学生贷款项目；公共年金剩余20%的资产则被投资到海外资本市场。

日本政府通过用养老保险费设立的养老基金在资金市场运作来实现增值，并以此作为部分养老金的来源。为保证养老基金的安全性，日本养老保险基金的大部分资金都被用来购买日本政府以及外国政府发行的国债。不过，这种增值方式也蕴含着风险，由于受利率政策、外汇牌价和股市行情的影响较大，日本养老基金的资金运作一度出现赤字。

第三节　日本政府资产负债核算范围与分类

一般观点认为政府会计的资产要素强调未来服务潜能，而企业会计的资产要素则是强调未来经济利益。然而，服务潜能和经济利益应该并没有严格的界限，大致可以认为在政府主体中，服务潜能的表现应当以服务和业务为主，而不仅仅是产生现金流量。当然，如果不能确定未来的服务潜能或经济利益，那么支出只能被确认为费用而不是资产。因此，政府资产负债表中的资产是各种政府开销而形成的资产。具体包括各种能够应用于未来服务的资金，如现金、有价证券、贷款、各种准备金等金融资产，以及非金融资产，如固定资产、公共财产、物品等。

政府资产负债表中被认可的负债可以被定义为涉及到经济资源流出的责任，而这种流出“归因于以前”的事件，并且是“能够得到合理估量的”。因此，未来支付的量如果能够合理估量，即便在现在不能被证实，它也可以被认可为债务。另一方面，当政府在相关法律和法规许可范围内，在为公众提供一定量的福利时（比如各种公共福利项目），此时这种支付的量就不能被认可为债务了，除非每一笔具体的支付任务都来源于过去的事件。此外，当这些支付确确实实来源于过去的事件，但是假如这些支付的量不能够被估量，这些支付也不能被认可为债务。根据这种定义，可确认的一些负债，如应付账款、国债等，以及需要未来兑付的各种确定的支付义务，如责任准备金、养老准备金、退休工资准备金等，都是日本政府的负债。

一、日本财务省资产负债核算范围、分类和计价

根据2013年公布的日本政府资产负债表，非金融资产主要包括库存、国有资产、公共财产、物品和其他固有资产、无形固定资产和其他资产；金融资产主要包括现金和存款、有价证券、应收账款、预付款、借出款、委托运用金、坏账准备金和出资额等；负债项目主要包括应付账款、借款、政府短期债券、国债、准备金等。

（一）非金融资产的分类

非金融资产主要包括库存、有形资产（国有资产、公共财产、物品和其他

国有资产）、无形资产和其他资产。其中，有形资产主要为房产建筑［房屋、建筑物、设备等公共使用（除了公园）］、机械和设备、未砍伐木材、土地［土地、公共财产（除了公园）］、在建工程和其他（船舶、飞机）等。有形资产可分为折旧资产和非折旧资产，其中，折旧资产包括房屋、建筑物、机器设备、运输工具和工具器具等；非折旧资产包括未砍伐木材、土地［土地、公共财产（除了公园）］等。

1. 库存

库存包含流动资产、货物、产品/半成品、在制品、基本材料和用品。

2. 国有资产

国有资产指政府部门所拥有和管理的土地、建筑物等资产，也包括记录在国有资产项目下的未完工项目和重要商品。主要包括农林水产省所管辖的企业用地（包括国家森林）、防卫省和国土交通省所管辖的公用土地、皇室用地以及其他政府部门管理的土地；以及政府部门管理下的“建筑物”、“工程”等可折旧资产及在建项目。

3. 公共财产

公共财产是指除公园和广场外公众使用的财产，如道路、河流保护区、港口及其附属土地、未砍伐的木材、建筑物、房屋、机械和设备等，还包括归属一般账户的租借给省市政府的非行政财产，根据《国家物权法》，上述财产没有记入国家财产登记。

4. 物品

物品主要包括机械和设备，以及贵重物品等，包含机械和设备、工具器具，以及宝石和贵金属、作为艺术品或古董的绘画、雕塑及其他贵重物品，如画作、家具、书籍、文化财富、草案、乐器、珠宝、广告牌、模型、动物等，其数量记载在政府商品登记表中，其中大多数贵重物品都没有列出其价格。虽然这些商品的价值没有记录在政府资产负债表中，但国家图书馆的藏书、美术馆、博物馆记载在附录中。

5. 无形资产

无形资产主要是指价值一般不会下降的资产，包括地上权、地役权、采矿权、专利权、著作权和商标权，以及软件及电话认购权等，其中商标权价值从当前国有财产的波动、当前数量和价值（对于企业的专用账户，以折旧后的价值代替）等方面评估。

应当注意的是，政府开发和持有的软性资产的价值（包括部分租赁）没有包括进来，许多项目支出包括经常性支出，即实物的租金成本、配套费等，难以评估其价值，因此，软性资产目前还没有计入资产。

6. 其他资产

其他资产主要包括船舶、飞机等，在政府资产负债表中，对于“船舶”、“飞机”等可折旧资产的核算，基于一定的假设估计使用年限，然后根据使用年限进行折旧，折旧后的值记录在登记表的剩余值中。

（二）金融资产的分类

1. 现金和存款

现金和存款反映在会计年度末日本政府持有的现金和存款，是日本政府在年末时点实际保有现金、存款余额的基础上，加减出纳整理期间内发生的现金、存款出纳金额后的余额。

2. 有价证券

有价证券包含除确认为投资之外的证券，包括股票和债券，其应计利息也应包含在该项目中，记录在有价证券的购置成本中。如股票、地方政府债券、政府相关机构债券、特殊法人债券、银行债券、企业债券和外币债券等。政府有价证券可以分为“以到期持有为目的有价证券”和“不以到期持有为目的有价证券”。

3. 应收账款

应收账款主要包括应收税收和其他应收款。其中，应收税收是国家税收收入基金中到期（下一年的5月31日）尚未收到的税收收入。在财政年度末，政府财务报告中记录了国家税收基金的未收收入。

其他应收款项包括应收贷款、手续费、保险、出售资产的利润、使用费、赎回金额、赔偿损失和利息等。然而，由于政府财务报告是按照权责发生制记录本财政年度已发生和分配的债权，其应添加以下几个方面：第一，本财政年度已经结算但应在下一年发生和分配的债权；第二，根据财务管理法律不计入本年度的债权，如信用贷款应收未收的利息。

4. 贷款

大部分贷款是财政融资资金贷款，主要是对地方公共团体、政策性金融机构发放的贷款。贷款以本金计算，不含应计利息。在贷款资金中，对发放对象为采用财政投融资特别会计的地方公共团体、特殊法人以及独立行政法人等款项记入贷款。

5. 委托运用金

委托运用金也叫投资信托资金，是由政府出面组建投资公司，委托专人代为投资的资金。按照日本信贷管理法规定，货币信托、暂付款项所产生的委托运用金均记录在政府财务报告中，包括共同基金、邮政人寿保险福利公司和政府养老金投资基金委托的信托款项等。

6. 坏账准备金

该项是基于过去三年的坏账情况推算获得的，但如果设立了特别账户来记录未收账款情况，则以这两者金额大者表示该项。

7. 出资额

政府出资额主要包括政府出于政治目的持有的投资和房地产信托受益权。有关政府对公共企业的投资，包括持有这些公司的股票资产。如政府持有的可以出售的日本电信电话公司（NTT）的股票和日本烟草产业（JT）的股票，而持有其他的公司股票则记为“有价证券”而不看作投资。

（三）负债的分类

根据近几年公布的日本政府资产负债表，其主要负债项目如下：

1. 应付账款

资产负债表中这一负债项目主要包括应付账款、应付费用、应付准备金等，像养老金供给、地方税支付决定未清完额、给儿童的补助资金、未付养老金供给费、未付偿还公债、补助率差额以及 PFI 事业等涉及的未付额。当出现支付义务时以及当清算末期支付总额结算或者计算时，应计入应付账款。其中，政府对一些借出款项的利息补贴由于符合法律法规、预算以及契约，将其视为应付债务。所需记录的总额为下一年或者以后的估计利息贴现（4% 的贴现率）的现值。

2. 借款

借款这一项包括交付税与转让税配付金特别会计、国有林业事业特别会计、能源对策特别会计等账户从民间金融机构的借款。

3. 政府短期证券

这一项包括外汇基金特别会计中的外汇基金证券、粮食安定共计特别会计中的 17 种食品证券、能源对策特别会计中的石油证券。

4. 国债

资产负债表中的国债包括普通国债和特别国债，余额是国债的票面额扣除（或加上）债券发行差价后的金额。

5. 委托保管金

资产负债表中的委托保管金主要为国家公务员互助协会寄存的财政融资资

金，以及政府信托基金机构在专有账户上的存款余额资金。

6. 责任准备金

这一项包括保险特别账户中的责任准备金和应急准备金，主要为地震再保险特别会计、劳动保险特别会计等为次年度可能发生的保险给付所计提的准备金。

7. 公共养老金存款

日本养老金制度可以分为三个层次：第一层为国民年金，也叫基础年金。保险对象为20—60岁的农民和个体经营者、民间企业职员和公务员，以及民间企业职员和公务员的配偶；第二层为厚生年金和共济年金，厚生年金的保险对象为正式员工在5人以上企事业单位的雇员，共济年金的保险对象包括公务员、农林牧渔业团体职员、私立学校教职员工、部分公营企业雇员；第三层为企业年金和个人储蓄性养老保险，即非公共养老保险，对象包括企业员工、农民、个体工商户等。公共年金包含第一层次和第二层次的保险对象，因此，公共年金存款是这两个层次保险收入扣除支付款项后的余额，包括福利养老金及国民养老金涉及的现金和存款、运用委托金及其他将来充当年金支付的各项财源。

8. 准备金

准备金包括奖金储备金和退休工资准备金。奖金储备金包括6月份支付的期末津贴及本会计年度的勤勉津贴。6月份的期末津贴是依据从上年3月算起的工作期限计算的，6月份的勤勉津贴是从上年12月算起的。退休工资准备金本质上是工资的一种，与企业延发工资类似，计提的部分是对现在工作的补偿。这一项主要为除退休福利以外的计提费用，包括退休金、公务员养老金和公共服务人员共同援助退休金中产生于公务员养老金系统的部分。

（四）日本财务省资产负债的计价

政府获得资产和负债的时间和方式存在很大差别，很多政府资产负债的定价也存在很大困难。例如，公共资产中很多资产的价值从未被确认过，如河流、海岸等的历史成本，因为它们的取得并非通过购买，其市场定价也很困难。国家资产中仅土地一项就包含23万个项目，而且分属不同部门，依照标准会计准则对全部项目进行估价将极为困难。考虑到这些因素，编制资产负债表时，许多资产的定价只能依靠基于现行政府会计制度下的年度数据对过去公共消费进行估计，这对数据准确性造成影响。

对于库存各项目，日本仍是按取得时的实际成本计价，库存的计价方法有个别确认法、总平均法等，而期末存货在市价严重低于成本的情况下，可以选择市价来计量，即遵循低价基准。库存在盘存时发生的毁损和盘亏，分别采取下列方法：对于定额内的正常损耗，分别计入制造成本、销售成本的明细科目及销售费用；如果是非正常损耗，数量较多则列入特别损失，数量较少则计入营业外费用。

对于国家物权法适用的有形资产，采用固定折旧率方式对其折旧金额进行计算，基于收购成本乘以修订国有财产登记时间的市场价格（如资产属于企业专用账户，折旧方法依照有关法律规定）。关于公共财产设施（除了公园），折旧金额计算主要基于连续使用的收购成本，采用直线法计提折旧。

对土地计价，原则上要按照继承税评价方式（路线价方式、倍率方式）计算相关价格。在政府资产负债表中，对于“土地”和“未砍伐的木材和竹子”等非折旧资产，以其全部价值计价。

建筑物、工程等可折旧资产基于一定的假设估计使用年限，然后根据使用年限进行折旧，折旧后的值记录在登记表的剩余值中。有关建筑等可变卖资产要从取得时的台账价格中减去减价变卖的累计额（建筑等使用定额法计算，其他资产采取固定利率的方法计算）。对建筑物等折旧资产实行该年度的折旧（定率法），登记扣除折旧累计额后的价格。

对于在建项目，作为政府在未来的资产（厂房、机器和设备等），记载的是已支出的费用。除一些特殊的资产负债表外，没有现值。需要对该账目的汇总方法作进一步的探讨。此外，根据提到的“预付款”项，所有提前支付金额使用一个粗略估计数，相关的公共工程都记录在此类，因为难以准确测算施工进度状态。另外，对于应该用于公共服务的在建项目，没有做记载，因为它们应记录在公共财产中。

对于物品，按照商品管理法的规定，折旧后的价值估计是购置成本的一半（对于属于企业特别账户的货物，应用相关法规规定的折旧方法折旧）。对于机械和设备①，记录在国有财产“总的波动”中的商品数量和价值为其购置成本。除那些在企业的专用账户和个别可以评估新的折旧值外，财务报告中物品的价值记录为购置成本一半的值。

对于大部分公共财产，根据道路和河流相关法规规定，编制了道路和河流登记册。在财产登记管理手册中，“道路登记”和“河流状况的登记”只记载物理量，如道路的面积和河流的总长度。这些财产大都不适合做成台账，从而不能进行价格管理，同时因为公共财产大都没有相应的市场交易价格，进行重新

① 成本在50万日元以上的机械和设备，成本在300万日元以上的防卫厅用于训练的机械和设备。

估价也很困难。实践中，对这些公共财产只能根据成本推算出取得原价并进行统计。其中，对于非折旧公共资产，是通过合计过去的用地费和事业费等推算出取得原价。对于折旧资产实行减价折旧法，根据其收购成本，由原始价格减去累计折旧（直线折旧法）计算。

特别值得关注的是，与公共财产有关的灾害重建费，基本上是将设施恢复到受灾前原貌的费用。考虑到重建虽然并不增加公共财产的效用，但却会使相关设施自重建日起具有新建设施同样的使用年限，从延长原有资产使用年限的角度考虑，相关灾害重建费用应归入投资类经费，计入资产。

具体记账时，考虑到公共财产不另设台账进行价格管理，一般将固定资产整体从新设到受灾、重建为止的使用年数假定为平均使用年限的一半，灾害重建费用的一半设定为受灾资产总值，做清理费用处理，而灾害重建费用的另一半则作为资产计入公共财产价值。

对于地上权、地役权和采矿权等无形资产，根据其价值变动、当前价值和国家财产登记①来计算。专利权、著作权、商标权等，也是根据其价值变动、当前价值和国家财产登记来计算，同时对于这些实体的专用账户，计算了折旧。

对于计入资产负债表“现金和存款”科目的金额，由于政府财务文书上的“现金和存款”包括出纳整理期间的收支，所以计入《政府资产负债表》中的“现金和存款”的余额与政府在会计年度末（3 月 31 日）实际保有的现金和存款的金额并不一致。

对于以到期持有为目的的有价证券，根据折旧原价法计算价格，作为资产负债表中有价证券的价值计算基础。折旧原价法是指在金融资产账面价值与债权额不同的情况下，差额的部分作为偿还金额，在偿还期到来之前，每个决算期根据该差额以一定的方法与取得原价进行加减计算。与此同时，将相应加减额计入所得利息或应付利息进行处理。

对于不以持有到期为目的的有价证券计价，主要是根据会计年度末期的市场价格作为资产负债表的价格。其中，上市证券的市场价值评估以东京证券交易所的最终价格为准。如上市股票金额是根据柜台或市场交易评估日市场收市价格乘以股票数量计算的。未上市证券的市场价值评估以由日本证券交易商协会提供的在场外交易价格为准。本会计年度与上一个会计年度由于估价差异导致的估价差额，以标准原价重置的方式在资产负债差额增减计算表上作为“资

① 价值变动的总值，当前的账户和国家财产数由每年的授权费用（由私人部门使用的专利权等）在现值的基础上有 7.5% 的折扣。

产估价差额”计入。

如果不以持有到期为目的的有价证券没有市场参考价格，可分为“政府出资管理的有价证券”和“其他有价证券”区别对待。其中，政府出资管理的有价证券以国家财政台账价格为基准，其他有价证券用购置成本或折旧成本作为资产负债表中的价格。

值得注意的是，日本政府的大部分有价证券是通过外汇买卖持有的实行特殊会计管理的外汇证券，属于有市场价格的不以持有到期为目的的有价证券，主要由政府出售日元买入外币的外汇干预交易获得。而政府干预外汇市场，则是政府通过发行短期证券（外汇买卖资金证券）来筹措日元，并将筹措所得的日元在外汇交易市场上售出而来购入外币。因此，外币证券和计入负债的政府短期债券（外汇买卖资金证券）是存在对应关系的。

与贷款相关的项目在政府财务报告中是合并计算的，但是已签约但尚未支付的贷款已经部分记录在政府财务报告中，从而在编制资产负债表时应当从“现金和存款”中进行扣除，以免重复计算。发放贷款的资金需要通过财政投融资债券（公债）的发行来筹措。因此，财政融资资金贷款就和负债方的财政投融资债券（公债）产生对应关系。

委托保管金是以市场价计价的；而坏账准备金计价金额在国家财务报表中是基于过去三年的坏账情况推算获得的，但如果设立了特别账户来记录未收账款情况，则以这两者金额大者计价。而对从事贷款业务相关的公共公司坏账准备金的计价则是基于《银行金融检查手册》，其他公共公司坏账准备金的计价则是基于《金融工具标准》。

政府出资额按政府投资的收购成本记价。具体来说，就是在关于国有财产的波动、本期金额和价值的一般说明中，政府投资的数量等被记录下来。但是，由于某些公共机构产生了大量的累积赤字，必须评估政府对这种公司股票的收购和投资是否恰当。这个问题有两种思路，一是通过引入企业会计的思想，对这些公共机构的政府投资进行评估，大致按公司资产负债表上的净资产计算。二是公共机构是根据某些法律的规定建立的，破产法规定的处置流程并不适用于它们。因此，它们应当是收购成本或投资金额，法律另有规定的除外。

此外，政府出资额还对政府在一些公共公司（如邮政人寿保险福利公司和提供养老福利服务的公共公司）的投资产生的损益进行了评估，并反映在政府资产负债表和政府收支表中。这是因为证券买卖是按商业会计标准计算当前值，同时公开了利益相关方，即股东和债权人。

退休年金的计价有三种方法，一是未来的退休年金不计为负债，但收到的准备作为存款记录在负债方；二是按未来退休年金的一部分计价（准备部分和政府补贴部分）；三是按未来退休年金全部计价。日本政府依据合理的假设每五年会对退休年金进行一次重新估价。

二、统计部门资产负债分类和计价

在日本的国民经济账户中，广义政府部门的机构范围大体上是按照 1993 SNA 相关准则进行划分的，广义政府的年度账户数据根据 1993 SNA 的分类标准进行了重新划分。将各机构数据根据 1993 SNA 的编制指南的分类重新划分为非金融资产、金融资产和负债各个项目，并将政府净资产作为单独一项计入。

（一）非金融资产

内阁府经济社会综合研究所编制的政府资产负债表中非金融资产主要来自财务省和统计局提供的报表和数据，分类依据主要是 1993 SNA。因此与 1993 SNA 的非金融资产分类基本一致，并与财务省编制的资产负债表中的非金融资产有较大的关联性。

大多数非金融资产通常被用于两个目的：主要是在经济活动中作为可被使用的物品，同时还可以充当价值储藏手段。日本统计部门资产负债表非金融资产主要涵盖生产资产（主要包括固定资产和存货）以及土地等非生产资产。其价值随时间的增长而增长。

生产资产主要包括固定资产和存货。固定资产和存货是只有生产者才持有的、以生产为目的的资产。其中，固定资产是生产过程中被反复或连续使用一年以上的生产资产。存货由货物和服务组成，这些货物服务是在当期或者较早时期产生的，持有存货的目的是用于销售、在生产中使用或者在后期作其他用途。

非生产资产主要为土地，日本的非金融资产构成的一个显著特点是土地占全部非金融资产的五分之一，这一比重与各国填报的土地价值相比偏低，但与其他人口密集的经济体一致。

（二）金融资产和负债

内阁府经济社会综合研究所编制的政府资产负债表中金融资产负债的数据主要来自日本银行的资金流量表，分类依据主要是 1993 SNA 及国际货币基金组织的《货币与金融统计手册》，包含金融衍生工具等未在政府资产负债表中体现的项目，其主要项目如下。

现金和存款，主要包括现金、在日本银行存款、财政存款、可转换存款、定期和储蓄存款、存款凭证和外币存款。除了国内存款类机构（包括外资银行在日本的分支机构）的日元存款，还包括日本居民在海外金融机构的存款。

贷款，是基于消费和分期付款销售合同而产生的货币贷款协议的货币主张，其包含广义政府的贷款类资产。

非权益类债券，主要包含各种债券及商业票据、信托投资收益凭证、信托受益人凭证、结构性金融工具和抵押债券。

股票及其他权益类债券，包含各类在日本建立的公司发行的股权类债券，包括证明对清偿了债权人全部债权后的公司或准法人公司的剩余价值有索取权的所有票据和记录。

金融衍生工具，由特定金融工具（标的资产）衍生而来的金融工具，但不包含标的资产本金的转移。包括期货类和期权类金融衍生工具产品。

保险和年金准备，保险准备主要为政府部门持有的储蓄类保险准备，包括储蓄类生命和非生命退休保险金计划、互助基金类保险等。年金准备主要包括企业雇员年金、合格退休年金计划等。

应收/应付账款，主要包括商品和服务交易中的应收和应付账款及计提利息，其产生主要是由于实际支付和现金收讫之间存在时间差，主要包括应计收入、应计费用、预付费用、应付账款、预付款、公司应缴税金、雇员忠诚奖励津贴及非基金退休福利承诺等。

（三）统计部门资产和负债计价

2000 年，日本政府开始以 1993 SNA 为基础框架编制国民经济账户政府部门数据，项目分类与计价与 1993 SNA 的差异很小，并在《日本 1993 年国民经济账户体系（概念和定义）》中予以说明。

现金和存款的计价：该项目余额以面值或会计记值计价。对于外币存款，则首先计算逐笔交易差额，再按当期汇率换算成日元，以减少交易中汇率的影响。

贷款的计价：贷款的金额除核销的部分外，都以面值计价。核销部分金额则基于表中各政府机构的财务报表确定。因为使用坏账准备金计算贷款的真实值十分复杂，所以这里的贷款计价采用扣除各机构贷款核销金额的办法。

证券的计价：对于存在市场价格的非权益类证券采用市场价格进行计价，其他证券则采用面值或账面值计价。

股票及其他权益类债券的计价：采用市场价格，金额根据所持股份数和股票市场价格计算获得。

金融衍生工具的计价：采用市场价格，其中柜台交易金融衍生工具没有国内居民数据，仅有国内与海外部门汇总的数据，因此居民与非居民比例以《BIS1995 金融衍生工具调查》为基准。

保险和年金准备的计价：采用账面值计价，而应收/应付账款采用面值计价，其中应收/应付税款是基于税收和印花税收入统计额，应收/应付利息则基于财务报告。

第四节 日本政府资产负债表的编制

一、日本政府财务报告中资产负债表的编制

（一）数据来源

日本政府资产负债表是由日本财务省在一般会计、特别会计对象数据基础上进行合并整理生成的。大多数指标数据主要来源于每年政府的决算账户以及相关部门独立的账户系统，由各个单位依据财务省规定的分类表（见表 6－7）分别填报，财务省依据这些分类表编撰报表。相关的汇总表、分类表，以及对编制内容的相关说明都由财务省进行统一发布，并定期在其官网上公布。

表 6－7　　各层次对象的国家资产负债表表式　　单位：10 亿日元

资产项目	金额	负债项目	金额
现金和存款 有价证券 库存 应收账款 贷款 借出款 委托运用金 坏账准备金 有形固定资产 国有财产 公共财产 物品 其他固定资产 无形固定资产 出资额 其他资产		应付账款 借款 公众持有政府短期债券 公债 公共年金存款 委托保管金 准备金 退休工资准备金 奖金准备金 保险责任准备金 其他负债	
		负债合计	
		资产、负债差额项目 资产、负债差额	
资产合计		负债及资产、负债差额合计	

表 6－8　　各层次对象的资产—负债差额增减表　　单位：10 亿日元

Ⅰ　前年度末资产/负债差额	
Ⅱ　本年度业务费用合计	
Ⅲ　财政收入 租税等财政收入 其他财政收入	
Ⅳ　资产评价差额	
Ⅴ　汇率换算差额	
Ⅵ　公共年金存款变动增减	
Ⅶ　其他资产负债差额的增减	
Ⅷ　本年末资产负债差额	

表 6－9　　委托运用金（附表）　　单位：10 亿日元

		××××年
给邮政人寿保险公司的委托运用金		
	邮政人寿专户	
	邮政储蓄专户	
给政府养老金投资公司的委托运用金		
	福利保险专户	
	国家养老金专户	
总计		

表 6－10　　有形资产（附表）　　单位：10 亿日元

	栏目	××××年	
		数量	价值
建筑	建筑面积（平方米）		
	总面积（平方米）		
结构			
公共设施（除公园）			
机械和设备			
未使用的木材	木材（块）		
	未砍伐的原木（立方米）		
	竹子（包）		
土地	土地（平方米）		
	土地公共使用产权（除公园等）		
在建工程			
其他	船舶		
	飞机		

表 6－11　　无形资产（附表）　　单位：10 亿日元

	××××年
土地使用权、地役权、采矿权	
专利权、著作权、商标权	
软件	
其他无形资产	
总计	

表 6－12　　政府短期债券结构（附表）　　单位：10 亿日元

·	××××年
未偿付量	
政府持有量	
其中：特别账户的国债整合基金	
公众持有量	
溢价和折价摊销	
资产负债表中的金额	

表 6－13　　国债（附表）　　单位：10 亿日元

	××××年
国债	
其中：财政年度末的未付金额	
其中：政府内部债券	
其中：普通债券	
其中：结构债券	
特例公债	
临时减税特种债券	
由日本国家铁路集团偿还的债券	
由国家森林服务偿还的债券	
财政机构债券	
补贴债券	
认购债券	
公司债券	
存款保险公司发行的政府债券	
日本国家铁路集团发行的政府债券	

续表

	××××年
在结算期间发行的债券金额	
政府持有量	
其中：信托资金特别账户	
为国家巩固债务资金特别账户	
邮政储蓄专户	
邮政寿险特别账户	
资产负债表中的金额	
其中：财政年度末的未付金额	
结算期间发行的债券金额	
政府证券的溢价和折价摊销	

资料来源：日本财务省平成25年度（2013年）国家财务书。

（二）数据的整理方法

日本政府资产负债表的编制综合采用了直接法和间接法两种方法。对于大多数来源于决算账户和相关部门独立账户的指标数据可以通过直接法进行编制。但对于一些以往从未被认定过的资产或未来难以准确把握的负债价值，只能通过间接法进行估算。如一些公共建筑、设施等，只能根据过去公共工程的开支以及折旧进行间接估计；而对于政府负债中的公共年金负债，则需要对政府未来支付义务进行估算，在编制时主要基于固定的保险费率假设，确保未来某段时期财政收支能够达到平衡情况下的年金支出水平间接估算得到。近年来，随着编制技术的日益成熟和统计方法的更新，很多指标数据都能直接获得，但一些重要的指标依然需要进行间接推算，间接法仍然发挥着重要作用。

（三）政府资产负债表的编制

日本政府资产负债表的编制，不仅仅是将政府的资产、负债情况列示出来，还要尽可能地将财税来源、使用情况的相关信息以简洁易懂的形式展现出来。为此，日本政府会计是将现金的实际收付作为标准，主要采用对收入支出进行核算的“收付实现制”会计准则。但在判断收入与支出应归属于哪个年度时，原则上要根据债权债务发生的事实来决定，即采用“权责发生制的年度区分”作为收支活动年度归属的划分基准。由于某一财年的债权债务要尽可能在现金收支完成后才能进行决算处理，该财年结束后，就存在确定当年收入、支出完成情况的时滞——“出纳整理期限”。根据上述会计处理方法，在出纳整理期限已实现的、按权责发生制原则本应属于上年的未收未付部分，记入上一财年的收支活动。因此，日本政府会计在充分利用权责发生制原则和技巧的基础上，采用了侧重反映现金收支状况的“收付实现制”，是一种经过综合的“修正的收付实现制”。

（四）政府资产负债表的制度缺陷与改进方向

目前来看，日本资产负债表的主要制度缺陷是统计范围还不全面，政府资产负债信息有待完善。一方面，当前日本政府资产负债的编制仅是基于省厅级别的财务报表，包括省厅级别的一般会计报表、特别会计报表。虽然省厅是日本政府的基本组成单位，但是在省厅范围外的地方政府、国有企业等信息还未完全纳入统计范围。另一方面，一些资产由于没有进行价值认定或无法进行估价而未纳入政府资产负债表内统计，如收藏在博物馆中的艺术作品、图书馆中的各类藏书等。由于收藏品的价值认定具有一定难度，而且随着时间的变化，收藏品的价值也存在大幅波动的可能。

表 6－14　　　　资产负债表概要　　　　单位：10 亿日元

	2009 年	2010 年	增减		2009 年	2010 年	增减
资产项目				负债项目			
现金和存款	18800	15747	－3053	应付账款	10779	11296	516
有价证券	91729	89266	－2463	奖金准备金	293	284	－9
应收账款	14087	13671	－417	政府短期证券	96755	90670	－6086
贷款	154981	147997	－6984	国债	720552	758698	38145
委托运用金	121401	115607	－5794	借款	21934	23092	1159
坏账准备	2562	2667	－105	委托保管金	8783	6097	－2686
有形固定资产	184502	182696	－1806	责任准备金	9904	9730	－174
国有财产	36569	34716	－1857	公共年金存款	130434	123869	－6566
公共财产	144850	145156	306	退休工资准备金	12138	11287	－852
物品	3045	2792	－253	其他负债	7988	7882	－105
其他固定资产	38	36	－2	负债合计	1019562	1042904	23342
无形固定资产	260	248	－12	资产、负债差额项目 资产、负债差额	－372538	－417770	－45232
出资额	58239	57444	－795				
其他资产	5586	5124	－462				
资产合计	647023	625133	－21890	负债及资产、负债差额合计	647023	625133	－21890

表 6－15　　2009—2013 财年国家财务报表　　单位：10 亿日元

资产项目	2009 财年末	2010 财年末	2011 财年末	2012 财年末	2013 财年末
现金和存款	18800	15747	17739	21988	18619
有价证券	91729	89266	97571	110803	129319
库存	2877	2554	2605	2657	3928
应收账款	14086	13671	12970	12367	11900
预付款	—	—	4337	2769	1314
贷款	154981	147997	142877	139540	137940
委托运用金	121401	115607	110457	106742	104769
坏账准备金	2562	2667	2660	2580	2332
有形固定资产	184502	182696	180882	180344	177729
国有财产	36569	34713	33198	32748	29060
公共财产	144850	145156	145195	145314	146357
物品	3045	2792	2455	2247	2283
其他固有资产	38	36	34	36	29
无形固定资产	260	248	235	236	227
出资额	58239	57444	59293	62216	66318
其他资产	5124	5124	5219	5751	6877
资产合计	647023	625133	628918	640176	652681
负债项目	2009 财年末	2010 财年末	2011 财年末	2012 财年末	2013 财年末
应付账款等	10779	11296	11203	11332	11159
应付账款	8954	9438	9423	9647	9477
支付准备金	418	461	401	348	324
应付费用	1407	1396	1379	1337	1357
奖金准备金	293	284	260	254	279
政府短期债券	96755	90670	107247	101697	101597
国债	720552	758698	790972	827237	855761
借款	21934	23092	24534	26841	28411
委托保管金	8783	6097	7456	7255	6980
责任准备金	9904	9730	9228	9227	9442
公共养老金存款	130434	123869	118532	114625	112233
退休工资准备金	12138	11287	10712	9836	8798
其他负债	7147	7882	8085	7965	7575
负债合计	1019562	1042904	1088229	1117154	1143056

表 6-16　　2009—2013 财年合并财务报表　　单位：10 亿日元

资产项目	2009 财年末	2010 财年末	2011 财年末	2012 财年末	2013 财年末
现金和存款	35389	30919	29274	41056	49386
有价证券	228619	230939	245993	272365	309295
库存	5364	4752	4690	4501	5561
应收账款	14191	13922	13590	13182	12905
未收权益	1139	1024	1187	1194	1038
贷款	189483	186015	187110	186016	183336
坏账准备金	-5374	-5526	-5152	-4989	-4577
有形固定资产	272831	271086	268956	268490	266041
国有财产	76144	74348	72717	72415	69016
公共财产	189863	190176	190117	190055	190894
物品	6786	6526	6089	5984	6102
其他固有资产	38	36	34	35	29
无形固定资产	1103	1163	1147	1176	1189
出资额	13205	10819	10706	12725	14583
其他资产	750	740	717	694	667
资产合计	778278	768934	782432	822174	863137
负债项目	2009 财年末	2010 财年末	2011 财年末	2012 财年末	2013 财年末
应付账款	14361	14268	13993	14125	13756
保管金等	2895	2765	2725	2949	2660
应付费用	2207	2080	2396	2489	2660
奖金准备金	584	564	529	522	555
政府短期债券	87481	83251	93662	94646	99071
国债	477137	527583	574850	619544	661757
借款	32902	31553	32706	35509	36631
委托保管金	4391	4307	4203	4167	4121
储蓄存款	174789	173590	174437	174858	175294
责任准备金	121296	117366	112854	108991	105424
公共养老金存款	133842	127277	121947	118068	115779
退休工资准备金	18920	18012	17353	16329	14808
其他负债	19491	21608	23899	26783	29379
负债合计	1135477	1171304	1223639	1269146	1314154

资料来源：日本财务省发布的 2009—2013 年度《政府财务报表编制指南》。

二、日本统计部门资产负债表的编制

（一）数据来源

由于覆盖范围广泛的政府资产负债数据收集存在时滞，内阁府经济社会综合研究所对国民经济账户的编制，利用了大量现有的经济统计数据及该部门自己开展的调查。调查数据的收集主要依据《统计法》及《统计报告协调法》（*Statistical Reports Coordination Law*）。这些法律将调查数据分为“关键统计数据”和“一般统计数据”。“关键统计数据”有较强的法律支持，对漏编漏报有相应的处罚机制。为编制国民经济账户，内阁府经济社会综合研究所对地方政府开展了专项调查，调查结果仅用于编制国民经济账户，并不对外发表。出于法律和保密因素的考虑，行政数据（尤其是税务部门数据）通常难以获得及用于统计数据编制，因此国民经济账户部很少使用行政数据。

（二）数据的整理方法

国民经济账户编制采取非集中的编制体系，即由相关政府部门或机构对其法律管辖领域进行调查，提供数据，由内阁府经济社会综合研究所负责联系各数据提供部门，包括参加由内务部统计局主持的会议。国民经济账户计算部则具体负责改进数据的准确性与覆盖范围，并使其与国际准则保持一致。与数据提供部门的沟通分为正式沟通和非正式沟通。与数据提供方的非正式沟通主要解决引起汇总数据特殊变化的问题。

（三）统计部门资产负债表的编制

年度国民经济账户政府部门的编制和发布遵从国际准则，部分基于生产和消费法，部分基于收入法。季度国民经济账户2002年以前仅依据最终消费进行编制，目前也根据供给方进行编制（但季度发布的数据仍是按消费法）。在国民经济账户中，广义政府部门账户（见表6－17）的编制遵从国际上国民经济账户编制的一般原则，包含中央政府、地方政府和社会保障基金，但对广义政府收入、消费、赤字和融资情况仍然缺少全面的表述。公共部门的资产负债数据（见表6－18）则涵盖了广义政府部门以及公共金融公司和公共非金融公司（见表6－19）。

表6－17　　2009—2013财年广义政府资产负债表　　单位：10亿日元

资产项目	2009财年	2010财年	2011财年	2012财年	2013财年
1. 非金融资产	575622.7	577048.4	582152.2	572244.4	590462.2
（1）生产资产	448217.3	453057.2	460836.7	453477.4	472817.4
a. 存货	1728.6	1701.5	2045.5	2287.6	2639.5

续表

资产项目	2009 财年	2010 财年	2011 财年	2012 财年	2013 财年
b. 固定资产	446488.7	451355.7	458791.2	451189.8	470177.9
（2）土地	127405.4	123991.2	121315.5	118767.0	117644.8
2. 金融资产	490239.0	496028.9	492571.4	515118.9	577054.4
（1）现金和存款	80215.8	79552.0	77783.3	76103.3	79741.8
（2）贷款	28244.5	32198.1	32143.0	33859.1	35963.5
（3）债券	126308.0	127544.5	123529.4	122683.1	114926.4
（4）股票和投资基金	107522.4	115537.2	110588.2	120629.7	153745.9
（5）金融衍生工具	0	0	0	0	0
（6）其他金融资产	147948.3	141197.1	148527.5	161843.7	192676.8
总资产	1065861.7	1073077.3	1074723.6	1087363.3	1167516.6
负债项目					
负债	990554.0	1041719.1	1092314.7	1129286.1	1167144.7
（1）贷款	169439.4	167098.8	163876.9	163248.6	164166.6
（2）债券	760921.4	820907.7	877654.9	915583.9	953119.1
（3）股票和投资基金	23027.1	23875.1	23963.3	24364.8	24360.0
（4）金融衍生产品	38.7	47.2	50.9	57.6	54.1
（5）其他负债	37127.4	29790.3	26768.7	26031.2	25444.9
净值	75307.7	31358.2	−17591.1	−41922.8	371.9
总负债和净值	1065861.7	1073077.3	1074723.6	1087363.3	1167516.6

资料来源：日本内阁府经济社会综合研究所网站。

表 6－18　　2009—2013 财年公共部门资产负债表　　单位：10 亿日元

资产项目	2009 财年	2010 财年	2011 财年	2012 财年	2013 财年
1. 非金融资产	749408.0	750736.3	756784.5	743921.3	766982.7
（1）生产资产	584357.6	589981.1	599081.4	588770.6	613072.8
a. 存货	3176.3	3016.0	3373.7	3619.3	3967.3
b. 固定资产	581181.3	586965.1	595707.6	585151.3	609105.5
（2）土地	165050.4	160755.2	157703.2	155150.7	153909.9
2. 金融资产	1361141.5	1374856.3	1366381.1	1410741.2	1579044.9
（1）现金和存款	110816.7	109273.7	111375.2	109963.8	124913.1
（2）贷款	446236.5	440331.5	423103.4	414884.2	405961.0
（3）债券	473808.3	478699.9	487089.7	502825.1	551469.9
（4）股票和投资基金	149603.7	169310.7	157792.8	179861.1	254674.2
（5）其他金融资产	180676.3	177240.5	187020.0	203207.0	242026.7
总资产	2110549.5	2125592.6	2123165.6	2154662.5	2346027.6

续表

负债项目	2009 财年	2010 财年	2011 财年	2012 财年	2013 财年
负债	1944944.4	1997952.7	2033903.1	2099747.0	2250303.9
（1）现金和存款	337906.2	334729.6	346930.2	361078.2	423955.9
（2）贷款	355583.9	346085.4	335481.3	336448.6	340011.7
（3）债券	969887.5	1029901.8	1078377.5	1121163.0	1151571.2
（4）股票和投资基金	120203.2	138398.3	126523.5	144199.0	200455.8
（5）金融衍生产品	38.7	47.2	50.9	57.6	54.1
（6）保险和年金	93794.8	89913.0	87447.2	81991.4	79404.6
（7）其他负债	67530.1	58877.4	59092.5	54809.2	54850.6
净值	165605.1	127639.9	89262.5	54915.5	95723.7
总负债和净值	2110549.5	2125592.6	2123165.6	2154662.5	2346027.6

资料来源：日本内阁府经济社会综合研究所网站。

表 6－19　2010—2013 财年公共金融和非金融公司资产负债表　单位：10 亿日元

资产项目	2010 财年		2011 财年		2012 财年		2013 财年	
	金融	非金融	金融	非金融	金融	非金融	金融	非金融
1. 非金融资产	10253.8	163434.0	10199.3	164433.0	10267.0	161409.8	10302.0	166218.5
固定资产	612.3	134997.1	574.6	136341.9	561.0	133400.5	577.2	138350.4
2. 金融资产	810666.7	68160.7	808771.3	65038.4	823998.8	71623.5	900762.3	101228.2
（1）现金和存款	16724.5	12997.2	20238.0	13353.9	21193.1	12667.4	30989.4	14181.9
（2）贷款	397853.0	10280.4	380237.7	10722.7	370256.3	10768.8	360004.1	9993.4
（3）债券	347634.2	3521.2	359930.4	3629.9	377318.2	2823.8	433332.5	3211.0
（4）股票和投资基金	18990.9	34782.6	16763.7	30440.9	20773.3	38458.1	34237.1	66691.2
（5）金融衍生工具	0.0	0.0	0.0	0.0	0.0	0.0	0.0	0.0
（6）其他金融资产	29464.1	6579.3	31601.5	6891.0	34457.9	6905.4	42199.2	7150.7
总资产	820920.5	231594.7	818970.6	229471.4	834265.8	233033.3	911064.3	267446.7
负债项目	2010 财年		2011 财年		2012 财年		2013 财年	
	金融	非金融	金融	非金融	金融	非金融	金融	非金融
负债	789427.6	166806.0	782556.7	159031.7	806201.9	164259.0	892742.8	190416.4
（1）现金和存款	334729.6	—	346930.2	—	361078.2	—	423955.9	—
（2）贷款	99362.7	79623.9	93054.9	78549.5	96354.2	76845.8	100865.1	74980.0
（3）债券	197204.2	11789.9	190107.0	10615.6	195256.0	10323.1	187021.9	11430.2
（4）股票和投资基金	47800.8	66722.4	41918.1	60642.1	51901.1	67933.1	81943.6	94152.2
（5）金融衍生产品	0.0	0.0	0.0	0.0	0.0	0.0	0.0	0.0
（6）保险和年金	89913.0	—	87447.2	—	81991.4	—	79404.6	—
（7）其他负债	20417.3	8669.8	23099.3	9224.5	19621.0	9157.0	19551.7	9854.0
净值	31492.9	64788.7	36413.9	70439.7	28063.9	68774.3	18321.5	77030.3
总负债和净值	820920.5	231594.7	818970.6	229471.4	834265.8	233033.3	911064.3	267446.7

资料来源：日本内阁府经济社会综合研究所网站，“－”表示无此分类信息。

三、日本财务省财务报表和统计部门政府资产负债表比较

日本财务省财务报告和统计部门政府资产负债表除了如上文所述在数据的来源，资产、负债分类上存在差别外，在编制的目的、用途，编制依据的准则以及编制的范围和层次上也存在明显的差别。

（一）编制的目的和用途存在差别

日本财务省的国家财务报表和合并财务报表主要是用于日本中央政府编制预算，制定税收、公共开支等政策的依据。而内阁府经济社会综合研究所编制的政府资产负债表则是作为国民经济核算的组成部分，反映国民经济各部门的财务状况和资金流动。

（二）报表编制的方法和所依据的准则存在差别

日本财务省的财务报告以日本政府2000年发布的《日本政府资产负债表临时性概念和标准》和2004年发布的《各省厅财务报告的制作基准》作为基本的编制准则，而内阁府经济社会综合研究所编制的政府资产负债表则遵从了国际上国民经济账户编制的一般原则，自2000年开始以1993 SNA为基础框架编制国民经济账户政府部门数据。

（三）编制的机构范围和层次存在差别

财务省编制的财务报表主要包括省厅层级政府部门和其各部门下属负责管理的公共公司和非营利非市场机构等合并对象法人机构。统计部门报表编制范围与层级分类与1993 SNA的差异很小，主要包含并分为非金融公司、金融公司、广义政府、住户，以及为住户服务的非营利机构五大类机构部门。统计部门资产负债表涵盖了中央和地方政府及社会保障基金，而财务省财务报表只提供了中央政府的资产负债数据（详见本章第一节第二部分所述）。

四、对日本财务省资产负债表的简要分析

（一）对日本财务省国家资产负债表和合并资产负债表的分析

通过对表6－14至表6－16展示的2009—2013财年日本政府国家财务报表中的资产和负债项目及日本财务省合并财务报表等项目进行分析，可以初步得到以下判断：

1. 日本财务省国家财务报表简要分析

日本政府的净负债规模持续扩大。2009财年至2013财年，日本政府的资产规模增长不多，并且在2010财年和2011财年连续两年下降，直到2012财年才

恢复增长，2013 财年总资产规模达到 652.7 万亿日元。另一方面，日本中央政府的负债规模则保持了持续增长，2013 财年总负债规模达到 1143.1 万亿日元，“净负债额”（负债减去资产的数额）为 -490.4 万亿日元，较 2012 财年增加 13.4 万亿日元，较 2009 财年增加 117.8 万亿日元。

日本政府资产以金融资产为主，出资额占比持续增加。2013 财年，日本政府金融资产、有形固定资产、出资额和其他资产占总资产的比重分别为 61.6%、27.2%、10.2% 和 1.1%。日本政府资产负债表中的出资额统计项目在其他国家政府资产负债表中较少出现，并且在过去 5 个财年中占总资产的比重呈持续增长的趋势，2013 财年较 2012 财年增长 0.5 个百分点，较 2009 财年增长 1.2 个百分点。

日本中央政府负债以国债为主，并持续增加。日本中央政府的负债最为显著的特点即为总负债规模的逐年扩大。为解决财源不足问题，日本政府发行了大量国债，成为日本政府财政状况日益严峻的主因。日本财务省 2013 财年末中央财政“资产负债表”中一般账户和特别账户总负债额为 1143.1 万亿日元，其中国债余额所占比重为 74.9%，政府短期债券所占比重为 8.9%，两项合计占中央政府总负债的 83.8%。

以债务规模与国内生产总值相比的债务负担率指标来衡量，日本政府的负债规模同其他发达国家相比也是非常高的。同为发达国家的美国、德国等国家，其债务负担率均低于 130%，而日本在 2004 年已经超过 160%，并以年均 10% 的速度增加，2013 财年末已达到 240%。根据国际经验，发达国家的债务累计额最多不超过当年 GDP 的 45%，为公认的最高警戒线。很显然，从债务负担率指标来看，日本的债务规模明显高于其他发达国家。随着欧洲多国主权债务危机的爆发，对日本政府债务规模过大可能导致风险的质疑声音也在不断的增加。

2. 日本财务省合并财务报表资产负债简要分析

合并财务报表资产负债规模大于国家财务报表的数据。合并财务报表相较于国家财务报表，增加了合并对象法人（公共公司和独立行政法人等）的资产、负债统计，经轧差后，合并财务报表资产负债规模高于国家财务报表的资产负债规模。2013 财年，合并财务报表资产达到 863.1 万亿日元，比国家财务报表中中央政府的资产规模（652.7 万亿日元）高 214.4 万亿日元；合并财务报表负债规模为 1314.2 万亿日元，比中央政府的负债规模（1143.1 万亿日元）高 171.1 万亿日元。

（二）对日本统计部门财务报表的简要分析

通过对表 6-17 至表 6-19 展示的 2009—2013 财年日本统计部门资产负债

表中的资产和负债项目进行分析，可以初步得到以下判断：

1. 日本广义政府部门资产负债简要分析

日本广义政府部门资产规模略高于负债。2013 财年，内阁府经济社会综合研究所国民经济账户中广义政府部门持有的资产为 1167.5 万亿日元，负债为 1167.1 万亿日元，资产净值为 3179 亿日元，而 2012 财年，政府部门的资产为 1087.4 万亿日元，负债为 1129.3 万亿日元，资产净值为 -41.9 万亿日元。

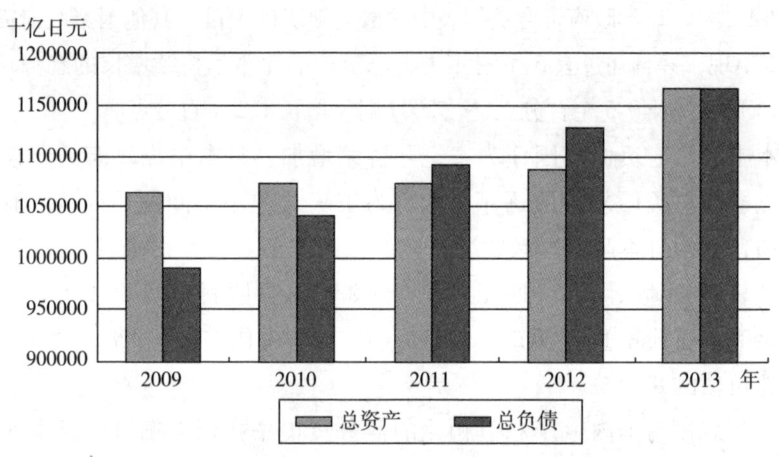

图 6-2　日本广义政府资产与负债

非金融资产占比略高于金融资产。2013 财年，日本广义政府非金融资产为 590.5 万亿日元，金融资产为 577.1 万亿日元，占全部资产的比重分别为 50.6% 和 49.4%，非金融资产的占比略高于金融资产。2009—2013 财年，日本政府部门金融资产在全部资产中的占比呈上升趋势，2013 年占比较 2009 年高 3.4 个百分点。2013 财年，金融资产中股票和投资基金为 153.7 万亿日元，占全部资产的比重为 13.2%；债券为 114.9 万亿日元，占全部资产的比重为 9.8%。

负债以非股权类债券和贷款为主。2013 财年，广义政府部门中各项负债中非股权类债券规模为 953.1 万亿日元，占全部负债的比重为 81.7%，贷款为 164.2 万亿日元，占全部负债的比重为 14.1%，两项合计占日本政府部门全部负债的 95.7%。

2. 日本公共部门资产负债简要分析

广义政府是公共部门的主体，金融公司资产规模大于非金融公司。2013 财年，日本广义政府部门资产为 1167.5 万亿日元，负债为 1167.1 万亿日元，占当年日本公共部门资产和负债的 49.8% 和 51.9%，并在过去五年中保持这一规模水平。而公共金融公司 2013 年的资产和负债规模分别为 911.1 万亿日元和 892.7 万亿日元，为同期

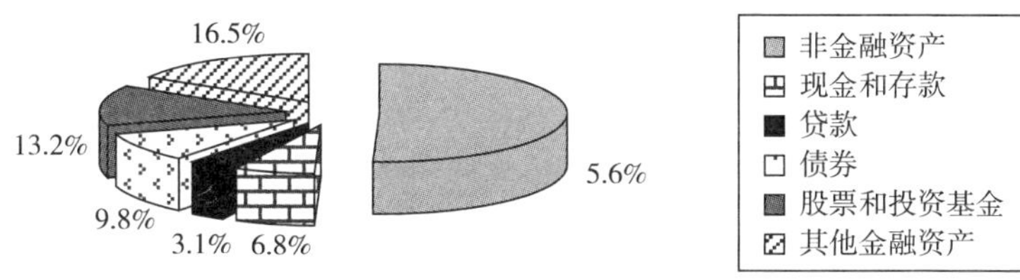

图6－3　日本广义政府资产结构

公共非金融公司资产和负债项目的3.4倍和4.7倍。公共金融公司和公共非金融公司资产规模分别占公共部门总资产的38.8%和11.4%。

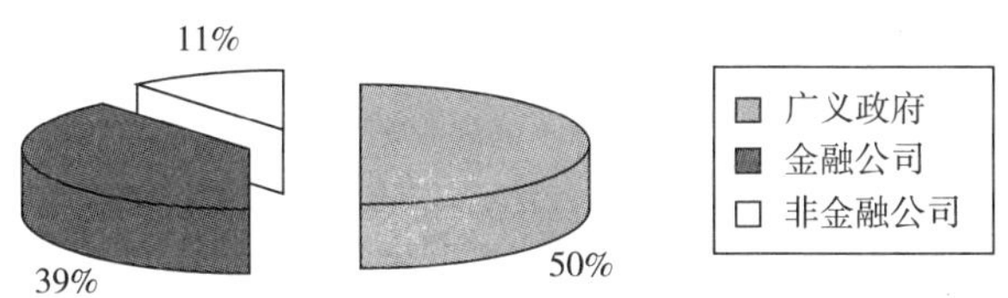

图6－4　日本公共部门资产来源构成

公共部门中金融资产规模明显大于非金融资产规模。2013财年，广义政府部门中非金融资产为590.5万亿日元，金融资产为577.1万亿日元，占全部资产的比重分别为50.6%和49.4%，非金融资产的占比略高于金融资产。2009—2013财年，日本广义政府部门金融资产在全部资产中的占比呈上升趋势，2013年占比较2009年高3.4个百分点。而在公共部门中，由于包含公共金融公司，金融资产规模明显大于非金融资产规模，2013年金融资产为1579万亿日元，非金融资产为767万亿日元，占比分别为67.3%和32.7%。在金融资产中，债券为551.5万亿日元，占比为23.5%；贷款为406万亿日元，占比为17.3%。

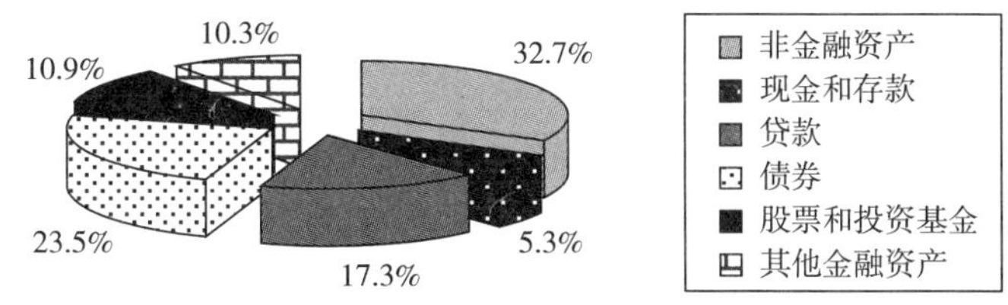

图6－5　日本广义政府资产结构

非股权类债券是公共部门最主要的负债模式。公共部门中非股权类债券规模为1151.6万亿日元，占全部负债的比重为51.2%，贷款为340万亿日元，占全部负债的比重为15.1%，由于包含公共金融公司，现金和存款规模也达到424万亿日元，占公共部门全部负债的比重为18.8%，三项合计占公共部门全部负债的85.1%。

参考文献

[1] 日本财务省会计局：《2013年国家财务报表编制指南》，2015年1月，https：//www.mof.go.jp/budget/report/public_ finance_ fact_ sheet/fy2013/national/2013_ guidbook.pdf。

[2] 日本财务省会计局：《2012年国家财务报表编制指南》，2014年1月，https：//www.mof.go.jp/budget/report/public_ finance_ fact_ sheet/fy2012/national/2012_ guidbook.pdf。

[3] 日本财务省会计局：《2011年国家财务报表编制指南》，2013年1月，https：//www.mof.go.jp/budget/report/public_ finance_ fact_ sheet/fy2011/national/2011_ 04.pdf。

[4] 日本财务省会计局：《2010年国家财务报表编制指南》，2012年1月，https：//www.mof.go.jp/budget/report/public_ finance_ fact_ sheet/fy2010/national/2010_ 04.pdf。

[5] 杨华、肖鹏：《日本政府会计制度改革的经验与启示》，载《中国行政管理》，2012（4）。

[6] 张国清：《政府会计国际比较：发现与启示》，载《上海立信会计学院学报》，2007（6）。

[7] 常丽：《美、日政府资产负债信息披露全景图比较研究》，载《财政研究》，2010（8）。

[8] The Japanese Government Balance Sheet（Trial Work）for Fiscal Year 2001.

[9] Provisional Concepts and Standards for the Japanese Government Balance Sheet.

[10] International Monetary Fund（2001）, Government Finance Statistics Manual, Second Edition.

[11] International Monetary Fund（2012）, Government Finance Statistics Yearbook（Washington）.

[12] Japanese Public Finance Fact Sheet 2014, Ministry of Finance.

[13] A Guide to the Statistics Bureau, the Director – General for Policy Planning and the Statistical Research and Training Institute.

[14] Japan's Lessons for a World of Balance – sheet Deflation, Financial Times, February 17, 2009.

[15] Another Look at Governments' Balance Sheets：The Role of Nonfinancial Assets, IMF Working Paper（2013）.

第七章　新西兰政府资产负债表的编制

第一节　新西兰政府资产负债表编制的基本情况

目前，新西兰财政部和统计局分别编制发布政府资产负债表。财政部在其编制的《新西兰政府财务报表（年度）》中提供了新西兰政府（Crown）[①] 及其分机构部门的资产负债表；统计局在其编制的《政府财政统计报告（年度）》中，分别提供了中央政府（Central Government）和地方政府（Local Government）两张资产负债表。两套报表在表式、核算范围等方面存在差异，但在机构分类、资产负债范围、数据源与编制等方面存在很多相通之处。

一、新西兰财政部编制政府资产负债表的基本情况

新西兰财政部根据《公共财政法案 1989》、《财务报告法案 1993》（2013 年修订）以及适用于公共利益实体的国际财务报告准则[②]编制并于每年 10 月发布上一财年的《新西兰政府财务报表》。

《新西兰政府财务报表》中包含了“政府财务状况表”（也称政府资产负债表[③]）和分机构部门的报表。其政府资产负债表如表 7－1 所示，其中横栏表示时间，纵栏列示各资产负债类别，以此反映各财年新西兰政府资产负债的期末余额数。分机构部门的政府资产负债表如表 7－2 所示，其中横栏表示新西兰政府的各个分部门，纵栏为分类较“粗”的资产负债项，以此反映某一财年新西兰政府及其分部门的资产负债存量。

---

① 新西兰原为英国殖民地，为英国各联邦之一。Crown 原指殖民时代管辖整个新西兰的（英）皇权政府，新西兰独立后亦沿用至今，与澳大利亚的联邦政府相似，指中央层级的政府机构。

② Financial Statements of the Government of New Zealand（for the year ended 30 June 2014），Note1.

③ A Guide to the Public Finance Act 2005，第 62 页。

表 7－1　　《新西兰政府财务报表》中的政府资产负债表

（2012—2013 至 2013—2014 财年，6 月 30 日期末余额数）

单位：百万新西兰元

项目	2012—2013 财年	2013—2014 财年	项目	2012—2013 财年	2013—2014 财年
资产			负债		
现金和现金等价物	14924	11888	发行的货币	4691	4964
应收账款	19883	17480	应付款	11160	11294
有价证券、存款和衍生工具收益	44000	48457	递延收入	1714	1962
股票投资	17359	20596	借款	100087	103419
借款	22613	24756	保险责任	37712	35825
存货	1140	1099	退休计划负债	11903	10885
其他资产	2295	2510	备付金	7138	6955
物业、工厂与设备	109833	116306	负债总计	174405	175304
权益法入账的投资	9593	10071	净值	70011	80779
无形资产和商誉	2776	2920			
资产总计	244416	256083			

表 7－2　　新西兰政府及其分部门资产负债表

（2013—2014 财年，6 月 30 日期末余额数）单位：百万新西兰元

项目	核心政府	政府实体	国有企业	部门间冲销	新西兰政府
资产					
金融资产	80083	41844	21151	－19901	123177
物业、厂房及设备	30963	56802	28541	—	116306
对联营的/政府实体拥有的/国有的企事业单位的投资	32543	8627	192	－31291	10071
其他资产	2816	1149	2598	－34	6529
资产总计	146405	108422	52482	－51226	256083
负债					
借款	89090	5155	26185	－17011	103419
其他负债	28442	43836	7245	－7638	71885
负债总计	117532	48991	33430	－24649	175304
净值	28873	59431	19052	－26577	80779

表 7－1 和表 7－2 的表式不同。表 7－1 的资产负债的分类较“细”，可提供较长时间跨度的数据，但没有显示分部门的数据；表 7－2 显示了分部门数

据，但其资产负债分类较“粗”。经比较分析，它们在资产负债分类上并无差异，只是表7－2中未将相关资产负债的细项展开。因此，通过整理，可将表7－1和表7－2合并为表7－3的形式，其中横栏为新西兰政府各个分部门，纵栏为“粗中有细”的各资产负债类别，其相应数值亦是完全匹配的。

表7－3　　　新西兰政府（分部门）资产负债表

（2013—2014财年，6月30日期末余额数）单位：百万新西兰元

项目	核心政府	政府实体	国有企业	部门间冲销	新西兰政府
资产					
金融资产	**80083**	**41844**	**21151**	**－19901**	**123177**
现金和现金等价物	—	—	—	—	11888
应收账款	—	—	—	—	17480
有价证券、存款和衍生工具收益	—	—	—	—	48457
股票投资	—	—	—	—	20596
贷款	—	—	—	—	24756
物业、厂房及设备	**30963**	**56802**	**28541**	**—**	**116306**
对联营的/政府实体拥有的/国有的企事业单位的投资	**32543**	**8627**	**192**	**－31291**	**10071**
其他资产	**2816**	**1149**	**2598**	**－34**	**6529**
库存	—	—	—	—	1099
无形资产和商誉	—	—	—	—	2920
其他资产	—	—	—	—	2510
资产总计	**146405**	**108422**	**52482**	**－51226**	**256083**
负债					
借款	**89090**	**5155**	**26185**	**－17011**	**103419**
其他负债	**28442**	**43836**	**7245**	**－7638**	**71885**
发行的货币	—	—	—	—	4964
应付款	—	—	—	—	11294
递延收入	—	—	—	—	1962
保险业负债	—	—	—	—	35825
退休计划负债	—	—	—	—	10885
备付金	—	—	—	—	6955
负债总计	**117532**	**48991**	**33430**	**－24649**	**175304**
净值	**28873**	**59431**	**19052**	**－26577**	**80779**

资料来源：根据新西兰财政部《新西兰政府财务报表》中的政府资产负债表以及分部门报表综合整理。

注：（1）分部门报表中只列示上表中字体加粗的资产、负债项目；这些项目等于其下面非粗体字项目之和。非粗体字项目没有提供分部门数据，只有整个政府的合计数（表中最后一列）。

（2）部门间冲销栏包括冲销部门内交易以及对资产销售和外币交易中收益与损失进行轧差后的结果。

二、新西兰统计局编制政府资产负债表的基本情况

相对于财政部，新西兰统计局在政府财政统计方面是个“新手”。统计局编制政府资产负债表的工作始于2011—2012年：其参照IMF《政府财政统计手册2001》（以下简称GFSM2001）标准，分别于2011年7月①和2012年6月②发布了第一份《地方政府财政统计报告》和第一份《中央政府财政统计报告》③，两个报告中相应提供了新西兰中央政府和地方政府的资产负债表。此后，统计局编制并于每年5月初和6月底分别发布上一个财政年度的“中央政府资产负债表”和“地方政府资产负债表”，但未提供合并后的覆盖所有层级政府（如中央政府加地方政府）的资产负债表（统计局表示，将于未来合并中央和地方政府的资产负债表④）。

中央政府和地方政府两张资产负债表的表式相同，即横栏表示时间，纵栏为资产负债项。除个别项目差异外（在表7-4中以阴影表示），两报表的资产负债分类基本一致。因此，可将同一财政年度的两张资产负债表整理为表7-4的形式⑤。由于新西兰统计局没有提供分部门（如财政部所分的核心政府、政府实体等）的资产负债数据，因此无法整理成“资产负债项——各机构部门”的表式。

表7-4　　整理后的新西兰统计局的政府资产负债表

（2011—2012和2012—2013财年⑥，期末余额数）

单位：百万新西兰元

项目	中央政府		地方政府	
	2011—2012财年	2012—2013财年	2011—2012财年	2012—2013财年
资产				
金融资产				
现金和存款	18584	16866	933	1200

① Introducing Government Finance Statistics，新西兰统计局工作论文，第3页。

② Update on Release of Government Finance Statistics for Central Government，第3页。

③ 第一份地方政府资产负债表数据覆盖2009年6月至2011年6月；第一份中央政府资产负债表数据覆盖2009年6月至2012年6月。

④ Update on Release of Government Finance Statistics for Central Government，第5页。

⑤ 因2013—2014财年的地方政府资产负债表要到2015年6月底才发布，故表7-4采用2012—2013年度的数据。汇总整理只是表式的合并，不涉及数据的轧差、冲销等处理。

⑥ 2013—2014财年的中央政府资产负债表已发布；2013—2014财年地方政府资产负债表需待6月底发布，因此此处统一使用截至2012—2013财年的数据。

续表

项目	中央政府		地方政府	
	2011—2012财年	2012—2013财年	2011—2012财年	2012—2013财年
贷款	16084	15518	1242	1203
证券	19460	18904	1163	1221
其他非股权资产	21641	20843	1552	1656
权益法入账的投资（中央政府专有） 或保险技术准备金（地方政府专有）	34170 —	34680 —	— —	— —
股票和其他股权	16430	19614	10325	10570
金融资产小计	**126369**	**126425**	**15215**	**15850**
非金融资产				
固定资产				
建筑和构建物	44408	45668	66059	68133
机器设备	3001	2926	1511	1454
其他固定资产	4813	5271	220	339
库存	**614**	**537**	186	193
贵重品	**0**	**0**	454	451
非生产性资产				
土地	21826	21883	27655	27643
无形非生产性资产	266	266	112	111
非金融资产小计	**74930**	**76551**	**96197**	**98324**
资产总计	**201299**	**202976**	**111412**	**114174**
负债				
现金和存款	0	0	5	4
贷款	5670	3411	8909	10264
证券	64485	64843	—	—
退休计划负债（中央政府专有） 或保险技术准备金（地方政府专有）	14618 —	13218 —	— —	— —
保险业负债（中央政府专有）	39531	36523	—	—
其他非股权负债	19315	19963	2946	2649
负债总计	**143620**	**137958**	**11860**	**12917**
净值	**57679**	**65018**	**99552**	**101257**

资料来源：根据新西兰统计局《政府财政统计报告》中的中央政府资产负债表和地方政府资产负债表整理。

三、两套政府资产负债表的简要比较

直观地看，两套报表在表式、政府层次、资产负债分类等方面都存在明显差异。通过下文的比较分析，我们发现两者差异并未如直观感觉的大。相反，两套报表在机构分类、资产负债范围、数据来源、编制过程等方面存在很多相通之处。

从机构范围与分类看，财政部报表的机构范围相当于中央政府层级的整个公共部门；统计局报表的机构范围分别相当于中央和地方层级的广义政府部门。在中央层级政府的机构部门划分上，两者基本一致，均分为核心政府（相当于狭义政府）、政府实体（相当于非市场非营利组织）和国有企业（相当于公共公司）三个部门。财政部报表核算并提供了上述三部门的资产负债数据（分部门数与合并数）；而统计局报表只核算了前两个部门，且未提供分部门的数据（详见第二节）。

从资产负债范围与分类看，财政部报表运用会计财务报告的分类标准；统计局报表则遵循 GFSM2001 的分类体系，两套报表资产负债项目的名称和分类有一定差异。尽管如此，经比对分析，两套报表所核算的资产负债的总体范围是基本一致的，这也从具体数据的比较上得以验证（详见第三节）。

从资产负债的计价看，两套报表都基于权责发生制来确定记录时间。在资产负债项的初始定值与后续核算上，财政部报表按会计准则处理，主要基于历史成本定值，并根据公允价值对某些资产和负债进行重估值调整；统计局报表依据 GFSM2001 标准，主要基于市场价格进行定值与核算。由于两者共用相同的数据源，之间的差异并不显著且正逐渐缩小（详见第三节）。

从报表编制过程看，两套报表在数据来源、数据整理等方面非常相近。差异主要体现在统计局报表的数据来源较为多样化，因此有着比财政部报表更多的数据调整和标准化处理过程（详见第四节）。

第二节　新西兰政府的机构范围与层次

新西兰是兼有议会制特点的君主立宪制国家，它有两个政府层级，即中央政府和地方政府，两者在政治上、财政上和管理上彼此独立[①]。中央政府由立

① The Local Government System in New Zealand，第 1 页。

法、司法、行政各部门等组成；地方政府由 11 个“地方”（Region）和 5 个“单一管理区”（Unitary Authority）以及查塔姆群岛领地构成。其中，“地方”由地方议会（Regional Council）管辖，下设 56 个区和 13 个市（Districts and Cities），由区域当局（Territorial Authority）管辖；“单一管理区”由兼有地方议会权力的区域当局管辖[①]。尽管在行政区划上“地方”还下设“区”和“市”，但在政府层级划分上，新西兰地方政府为单一层级政府，无 GFSM2001 所定义的“州政府”层级[②]。

新西兰财政部和统计局各自编制的政府资产负债表的机构范围既有重合又有互补之处。总体看，财政部只涉及中央层级的政府，但涵盖了该层级的整个公共部门；统计局涵盖了中央和地方两级政府（未合并），但只涉及相应层级的广义政府部门。

一、新西兰财政部报表的机构范围与层次

财政部报表的机构范围是新西兰“整个政府”（Total Crown），但不包括地方政府机构[③]。根据新西兰《公共财政法案》，这里的“Crown”是所有进行政府行为的法人的通称[④]，本文简称为“政府”。由于新西兰中央政府和地方政府在政治上、财政上和管理上彼此独立[⑤]，因此，财政部报表所核算的“政府”只指中央层级的政府。

新西兰财政部将其核算的“政府”进一步细分为核心政府（Core Crown）、政府实体（Crown Entities）和国有企业（State - owned Enterprises）三个部门。这三个部门大致相当于 IMF《政府财政统计手册 2001》中定义的狭义政府、非市场非营利机构和公共公司。

（一）核心政府

核心政府的范围与新西兰预算账户部门的范围相当，主要包括各政府部门及其部长、议会的办事机构以及相关法律规定的其他部门[⑥]。

1. 各政府部门及其部长

包括新西兰《国家部门法案》附表 1 所列示的总理内阁办公室、坎特伯雷

① The Local Government System in New Zealand，第 2 页。

② Government Finance Statistics（Central Government）：Year ended June 2014，第 8 页。

③ A Guide to the Public Finance Act 2005，第 46 页。

④ A Guide to the Public Finance Act 2005，第 5 页第 15 行。

⑤ The Local Government System in New Zealand，第 1 页。

⑥ Financial Statements of the Government of New Zealand（for the year ended 30 June 2014），Note1.

灾后恢复重建部、政府法律办公室、自然资源保护部、惩教署、国际事务部、教育部等29个公共服务机构，和不在《国家部门法案》而在《公共财政法案》中规定的新西兰国防军、警察局、安全情报局、职员办公室（Office of the Clerk）、议会顾问机构、议会服务机构6个非公共服务机构①，以及上述部门的部长（Ministers）。

2. 议会的办事机构

议会的办事机构包括审计主管和审计长、监察员和议会环境专员②及其所在机构。

3. 相关法律规定的其他部门

即新西兰储备银行（中央银行）和新西兰养老基金。

由上可见，财政部报表所定义的“核心政府”涵盖了新西兰中央层级的立法、行政、司法部门，相当于GFSM2001中定义的“狭义政府”。但新西兰“核心政府”的范围也有异于多数国家“狭义政府”的独特之处，即将大多作为公共金融公司的中央银行，以及可与狭义政府并列为广义政府一部分的养老基金纳入了新西兰“核心政府”的范围。

（二）政府实体

政府实体是指依据法律而建立，政府拥有控制权（如拥有多数投票份额或有权任命和替换多数管理者），且依法独立于政府部门的实体机构③。政府实体是公共利益实体的一部分，它把向社区或社会福利提供商品和服务作为主要目的，而不以向股东提供财务回报为目的④。同时，政府实体不像国有企业那样通过市场交易直接向公众提供服务，并由市场决定其提供服务的质量、数量和价格。⑤

财政部报表列示了所有的政府实体，包括事故赔偿公司、新西兰奥特阿罗艺术理事会、广播委员会、广播标准局、新西兰职业规划局、儿童委员会、新西兰民航局、商贸委员会、王国政府研究中心、地区卫生局等95个机构。根据新西兰《政府实体法案2004》，这些政府实体可分为以下五类机构⑥。

1. 法定实体

法定实体指依法设立的法人团体，包括：（1）政府的代理机构，如区卫生

① A Guide to the Public Finance Act 2005，第81页。

② Financial Statements of the Government of New Zealand（for the year ended 30 June 2014），第180页。

③ 新西兰财政部网站上的定义。

④ Financial Statements of the Government of New Zealand（for the year ended 30 June 2014），Note1。

⑤ 新西兰财政部网站上对国有企业与政府实体之间差异的说明。

⑥ Crown Entities Act 2004，第七节，第12－14页。

局等；（2）自发的政府实体，如标准委员会等；（3）独立的政府实体，如法律委员会等。

2. 政府实体公司

即原《公司法案 1993》中规定的由政府（Crown）独资拥有的公司，如新西兰政府研究机构和新西兰电视台等。

3. 政府实体公司的子公司

即被上述政府实体公司所控制的公司。

4. 中小学学校及其董事会

即根据《教育法案 1989》设立的中小学学校及其董事会。

5. 高等教育机构

根据《教育法案 1989》设立的各类高等教育机构，如教育学院、科技专科学校、专科大学、大学等。

根据上述定义和分类可见，财政部报表所定义的“政府实体”概念符合 SNA2008 中对非市场非营利机构的判别标准，即“不以为组建或控制它们或为它们提供资金的单位获取财务回报为目的”、“政府拥有或控制”以及“其提供的商品或服务不具经济显著性”，因此它相当于 GFSM2001 定义的“非市场非营利机构”。如前所述，新西兰的“核心政府”相当于 GFSM 中的“狭义政府”概念，于是，核心政府和政府实体的集合就构成了新西兰的“广义政府部门”。

（三）国有企业

国有企业是指由政府拥有并进行商业化运营的公司。它们依据《国有企业法案 1986》而设立，作为公共公司注册并受《公司法案》相关规定的约束。国有企业与政府实体的区别在于它们通过市场交易直接向公众提供服务，其提供服务的质量、数量与价格由市场决定①。根据新西兰《国家部门法案 1989》，新西兰国有企业的职能是服务社会、维护政府利益、促进和维护国家社会体系正常运作等。

新西兰国有企业主要集中在公用事业、运输及邮政业等非金融领域。包括新西兰联合航空有限责任公司、学习传媒有限公司、畜牧产品有限公司、新西兰铁路公司、新西兰电力有限公司、新西兰气象服务有限公司、新西兰邮政有限公司等 14 家被《国有企业法案 1986》管辖的国有公司，大河电力有限公司、经线能源有限公司、创新能源有限公司 3 家在《公共财政法案 1989》第五节中规定的混合所有制公司，以及新西兰航空公司。

---

① 新西兰财政部网站上的定义。

根据上述定义，新西兰的“国有企业”符合GFSM2001所定义的“公共公司”的特征，如“由政府控制”、“提供市场化商品或服务”等。参照具体名录做进一步分析可知，由于新西兰国有企业基本为公用事业、运输及邮政业等非金融公司，且新西兰财政部将在多数国家中作为公共金融公司的中央银行归入“核心政府”，因此，更准确地说，新西兰的“国有企业”相当于GFSM2001中的“公共非金融公司”。

（四）机构范围相当于中央政府层级的整个公共部门

综上所述，财政部报表核算的机构范围是不包括地方政府机构的“整个政府”（Total Crown），它包括核心政府、政府实体和国有企业三个部门。

根据上文分析，新西兰“核心政府”相当GFSM2001的“狭义政府”（加上大多作为公共金融公司的中央银行以及作为广义政府一部分的养老基金）；“政府实体”相当于GFSM2001中的“非市场非营利机构”；“国有企业”相当于GFSM2001中的“公共非金融公司”。因此，财政部报表的机构范围就相当于中央政府层级的整个公共部门。

二、新西兰统计局报表的机构范围、层次以及其与财政部报表的区别

如前所述，新西兰只有中央政府和地方政府两个政府层级。新西兰统计局分别编制并发布中央政府和地方政府资产负债表，但未编制涵盖所有层级政府（即中央加地方）的经合并的政府资产负债表。

（一）统计局报表的机构范围与层次

1. 中央政府资产负债表的机构范围

根据报表编制说明，中央政府资产负债表核算的机构范围是构成中央政府层级（Central Government）的所有单位或实体，它包括全部的核心政府部门（Core Crown）和那些非市场化运营的政府实体，但不包括国有企业①。因为国有企业是公共非金融公司，按照GFSM2001的划分，其属于公共公司而不在广义政府部门的范围内②。报表编制说明列示了机构范围内的所有单位（实体），它们分为：（1）预算内机构：由政府、议会各部门和新西兰养老基金构成；（2）预算外单位（实体）：包括事故赔偿公司、农业和市场研究与发展信托基金、新

① Government Finance Statistics（Central Government）：Year ended June 2014，第8页，第13－21行。

② 尽管国有企业和市场化运营的政府实体不在统计局报表核算的机构范围内，但中央政府对这些企业和实体的股权投资被作为金融资产记入中央政府资产负债表中，这一处理与GFSM2001一致但与财政部的报表稍有差异。

西兰麻醉品顾问委员会等95家机构；（3）社保基金中的政府职员养老基金[①]。

与财政部报表的机构范围相比，统计局报表的“预算内机构”与财政部报表的“核心政府”基本一致（但不包括中央银行）；“预算外单位”与财政部报表的“政府实体”一致。由于“核心政府”和“政府实体”分别相当于GFSM2001中的“狭义政府”和“非市场非营利组织”（如前所述），且统计局报表核算的机构范围不包含中央银行和国有企业，因此，统计局编制的中央政府资产负债表的机构范围相当于中央层级的广义政府部门。

2. 地方政府资产负债表的机构范围

地方政府资产负债表核算的机构范围是构成地方政府层级（Local Government）的所有单位或实体，它由所有地方政府机构和地方政府的特定目的实体构成，前者如区议会、市议会、单一管理区和地方议会等所有地方政府机构，后者如各类地区性博物馆等[②]。

此外，议会控制机构（包含地方当局拥有的公司和交易实体，Council - controlled Organizations，CCOs）通常不在地方政府资产负债表的核算范围，但一些非市场运营的CCOs包括在本报表的机构范围中，如奥克兰交通公司以及奥克兰旅游和经济发展部[③]。

总体看，新西兰统计局编制的地方政府资产负债表的机构范围相当于地方层级的广义政府部门[④]。

（二）与财政部报表机构范围的主要区别

综上所述，财政部报表的机构范围是中央层级政府的整个公共部门；统计局报表的机构范围分别是中央层级的广义政府部门和地方层级的广义政府部门。两者在中央层级的广义政府部门上基本重合，在国有企业以及地方层级政府方面形成互补。

在其重合的中央层级政府，两者都核算了核心政府和政府实体的资产负债存量，其机构范围基本一致，主要差异在于财政部的核心政府包括新西兰储备银行（中央银行），而统计局按照GFSM2001标准将中央银行作为公共金融公司处理而未将其包括在内。除核心政府和政府实体外，财政部报表还核算了相当于公共公司的国有企业，而统计局报表未对此进行核算。

---

① Update on Release of Government Finance Statistics for Central Government，第9页，附录。

② Government Finance Statistics（Local Government）：Year ended June 2013，第6页。

③ Government Finance Statistics（Local Government）：Year ended June 2013，第6页。

④ Introducing Government Finance Statistics，新西兰统计局工作论文，第6页。

此外，如表7－3和表7－4所示，财政部报表提供了核心政府、政府实体和国有企业的分部门资产负债数，而统计局只提供整个中央政府的资产负债数据而未提供分部门数据，我们无法从统计局报表中获知各分部门的资产负债存量。

第三节　新西兰政府资产负债的范围、分类和计价

资产是反映经济主体在拥有、持有或使用某个实体一段时间后所能产生的一系列经济利益，这个利益可以是使用资产的主要收入或通过出售资产来实现的价值；负债是向其他经济单位提供经济价值的义务，是拥有索取权的单位所持有的金融资产的相对物。

一、新西兰财政部报表资产负债的范围和分类

根据表7－3，财政部报表的资产分为金融资产，物业、厂房及设备，对联营的/政府实体拥有的/国有的企事业单位的投资和其他资产四大类及其细分项目；负债分为借款和其他负债两大类及其细分项目。

（一）金融资产

1. 现金和现金等价物

包括手持现金、在途现金和初始期限不超过3个月的银行账户存款①。

2. 应收账款

按类型分，包括主权应收款（Sovereign Receivables）、再保险应收款以及交易和其他应收款；其中，主权应收款又包括应收税款，收费、罚款和处罚应收款以及社会福利应收款。

按期限分，包括预期一年内收回的应收款和预期拖欠一年以上的应收款。

按来源分，包括核心政府、政府实体、国有企业的应收款（其合计数应做部门间的冲销处理）②。

3. 有价证券、存款和衍生工具收益

按类型分，包括有价证券、长期存款、衍生工具收益以及IMF金融资产。有价证券包括政府为实现资本利得和利息收入而持有的债券、商业票据、公司债券和类似的交易性金融资产。长期存款指初始期限在三个月以上，不在活跃市场上交易的金融工具。

---

① Financial Statements of the Government of New Zealand (for the year ended 30 June 2014), Note1.

② Financial Statements of the Government of New Zealand (for the year ended 30 June 2014), Note14.

按期限分，包括预期一年内实现，以及持有超过一年的有价证券、存款和衍生工具收益[①]。

4. 股票投资

指核心政府、政府实体或国有企业持有的预期一年变现和预期持有一年以上的股票投资[②]。

5. 贷款（Advances）

包括助学贷款、Kiwi 银行（是一家国有独资且网点遍布新西兰的商业银行）的抵押贷款，以及其他贷款。

（二）物业、工厂和设备

按资产类别分，包括土地、建筑、国有高速公路、发电相关资产、电力配送资产、专业军士装备、特定文化和历史遗迹资产、飞机（军方飞机除外）、铁路网络以及其他工厂和设备。其中，“土地和建筑”包括存量房，学校物业，国家公路占地和持有物业，国家公园（森林公园）和自然保护区，政府各部门用地，医院、新西兰铁路公司等政府实体占地等[③]。

按持有主体分，包括核心政府、政府实体和国有企业持有的物业、工厂和设备资产，扣减它们之间冲销项。

按持有类别分，分为租赁持有、公私合营以及自由保有（永久产权）三类物业、工厂和设备资产。

此外，据新西兰财政部专家介绍，由于新西兰私有化改革较彻底，大部分自然资源均未掌握在政府手中，因此多数自然资源如地下矿产、原始森林、天然渔场等未作为政府资产核算。另一方面，一些自然资源如空气、水等，由于缺乏可交易平台，难以对其价值进行度量，因此亦未将其纳入政府资产核算。

（三）对联营的/政府实体拥有的/国有的企事业单位的投资

主要是对高等教育机构的投资，以及对其他公共企事业单位的投资。这些投资以权益法入账[④]。

（四）其他资产

1. 库存

按类型分，包括持有待售的存货、军方库存和其他消费品。

---

① Financial Statements of the Government of New Zealand（for the year ended 30 June 2014），Note15.

② Financial Statements of the Government of New Zealand（for the year ended 30 June 2014），Note16.

③ Financial Statements of the Government of New Zealand（for the year ended 30 June 2014），Note20.

④ Financial Statements of the Government of New Zealand（for the year ended 30 June 2014），Note21.

按期限分，包括预期一年内被销售和消费的库存，以及一年后被出售或消费的库存。

2. 无形资产和商誉

包括计算机软件、商誉和其他无形资产①。

3. 其他资产

包括预付款、投资性房产、生物资产、在超国家组织中的投资等。其中，投资性房产主要指为了获得租金收入或资本升值而持有的房产，不包括那些尽管也能获取租金或升值，但主要是出于战略目的或为社会服务目的的投资，这些投资已归为物业、工厂和设备类资产②。

（五）借款

按类型分，包括政府债券、国库券、政府零售股（Government Retail Stock）、新西兰储备银行（中央银行）的结算存款、衍生工具损失、融资租赁负债以及其他借款。其他借款又包括中央银行和新西兰债务管理办公室管理的主权债，以及政府实体与国有企业发行的非主权债③。

按期限分，包括预期一年内收回的借款以及预期拖欠一年以上的借款。

按担保情况分，包括主权担保债务和非主权担保债务。

（六）其他负债

1. 发行的货币

包括新西兰中央银行发行的纸币和财政部发行的硬币。

2. 应付款

包括应付账款和应偿还税收④。

3、递延收入

指当期取得但应在后续会计期间确认的收入，相当于预收账款。

4. 保险业负债

按负债的主体分，包括新西兰意外伤害赔偿局（ACC）的负债、新西兰地震委员会（EQC）的物业损失赔偿负债、新西兰政府独资保险公司 Southern Response 的负债以及其他保险负债（扣减其内部冲销项）。

按构成情况分，包括未决赔款负债（指已发生索赔的预期支付额加上风险

---

① Financial Statements of the Government of New Zealand（for the year ended 30 June 2014），Note22.

② Financial Statements of the Government of New Zealand（for the year ended 30 June 2014），Note19.

③ Financial Statements of the Government of New Zealand（for the year ended 30 June 2014），Note24.

④ Financial Statements of the Government of New Zealand（for the year ended 30 June 2014），Note23.

保证金的现值）、未满期保费负债（指覆盖报表决算日之后期间的保险的已收取保费）、未满期保费缺口（反映未满期保费不足以负担预期未来索赔的程度）等[①]。

5. 退休计划负债

即政府的养老基金和其他社保基金负债[②]。

6. 备付金

（1）雇员福利的备付金：指为雇员年休假、累计的长期服务假和退休假以及雇员累计病假待遇等福利的备付。

（2）ETS信用的备付：新西兰建立了排放交易计划（ETS）以鼓励新西兰温室气体的减排。ETS创造了有限数量的可交易排放单量，这些单量由政府自由分配。该项备付的增加表示政府可分配的单量的减少，反之则相反。

（3）国家公积金中心的担保备付金：指政府为由国家公积金中心（NPF）管理的养老基金所提供的担保金。

（4）坎特伯雷红区保障包的备付金：坎特伯雷是新西兰一个被地震摧毁的城市，现被开发为旅游地“红区”，政府为红区中的物业提供保险。该项目指这些保险的备付金。

（5）水利设施花费的备付金：指维护保养新西兰境内三个主要水利设施的备付金。

（6）为灾难天气防护提供财政援助的备付金：如政府帮助修理漏水房屋的备付金。

（7）其他备付金：包括重建与恢复的备付金等。

二、统计局报表资产负债的分类及其与财政部的区别

统计局编制的中央和地方两张政府资产负债表之间存在着个别资产负债项目的差异。为了便于比较，这里以统计局中央政府资产负债表中的资产负债分类为例进行说明。

（一）资产

与GFSM2001的划分基本一致，新西兰统计局将政府资产分为金融资产和非金融资产两大类。

1. 金融资产

---

① Financial Statements of the Government of New Zealand (for the year ended 30 June 2014), Note25.

② Financial Statements of the Government of New Zealand (for the year ended 30 June 2014), Note26.

由货币黄金、IMF分配的特别提款权（SDRs）以及各种金融债权（Financial Claims）构成[①]。具体包括：（1）现金和存款；（2）发放的贷款；（3）持有的证券；（4）其他非股权资产；（5）权益法入账的投资；（6）股票和其他股权负债等细分项目。

2. 非金融资产

指除金融资产以外的所有经济资产[②]。具体包括：（1）固定资产；（2）库存；（3）贵重品；（4）非生产性资产等细分项目。其中，固定资产还可进一步细分为建筑和构建物、机器设备和其他固定资产；非生产性资产还可细分为土地和无形非生产资产。

（二）负债

负债即向债权持有方提供经济利益的义务[③]。新西兰统计局将政府负债分为现金和存款、取得的贷款、发行的证券、退休计划负债、保险业负债和其他非股权负债等细分项目。

新西兰统计局编制政府资产负债表的历史不长，也未发布报表中各资产负债项目的更详细说明。由于其遵循GFSM2001的标准来编制政府资产负债表[④]，上述资产负债项目的范围和分类与IMF的《政府财政统计手册2001》基本一致。通过表7－5的比较也可验证这一观点。

表7－5　新西兰统计局报表资产负债分类与GFSM2001分类的比较

新西兰统计局的分类 （中央政府资产负债表）	IMF《政府财政统计手册》的分类
资产	资产
金融资产	金融资产
现金和存款	通货和存款
贷款	贷款
证券	非股票证券
股票和其他股权	股票和其他权益
权益法入账的投资	—
—	保险技术准备金

① Government Finance Statistics（Central Government）：Year ended June 2014，第9页。

② Government Finance Statistics（Central Government）：Year ended June 2014，第10页。

③ Government Finance Statistics（Central Government）：Year ended June 2014，第9页。

④ Government Finance Statistics（Central Government）：Year ended June 2014，第13页，第23行。

续表

新西兰统计局的分类 （中央政府资产负债表）	IMF《政府财政统计手册》的分类
其他非股权资产	金融衍生产品
	其他应收账款
非金融资产	非金融资产
固定资产	固定资产
建筑和构建物	建筑和构建物
机器设备	机器设备
其他固定资产	其他固定资产
库存	库存
贵重品	贵重品
非生产性资产	非生产性资产
土地	土地
—	地下资产
—	其他自然资产
无形非生产性资产	无形非生产性资产
负债	负债
现金和存款	通货和存款
贷款	贷款
证券	非股票证券
退休计划负债	保险技术准备金
保险业负债	
其他非股权负债	金融衍生产品
	其他应付账款

注：GFSM 的分类引自杜金富主编：《政府财政统计学》，69 页，北京，中国金融出版社，2008。

由表 7－5 可知，新西兰统计局报表的资产负债分类与 GFSM 的分类基本一致。主要的差异在于：（1）统计局未单独列示“金融衍生品”这一资产负债项，它可能在其“其他非股权资产（负债）”项中进行核算；（2）统计局资产中没有“地下资产”和“其他自然资产”项，原因如上文所述，即因私有化彻底使新西兰政府基本不掌握自然资源，以及水、空气等自然资产缺乏交易定价平台而未核算；（3）统计局资产中有一项 GFSM2001 中没有的资产，即“权益法入账的投资”，这一投资是新西兰中央政府对高等教育机构以及其他公共企事业单位的投资。

（三）与财政部报表资产负债分类的比较

统计局报表的资产负债分类是基于 GFSM 的分类标准，而财政部的分类主要依据会计原则和国际财务报告准则，两者分类上的差异不可能完全避免。表 7－6列示比较了统计局分类和财政部分类的区别。

表 7－6　统计局报表资产负债分类与财政部分类的比较

新西兰统计局的分类 （中央政府资产负债表）	新西兰财政部的分类 （政府资产负债表）
资产	资产
金融资产	金融资产
现金和存款	现金和现金等价物
贷款	贷款
证券	有价证券、存款和衍生品收益
股票和其他股权	股票投资
其他非股权资产	应收账款
权益法入账的投资	对联营的/政府实体拥有的/国有的企事业单位的投资
非金融资产	—
固定资产	物业、厂房及设备
—	其他资产
库存	库存
非生产性资产	—
土地	—
无形非生产性资产	无形资产和商誉
贵重品	其他资产
负债	负债
现金和存款	—
贷款	借款
证券	借款
—	其他负债
—	发行的货币

续表

新西兰统计局的分类 （中央政府资产负债表）	新西兰财政部的分类 （政府资产负债表）
退休计划负债	退休计划负债
保险业负债	保险业负债
其他非股权负债	应付款
	递延收入
	备付金

由表 7－6 可见，统计局和财政部在资产负债分类上有许多相通之处：

1. 部分类别是相同的

如“贷款”、“库存”、“退休计划负债”、“保险业负债”等。

2. 部分类别命名不同但内容是相近的

如统计局的“权益法入账的投资”与财政部的“对联营的/政府实体拥有的/国有的企事业单位的投资”内容相近；统计局的“股票和其他股权”和财政部的“股票投资”内容相近；统计局的“无形非生产性资产”和财政部的“无形资产和商誉”的内容相近等。

3. 部分类别是相互包含的

如财政部的“借款”项目包括统计局的“贷款”和“证券”项目；统计局的“其他非股权负债”项目包括财政部的“应付款”、“递延收入”和“备付金”项目等。

4. 部分类别的范围是交错的

如统计局的“现金与存款”项包括财政部的“现金和现金等价物”项目以及“有价证券、存款和衍生品收益”项目中的存款部分；财政部的“物业、厂房和设备”项包括统计局的“固定资产”项目以及“非生产性资产”项目中的“土地”部分等。

因此，两套报表资产负债的总体范围是基本一致的。这从同一会计期间、同一机构范围下的数据比较中也可以得到验证。如 2013—2014 财年，统计局中央政府资产负债表显示其总资产和总负债分别为 2108. 3 亿新西兰元和 1373. 7 亿新西兰元，而财政部分部门资产负债表中（见表 7－2）核心政府加上政府实体再扣减部门间冲销后得到的相应资产、负债数分别为 2036 亿新西兰元和 1418. 7

亿新西兰元，即财政部核算的资产较统计局少3.4%，而负债则基本相等[①]。

三、资产负债的计价

资产负债的计价包括记录时间、初始确认的定值和价值量变化时的核算等要素。为保持与财政部报表的可比性，这里仍以统计局编制的中央政府资产负债表为例进行说明，而暂不考虑统计局编制的地方政府资产负债表。

新西兰财政部根据《公共财政法案1989》以及《财务报告法案2013》中所规定的“通行会计实务”（Generally Accepted Accounting Practice，GAAP），以及国际通行的政府财务报告准则编制本国政府资产负债表[②]。因此，财政部报表中资产负债的计价与会计准则一致。

新西兰统计局主要根据GFSM2001标准编制政府资产负债表，其计价标准与财政部报表有一定差异。但是，两者并不背离：财政部数据库（CFISnet）是统计局报表的主要数据源[③]，统计局对其中小部分数据进行调整以满足GFSM2001的要求；而且因统计局与财政部源数据有着相同的报告期间，这样的调整较少[④]。因此，总的来说，统计局编制的报表始终与财政部报表保持一致，双方也在不断努力使各自报表协调一致[⑤]。

（一）记录时间

财政部的政府资产负债表基于权责发生制来编制[⑥]（除非另有规定）。其资产负债项目基于权责发生制来确定记录时间。

统计局未提供其报表记录时间的特别说明，因其满足GFSM2001的编制要求，因此也采用权责发生制来确定记录时间。

（二）初始确认的定值及后续核算

总体而言，财政部报表的资产负债基于历史成本进行定值，并对某些资产

---

① 需要说明的是，在估算财政部数值时，因为无法区分哪些冲销项是核心政府与政府实体之间的，哪些是政府实体与国有企业之间的，我们扣减的冲销项包括原本不该扣减的国有企业与核心政府之间以及国有企业与政府实体之间的冲销项，因此财政部资产负债的实际数将比文中估算数大，财政部与统计局之间的数量差异将与文中的差异稍有不同。

② Financial Statements of the Government of New Zealand（for the year ended 30 June 2014），Note1.

③ Government Finance Statistics（Central Government）：Year ended June 2014，第13页，第3行。

④ Update on Release of Government Finance Statistics for Central Government，第5页。

⑤ Government Finance Statistics（Central Government）：Year ended June 2014，第13页。

⑥ Financial Statements of the Government of New Zealand（for the year ended 30 June 2014），Note1.

和负债进行重估值调整①。统计局报表的资产负债基于市场价格进行定值与核算。

1. 财政部报表的定值与核算

财政部报表的说明文件提供了主要资产负债项目的定值与核算方法②，整理概述如下：

（1）金融资产：对于发放的贷款和应收款，初始确认时按公允价值加上交易成本定值，后续用实际利率法按摊余成本进行核算；对于可供出售的金融资产，初始确认时按公允价值加交易成本定值，后续根据公允价值的增加或损失进行核算；对于持有到期的金融资产和以公允价值计量且其变动计入当期损益的金融资产，按公允价值和所有已在财务报表中确认但实现（或未实现）的收益或损失来进行定值与核算。

上述公允价值基于市场价格。如果金融资产的市场不活跃，初始确认或后续核算中，需要运用估值技术去测算公允价值。

（2）金融负债：对于持有到期的金融负债和以公允价值计量且其变动计入当期损益的金融负债，按公允价值和所有已在财务报表中确认但实现（或未实现的）的收益或损失来进行定值与核算；对于其他金融负债，初始确认时按公允价值减去交易成本定值，后续用实际利率法按摊余成本进行核算。

（3）存货：按加权平均法计算的成本与净变现值孰低的原则进行定值与核算。

（4）物业、工厂和设备：初始确认时按成本入账。成本也包括用外币购买该资产时采取对冲（套期）操作所产生的任何收入或亏损。无偿取得的资产初始确认时以可信的公允价值入账。物业、工厂和设备的后续核算依不同细分类别的项目而稍有差异。例如，土地以公允价值减去资产减值损失进行核算；建筑以公允价值减去此建筑最后一次重估值以来的累计折旧进行核算；其他工厂和设备按成本减累计折旧和减值损失进行核算。

（5）无形资产：初始确认时按成本定值。即使无形资产是无偿取得或其成本趋于零的，也需考虑无形资产的成本，只不过标记为“零”。后续核算时按初始成本加上初始确认至今的支出减去摊销法计算的减值损失进行核算。

---

① Financial Statements of the Government of New Zealand（for the year ended 30 June 2014），Note1，第42页。

② Financial Statements of the Government of New Zealand（for the year ended 30 June 2014），Note1，第45–54页。

(6) 投资房产：按公允价值核算，公允价值变化所产生的收益或损失计入资产负债表。

(7) 职员福利：对于养老金负债，按雇员开始工作到报告期内的预期未来养老金收益的最新精算进行核算；对于其他雇员福利，预期一年内支付的其他雇员福利按预期支付数额进行核算，长期的其他雇员福利按估算的未来现金流的现值进行核算。

(8) 其他负债和备付：按对清偿所需支出的测算进行核算；超过一年以上的其他负债与备付按估算的未来现金流的现值进行核算。

2. 统计局报表的定值与核算

新西兰统计局未提供其报表中资产负债定值和核算的专门说明，可认为其遵循 GFSM2001 的标准进行定值与核算。即以市场价格定值与核算，并对交易价格低于（高于）市价、较长时间拖延付款的货物、以外币表示的流量等情况进行了相应处理①。

第四节　新西兰政府资产负债表的编制

不论是财政部报表还是统计局报表，其编制一般都要经过数据采集与调整、数据整理、编辑输入、输出报表等过程。数据采集与整理主要取决于其数据来源情况；数据的整理包括推算、汇总、轧差、合并等过程。

一、新西兰财政部报表的编制

（一）数据来源与调整

财政部的 CFISnet 数据库是其编制政府资产负债表的唯一数据来源②。CFISnet 数据库由各部门公共账户上的原始数据记录构成。出于绩效考核需要，新西兰核心政府、政府实体及国有企业均定期对自身资产和负债存量或流量进行核算，并根据财务报告法案的要求发送（上传）到财政部的 CFISnet 数据库。

为确保数据准确性和标准运用的一致性，财政部内设估值部门（Value Department），对各部门数据进行验证，对部分不符合其报表编制要求的数据进行调整。例如，对于那些结算日非 6 月 30 日的政府实体和国有企业的财务信息（这些单位主要是新西兰高等教育机构），财政部需调整为它们最近一个结算日

---

① 杜金富：《政府财政统计学》，50 页，北京，中国金融出版社，2008。

② Government Finance Statistics (Central Government): Year ended June 2014，第 13 页。

以来发生的和政府财政报表显著相关的交易或事务信息[①]。此外，如有必要，对一些子部门的财务报表应进行调整以使其会计政策与政府报告实体的会计政策一致[②]。

（二）数据整理

编制政府资产负债表时，新西兰财政部所需进行的数据整理工作主要涉及判断和估算、汇总以及轧差与合并。

1. 判断和估算

报表的编制需要就当期数据对政策运用和已报告的资产负债存量可能产生的影响进行判断、估算和假设[③]。例如，ACC 保险公司未偿付索赔债务的清偿以及政府养老金的支付，将在未来很长一段时间内产生持续且大笔的现金流量，这些流量的现值取决于对未来现金流量的判断和估算，同时，这一判断和估算需对未来通胀率和无风险贴现率进行假定。

估算和与之相联系的假设是基于历史经验和相应情境下被认为合理的各种因素来进行的。实际结果可能和这些估算不同。因此，对上述估算及其假设应不断进行重审修正。当对估算的修正只影响当期时，修正应在修改的当期进行确认；当修正既影响当期又影响未来时，修正应在修改的当期或未来期间进行确认。

2. 汇总

汇总就是将某一部门中所有机构单位的存量进行加总，或将某一类别的所有资产或负债进行加总。如计算核心政府部门的总资产时，可将所有类别资产的数值进行逐行加总[④]；计算某一类资产在政府实体部门的存量总额时，可以将每一政府实体的相应资产存量进行逐个加总等。

3. 轧差与合并

轧差又称取净额，即一组流量（或存量）之和减去另一组流量（或存量）之和。例如，存货量变化时应轧差，用增加额减去提用额的净额表示存货量的

---

① Financial Statements of the Government of New Zealand（for the year ended 30 June 2014），Note1，第42页。

② Financial Statements of the Government of New Zealand（for the year ended 30 June 2014），Note1，第43页。

③ Financial Statements of the Government of New Zealand（for the year ended 30 June 2014），Note1，第42页。

④ Financial Statements of the Government of New Zealand（for the year ended 30 June 2014），Note1，第43页。

总体变化；金融资产的获得与处置时应轧差，以其净取得（或净损失）表示金融资产存量的总变化；负债的变化应在新增负债和偿还额之间进行轧差，以净值反映负债存量变化；非金融资产存量应以剔除折旧、重估、枯竭和其他变化后的净额表示，等等。

合并是指冲销属于一个核算范围内的机构单位之间的存量或流量。财政部编制政府资产负债表时，主要在以下两个方面进行合并处理：

（1）报告实体与其子实体（子公司）之间。财政部报表只核算中央层级政府的资产负债存量，因此进行不同层级政府间的数据合并。但报告实体与其子实体之间，以及子实体之间的数据应做合并处理①。如国有企业、政府实体和其他政府实体的附属机构的资产负债存量将被合并在母机构中，不在表中单独列示②。

（2）机构部门数据之间的合并。如表 7-3 所示，通过核心政府、政府实体、国有企业等分部门资产负债数据来求整个政府的资产负债总量时，需要对部门之间的交易、资产负债往来或债权债务关系进行冲销。以 2013—2014 年数据为例（见表 7-3），资产方的部门间冲销主要在"对联营的/政府实体拥有的/国有的企事业单位的投资"科目，占当期总冲销量的 61.1%，原因在于部门间投资的关联度高，如当期核心政府部门对联营的/政府实体拥有的/国有的企事业单位的投资存量达 325.4 亿新西兰元，这些投资存量的大部分已计入政府实体或国有企业的资产存量中，在合并时应予以冲销剔除。

二、统计局报表的编制及其与财政部报表的主要差异

统计局编制中央和地方两张政府资产负债表，其编制也经过数据采集与调整、数据整理、编辑输入、输出报表等过程，与财政部报表的编制过程基本一致，并无实质差异。

1. 中央政府资产负债表的编制

在中央政府资产负债表编制方面，统计局与财政部的主要差异源于两者数据源的不同：财政部报表以其 CFISnet 数据库作为唯一数据源；而统计局报表除主要从上述数据库中获取数据外，还从国民账户核算的年度报告、专项调查和

---

① Financial Statements of the Government of New Zealand（for the year ended 30 June 2014），Note1，第 43 页。

② Financial Statements of the Government of New Zealand（for the year ended 30 June 2014），Note1，第 182 页。

经济普查乃至直接从各部门获取数据①。数据来源的多样化带来如报告期间不一致等问题，需要统计局运用不同技术对其进行标准化处理。此外，与财政部编制预算时采用的“自上而下”的方法不同，统计局采用“自下而上”的方法来编制中央政府资产负债表②，即每一个政府机构的每个交易数据都被编码到政府财政统计体系，从尽可能低的层面获取数据以提高统计的覆盖度，确保统计结果的全面性③。

2. 地方政府资产负债表的编制

统计局编制地方政府资产负债表时，数据主要来源于新西兰统计局对地方政府机构的年度普查④。此外，新西兰统计局还通过个别地方当局的年度报告以及向地区议会进行咨询来获取补充数据⑤。

这样的数据来源带来了额外的数据调整的需要。一方面，多数地方议会编制的当地政府财务报表的报告期间是每年 7 月 1 日至次年 10 月 31 日，即覆盖 16 个月而不是通常的 12 个月的数据。因此其地方政府资产负债表的一些资产负债项目及其数值应在每年 6 月 30 日进行一次估算，而 7 月 1 日至 10 月 31 日所发生的交易将放到下一会计年度的资产负债表中报告⑥。另一方面，因为地方当局有着不同的组织机构和会计系统，某些地方议会的数据项目或数值并不可用，需要进行估算。这些估算有的由地方政府机构自己进行，有的由新西兰统计局进行，但前提是估算结果不会对统计结果产生实质影响⑦。

第五节 对新西兰政府资产负债表的初步分析

一、对新西兰中央政府的分析

新西兰财政部编制的政府资产负债表如表 7 - 7 所示，新西兰统计局编制的政府资产负债表如表 7 - 8 所示。

---

① Government Finance Statistics (Central Government): Year ended June 2014，第 13 页。
② Government Finance Statistics (Central Government): Year ended June 2014，第 13 页。
③ Update on Release of Government Finance Statistics for Central Government，第 5 页。
④ 这些普查数据通常为地方政府经年度审计后的财政账户信息。
⑤ Government Finance Statistics (Local Government): Year ended June 2013，第 10 页，第 3 - 5 行。
⑥ Government Finance Statistics (Local Government): Year ended June 2013，第 10 页，第 7 - 11 行。
⑦ Government Finance Statistics (Local Government): Year ended June 2013，第 10 页，第 15 - 19 行。

表 7－7　　新西兰财政部：2009—2014 财

（中央政府层级，分机构部门）

科目	核心政府（相当于狭义政府）					政府实体（相当于非市场非营利组织）					国有企业（相	
	2009—2010	2010—2011	2011—2012	2012—2013	2013—2014	2009—2010	2010—2011	2011—2012	2012—2013	2013—2014	2009—2010	2010—2011
资产												
金融资产	65981	76475	74981	75111	80083	28136	36391	40075	41297	41844	16065	20241
现金和现金等价物	—	—	—	—	—	—	—	—	—	—	—	—
应收账款	—	—	—	—	—	—	—	—	—	—	—	—
有价证券、存款和衍生工具	—	—	—	—	—	—	—	—	—	—	—	—
股票投资	—	—	—	—	—	—	—	—	—	—	—	—
贷款	—	—	—	—	—	—	—	—	—	—	—	—
物业、厂房及设备	29986	29549	29377	29507	30963	48109	48480	49939	51823	56802	35235	36825
对联营的\政府实体拥有的\国有的企事来单位的投资	28663	30093	31308	32611	32543	7760	7979	7982	8151	8627	223	197
其他资产	2585	2848	2743	2646	2816	743	808	905	1133	1149	1716	2097
库存	—	—	—	—	—	—	—	—	—	—	—	—
无形资产和商誉	—	—	—	—	—	—	—	—	—	—	—	—
其他资产	—	—	—	—	—	—	—	—	—	—	—	—
总资产	127215	138965	138409	139875	146405	84748	93658	98901	102404	108422	53239	59360
负债												
借款	57583	76827	84510	84870	89090	4835	5123	5325	5251	5155	19747	23099
其他负债	24963	27207	30528	29392	28442	33421	45105	49357	45261	43836	6612	9021
发行的货币	—	—	—	—	—	—	—	—	—	—	—	—
应付款	—	—	—	—	—	—	—	—	—	—	—	—
递延收入	—	—	—	—	—	—	—	—	—	—	—	—
保险业负债	—	—	—	—	—	—	—	—	—	—	—	—
退休计划负债	—	—	—	—	—	—	—	—	—	—	—	—
备付金	—	—	—	—	—	—	—	—	—	—	—	—
总负债	82546	104034	115038	114262	117532	38256	50228	54682	50512	48991	26359	32120
净值	44669	34931	23371	25613	28873	46492	43430	44219	51892	59431	26880	27240

注：根据财政部历年政府资产负债表及其分部门报表整理。因其分部门报表未提供资产负债细项数据，因此上表以"—"表示。

年新西兰政府资产负债表

分机构部门）

单位：百万新西兰元

当于公共公司）			部门冲销					整个政府（相当于公共部门）				
2011—2012	2012—2013	2013—2014	2009—2010	2010—2011	2011—2012	2012—2013	2013—2014	2009—2010	2010—2011	2011—2012	2012—2013	2013—2014
19186	20058	21151	-14211	-17745	-18064	-17687	-19901	95971	115362	116178	118779	123177
—	—	—	—	—	—	—	—	7774	9801	10686	14924	11888
—	—	—	—	—	—	—	—	13884	21690	20956	19883	17480
—	—	—	—	—	—	—	—	43687	49056	48385	44000	48457
—	—	—	—	—	—	—	—	12179	14248	14385	17359	20596
—	—	—	—	—	—	—	—	18447	20567	21766	22613	24756
29268	28503	28541	—	—	—	—	—	113330	114854	108584	109833	116306
340	187	192	-27597	-28968	-30147	-31356	-31291	9049	9301	9483	9593	10071
2463	2463	2598	-39	-55	-38	-31	-34	5005	5698	6073	6211	6529
—	—	—	—	—	—	—	—	1160	1308	1234	1140	1099
—	—	—	—	—	—	—	—	2184	2394	2705	2776	2920
—	—	—	—	—	—	—	—	1661	1996	2134	2295	2510
51257	21211	52482	-41847	-46768	-48249	-49074	-51226	223355	245215	240318	244416	256083
25374	24839	26185	-12432	-14804	-14675	-14873	-17011	69733	90245	100534	100087	103419
7281	7226	7245	-6362	-7250	-7162	-7561	-7638	58634	74083	80004	74318	71885
—	—	—	—	—	—	—	—	4020	4254	4457	4691	4964
—	—	—	—	—	—	—	—	9931	11099	11604	11160	11294
—	—	—	—	—	—	—	—	1628	1674	1712	1714	1962
—	—	—	—	—	—	—	—	27131	39314	41186	37712	35825
—	—	—	—	—	—	—	—	9940	10156	13539	11903	10885
—	—	—	—	—	—	—	—	5984	7586	7506	7138	6955
32655	32065	33430	-18794	-22054	-21837	-22434	-24649	128367	164328	180538	174405	175304
18602	19146	19052	-23053	-24714	-26412	-26640	-26577	94988	80887	59780	70011	80779

通过对表7-7财政部编制的分部门的中央政府资产负债表进行分析，可以初步得到以下判断。

（一）新西兰中央政府的净资产为正值并呈“V”形反转

2009财年至2014年财年的5年间，新西兰中央政府的净资产为正值。其中，资产总体呈持续增长态势；负债先增后减，在2011—2012财年达到高值后，近两个财年有所下降。资产与负债的增减变动使新西兰中央政府的净资产呈“V”形反转：其存量从2009—2010财年的950亿新西兰元快速减少到2011—2012财年的597.8亿新西兰元，减少约37.1%；近两个财年净资产又逐渐增加，2013—2014财年达807.8亿新西兰元，较近5年最低值增长35.1%，反映出新西兰政府掌控的净资产正在逐步恢复。

（二）中央政府的资产以金融资产和“物业、厂房及设备”为主，两者基本持平

资产中金融资产和“物业、厂房及设备”都在1000亿新西兰元左右，两者存量基本持平，合计约占总资产的90%以上。2013—2014财年，中央政府金融资产存量1231.8亿新西兰元，“物业、厂房及设备”存量1163.1亿新西兰元，占同期资产总存量的比重分别为48.1%和45.4%。金融资产中又以“有价证券、存款和衍生工具”项占比最大，2013—2014财年该项资产约占总金融资产的40%；其次为贷款，约占总金融资产的20%。

（三）中央政府的借款总体呈逐年增加态势，但增速放缓

中央政府的负债分为借款和其他负债两类。除2012—2013财年较上一财年的借款略有减少外，新西兰中央政府的借款整体呈持续增加态势，其增速（环比增幅）分别为29.4%、11.4%、-0.44%和3.3%，增速明显放缓。中央政府的其他负债中，保险业负债占比最高，占其他负债总量的近50%；其次为退休计划负债和应付款，两者基本持平，各约占其他负债总量的15%。

（四）核心政府部门是新西兰中央政府的主体

这反映在无论是资产还是负债，核心政府部门所占比重都最大。2014财年，新西兰核心政府的资产存量分别是政府实体和国有企业的1.4倍和2.8倍；负债存量分别是上述两者的2.4倍和3.5倍。

（五）中央政府各部门资产负债增速不一

从资产变化看，2009—2010财年至2013—2014财年，核心政府、政府实体和国有企业的资产增幅分别为15.8%、27.9%和-1.4%，政府实体的资产增长最快，国有企业资产有所减少。从负债变化看，上述三个部门的负债增幅分别

为42.4%、28.1%和26.8%，核心政府部门的负债增长最快。

（六）资产的部门间冲销有其显著特点

如前所述，在合并各分部门资产以获得整个政府资产总量的过程中，需要对部门间的资产负债往来进行冲销。新西兰政府资产存量的部门间冲销以“对联营的/政府实体拥有的/国有的企事业单位的投资”项为主，约占总冲销量的60%以上，反映出新西兰政府部门投资的相互关联度较高。另一方面，“物业、厂房及设备”项不需要进行部门间冲销，反映出新西兰各部门持有的物业、厂房及设备的权属明晰。

二、对不同层级政府的比较分析

新西兰统计局编制的政府资产负债表如表7-8所示。

通过对表7-8统计局编制的中央政府和地方政府的资产负债表进行分析，可以初步得到以下判断。

（一）新西兰中央政府资产存量大，但负债存量更大

2012—2013财年，新西兰中央层级政府的总资产为2029.8亿新西兰元，约为同期地方层级政府总资产的1.8倍；负债总额为1379.6亿新西兰元，约为同期地方政府负债的10.7倍，呈现资产负债的不对称性。直接结果是地方政府拥有比中央政府更雄厚的财富，2012—2013财年地方政府净资产为1012.6亿新西兰元，较中央政府净资产多55.7%。

（二）金融资产主要由中央政府持有，地方政府的非金融资产存量大于中央政府

新西兰中央政府持有的金融资产远多于地方政府。以2012—2013财年为例，中央政府持有1264.3亿新西兰元金融资产，约为地方政府金融资产存量的8倍。在非金融资产方面，地方政府的资产存量大于中央政府，主要原因是其中的建筑资产大于中央政府，以2012—2013财年为例，地方政府的非金融资产总量和其中的建筑资产存量分别较中央政府多217.7亿新西兰元和224.7亿新西兰元。

（三）地方政府没有证券、退休计划负债和保险业负债，其贷款存量大于中央政府

“证券”、“退休计划负债”和“保险业负债”是中央政府的主要负债项目，而地方政府没有这些负债项目。地方政府的负债主要是取得的贷款，约占地方政府总负债的80%。

表 7－8　新西兰统计局：2008—2013 财年新西兰政府资产负债表

（分政府层级，未分机构部门）

单位：百万新西兰元

科目	中央政府						科目	地方政府				
	2008—2009	2009—2010	2010—2011	2011—2012	2012—2013	2013—2014		2008—2009	2009—2010	2010—2011	2011—2012	2012—2013
资产							资产					
金融资产							金融资产					
现金和存款	15104	15087	22179	18584	16866	14792	现金和存款	738	872	754	933	1200
贷款	12776	14773	15500	16084	15518	16057	贷款	1198	1308	1291	1242	1203
证券	12818	15518	15854	19460	18904	22602	证券	926	984	1079	1163	1221
其他非股权资产	17055	15082	22718	21641	20843	19536	其他非股权资产	1197	1251	1405	1552	1656
权益法入账的投资	42159	41756	42287	34170	34680	33023	保险技术准备金	—	—	—	—	—
股票和其他股权	13190	14223	16248	16430	19614	22942	股票和其他股权	5637	6153	9957	10325	10570
金融资产小计	113102	116439	134785	126369	126425	128951	金融资产小计	9696	10567	14486	15215	15850
非金融资产							非金融资产					
固定资产	—	—	—	—	—	—	固定资产	—	—	—	—	—
建筑和构建物	41560	40907	42743	44408	45668	48892	建筑和构建物	62267	64741	63862	66058	68133
机器设备	2990	3689	3144	3001	2926	2941	机器设备	1794	1632	1498	1511	1454
其他固定资产	3827	4287	4372	4813	5271	5875	其他固定资产	144	167	219	220	339
库存	679	681	697	614	537	515	库存	137	142	171	186	193

续表

科目	中央政府						科目	地方政府				
	2008—2009	2009—2010	2010—2011	2011—2012	2012—2013	2013—2014		2008—2009	2009—2010	2010—2011	2011—2012	2012—2013
贵重品	4	4	4	0	0	0	贵重品	496	508	412	454	451
非生产性资产	—	—	—	—	—	—	非生产性资产	—	—	—	—	—
土地	22970	22684	22027	21826	21883	23386	土地	24684	25652	28179	27655	27643
无形非生产性资产	268	272	267	266	266	266	无形非生产性资产	107	103	86	112	111
非金融资产小计	72299	72523	73254	74930	76551	81876	非金融资产小计	89629	92945	94427	96197	98324
资产总计	185401	188962	208039	201299	202976	210827	资产总计	99325	103512	108913	111412	114174
负债							负债					
现金和存款	0	0	0	0	0	0	现金和存款	26	26	2	5	4
贷款	5044	6128	6445	5670	3411	4258	贷款	5306	7089	7687	8909	10264
证券	32842	39085	56624	64485	64843	67127	证券	—	—	—	—	—
退休计划负债	9944	10945	11137	14618	13218	11798	保险技术准备金	—	—	—	—	—
保险业负债	26540	27100	37524	39531	36523	34716	—	—	—	—	—	—
其他非股权负债	14292	14752	18896	19315	19963	19473	其他非股权负债	2198	2506	2687	2946	2649
负债总计	88662	98010	130626	143620	137958	137372	负债总计	7530	9620	10376	11860	12917
净值	96739	90952	77413	57679	65018	73454	净值	91795	93892	98536	99552	101257

注：根据统计局编制的中央政府和地方政府资产负债表整理。因2013—2014财年的地方政府资产负债表在2015年6月底才发布，故地方政府数据截至2012—2013财年。此外，两表在资产负债项目上稍有差异，上表中以淡阴影表示。

（四）从变化情况看，地方政府金融资产存量增长较快，其中“股票和其他股权资产”项增长最快

地方政府金融资产的存量从2008—2009财年的97亿新西兰元增长到2012—2013财年的158.5亿新西兰元，增长63.4%，远高于同期中央政府金融资产存量11.8%的增幅。其中，“股票和其他股权资产”项增长最快，从2008—2009财年的56.4亿新西兰元增长到2012—2013财年的105.7亿新西兰元，增长87.5%。

（五）中央政府净资产减少，而地方政府的净资产逐年增加

中央政府的净资产从2008—2009财年的967.4亿新西兰元减少到2012—2013财年的650.2亿新西兰元，减少约32.8%。与之形成鲜明对照的是逐年增加的地方政府净资产，从2008—2009财年的918亿新西兰元增长到2012—2013财年的1012.6亿新西兰元，增长约10.3%。

参考文献

[1] 杜金富：《政府财政统计学》，北京，中国金融出版社，2008。

[2] 杜金富：《货币与金融统计学》，北京，中国金融出版社，2013。

[3] Government Finance Statistics (Central Government): Year ended June 2014.

[4] Government Finance Statistics (Local Government): Year ended June 2013.

[5] Update on Release of Government Finance Statistics for Central Government.

[6] Introducing Government Finance Statistics.

[7] Financial Statements of the Government of New Zealand.

[8] A Guide to New Zealand's Central Government Agencies.

[9] An Explanatory Guide to New Zealand's State Sector Financial Management System.

[10] A Guide to the Public Finance Act.

[11] The Local Government System in New Zealand.

[12] Financial Reporting Act 2013.

[13] State Sector Act 1988.

[14] Crown Entities Act 2004.

[15] Costitution Act.

第八章　南非政府资产负债表的编制

第一节　南非政府资产负债表编制的基本情况

一、南非政府资产负债表编制的发展过程

南非是发展中国家中比较重视编制政府资产负债表的国家。早在1999年，南非议会颁布的《公共财务管理法案》就要求财政部编制合并的财务报告，其中就涵盖了南非政府资产负债表。迄今为止，南非政府已经编制了27个财年（上年4月1日至下一年3月31日）的政府资产负债表。在编制政府资产负债表时，除了上述法案作为法律依据外，还涉及《地方政府：市政体系法案》、《司法工作人员法案》、《国家审计法案》、《公共服务修正法案》以及《议会预算法案》等。

根据法律制度安排，南非的行政首都、司法首都和立法首都分设。其政府资产负债表相应涵盖了政府部门、公共机构、议会、南非储备银行和南非审计署。其中，政府部门按管理功能的不同划分为不同模块，公共机构主要根据企业的特征属性来划分。

南非有三大部门编制政府资产负债表，即财政部门、统计部门和南非储备银行。上述三个部门既编制政府整体的资产负债表，也编制单体机构或单体部门的资产负债表。由于其任务目标有所差异，上述三个部门在编制政府资产负债表时涵盖的机构部门有所不同，其涵盖的资产负债范围也有所差异。表式也有所差异，虽然都是采取竖式表格。需要注意的是，编制单体机构或单体部门的资产负债表时，都是将资产负债单列的，分为资产表和负债表。编制整体合并的资产负债表是将资产负债做在一个表格里。在编制资产负债表时，通常根据《通用会计实务》来核算，主要是基于现收现付制，该会计准则与国际会计准则接轨，但与国际货币基金组织推行的SNA体系略有不同。会计准则旨在客观反映财务信息，而SNA体系旨在核算经济体系的资产负债。关于会计准则与

SNA 体系的衔接，SNA 2008 里面有详细阐述，在此不再赘述。

二、现行南非编制的政府资产负债表

（一）南非财政部门编制的政府资产负债表

现行南非财政部门编制的政府资产负债表如表 8－1 所示。该资产负债表是竖式结构，横栏按照资产、负债和净资产顺序逐一列示，资产和负债中又分别根据流动性划分为流动资产/负债和非流动资产/负债。净资产中细分为资本公积、可恢复收入和留存基金。纵栏同样是当年数据和上年可比数据。货币单位统一采用南非本国货币兰特。

表 8－1　　政府资产负债状况

项目	2013/2014	2012/2013
资产		
流动资产		
未经授权支出		
现金及现金等价物		
其他金融资产		
预付款项及垫款		
应收账款		
贷款		
应收援助款项		
非流动资产		
投资		
贷款		
其他金融资产		
总资产		
负债		
流动负债		
隶属于收入基金的股票基金		
隶属于收入基金的部门收入		
银行透支		
应付账款		
借款		
应归还援助款项		

续表

项目	2013/2014	2012/2013
未使用的援助款项		
非流动负债		
应付账款		
借款		
多边机构		
总负债		
净资产		
资本公积		
可恢复收入		
留存基金		
总计		

资料来源：南非财政部：《并表财政财务信息》。

（二）南非统计部门编制的政府资产负债表

现行南非统计部门编制的政府资产负债表如表8－2所示。该资产负债表采用“竖式”报表结构，报表横栏列示资产负债，其资产部分主要列示流动资产，负债部分主要列示流动负债，总资产与总负债相减则得到资产净额。纵栏为年份，列示先后相连的年份，以利于比较和观测。与财政部门编制的政府资产负债表相比，该表相对简化。

表8－2　政府合并资产负债状况

项目	2012/2013	2011/2012
资产		
流动资产		
现金及等价物		
预付账款		
应收账款		
总资产		
负债		
流动负债		
隶属于收入基金的股票基金		
隶属于收入基金的部门收入		
银行透支		

续表

项目	2012/2013	2011/2012
应付账款		
总负债		
净资产		
可恢复收入		
总计		

资料来源：南非统计局：《南非政府年度报告》。

（三）南非储备银行编制的部分政府资产负债表

南非储备银行并不编制整体的政府资产负债表，而是编制社会保障基金、地方政府、非金融公共企业和公司、金融公共企业和公司等单体机构的资产负债表，且编制时将资产和负债分别单列为两张表，一张为资产表，另一张为负债表，我们在第四节南非政府资产负债表编制中将介绍这些资产负债表的内容。

第二节　南非政府机构核算范围与层次

1996 年，在南非临时宪法基础上起草的新宪法被正式批准，宪法规定实行行政、立法和司法三权分立制度，同时设置相应的首都，行政首都（中央政府所在地）为茨瓦内，司法首都（最高法院所在地）为布隆方丹，立法首都（议会所在地）为开普敦。如前所述，南非有三个政府部门涉及编制政府资产负债表。由于目的不同，其机构核算范围有所差异。总体来看，南非财政部门编制的政府整体合并财务状况表的机构核算范围最广，可以划分为以下五个层次。

一、政府部门

根据南非宪法规定，南非设置了中央、省级和地方三级政府，政府间相互依存，各行其权。

（一）中央政府机构

南非中央政府机构由首脑办事机构（总统办公室）、议会和 40 个内阁部门组成。依据中央政府各部门的相应职能将南非的中央政府部门划分为五个部分，称之为群，每一个群涉及不同的政府机构，这五个群具体为：（1）中央政府和管理群，包括总统办公室、议会、内政部、公共工程部、合作治理和传统事务部、外交部、弱势群体保障部、监察部；（2）财政和管理服务群，包括通信部、财政部、公共事业部、公共服务与管理部、工业贸易部、公共服务委员会、公共行政管理学院、南非统计局。(3) 社会服务群，包括艺术和文化部、高等教育和培训部、基础教育部、劳工部、卫生部、社会发展部、运动和休闲部；(4) 公正和安全保护群，包括惩教署、国防部、独立投诉委员会、司法及宪法发展部、国家检察机关、公安部、退伍军人部；(5) 经济服务和基础设施群，包括农业林业和渔业部、通信部、环境事务部、人类住区部、经济发展部、矿产资源部、科技部、交通部、水务部、能源部、旅游部、农村发展和土地改革部。

(二) 省级和地方政府机构

南非地方政府共有 9 个省政府，分别是：东开普省政府、西开普省政府、北开普省政府、纳塔尔省政府、自由州省政府、西北省政府、林波波省政府、姆普马兰加省政府、豪登省政府。根据 2000 年通过的《地方政府选举法》，全国 9 个省政府下辖 278 个地方政府，包括 8 个大都市、44 个地区委员会和 226 个地方委员会。

二、公共机构

公共机构主要包括两种类型：(1) 政府控制下的企业或实体；(2) 在 1999 年《公共财政管理法案》中规定的贸易企业。根据《公共财政管理法案》的相关规定，国家公共机构包括国有企业和国有企业以外的公共机构。

国有企业是指具备以下四个条件的企业：(1) 政府投资设立的企业法人；(2) 被赋予进行商业活动的行政权力和财政权力；(3) 将按照一般的商业原则提供商品和服务作为其基本业务；(4) 资金来源完全或大部分来自除了国民收入基金和税收、征收、其他法定货币之外的其他来源。

国有企业以外的公共机构是指具备以下条件的各类委员会、董事会、公司、组织、基金或者除了国有企业外的其他实体：(1) 依照相关法律成立；(2) 其资金来源完全或大部分来自国家财政收入或国家法律规定的税费及其他款项；(3) 财务状况需向议会负责。

三、议会

南非议会制度起源于英国，根据南非宪法的规定，在国家级和省级都有相应的议会组织，在地方政府级实行议政合一制度，并没有单设议会。

委员会制度是南非议会的一项重要制度，设有由国民议会和省务院共同参与的临时性特别委员会和联合常设委员会。国民议会下设专门委员会和常设委员会，每个专门委员会对应政府一个行政部门。省务院下设特别委员会。

两院联合常设委员会包括：宪法审议联委会、道德和议员利益联委会、国防联委会、拨款联委会。

国民议会下设的专门委员会包括：农业、林业和渔业委员会，艺术与文化委员会，通信委员会，狱政委员会，国防与退伍军人委员会，基础教育委员会，财政委员会，经济发展委员会，农村发展与土地改革委员会，国际关系与合作委员会，医疗卫生委员会，内政委员会，人居委员会，司法及宪法发展委员会，劳工委员会，能源委员会，国有企业委员会，公职及行政管理委员会，公共工程委员会，警察委员会，科学与技术委员会，社会发展委员会，体育娱乐委员会，贸易和工业委员会，交通委员会，水利与环境事务委员会，联合执政与传统事务委员会，旅游委员会，高等教育与培训委员会，妇女、青年、儿童和残疾人委员会，矿业委员会。

省务会下设的特别委员会包括：经济发展委员会、教育和娱乐委员会、财政拨款委员会、行政执政委员会、土地和环境事务委员会、公共服务委员会、劳工和国有企业委员会、安全和宪法事务委员会、社会服务委员会、贸易和国际关系委员会、妇女儿童和残疾人委员会、个人提案和特别申诉委员会。

四、南非储备银行

南非储备银行是南非共和国的中央银行，该银行的主要目的是实现和维持利率的稳定和南非经济的持续增长。南非储备银行与其他机构组织共同确保南非金融稳定，并发挥举足轻重的作用。在第一次世界大战期间特殊的货币和金融条件下，南非储备银行在南非议会通过的《1920 年 8 月 10 日货币和银行法案》基础上于 1921 年成立。该银行的基本职能是：（1）发行纸币和硬币；（2）制定并实施货币政策；（3）管理官方黄金和外汇储备；（4）政府的银行；（5）监督银行体系；（6）在特殊情况下充当金融机构的最后贷款人。

五、南非审计署

根据南非宪法、公共审计法的有关规定，南非审计署是独立于政府的最高审计机构，它对国家级、省级、市级各部门以及接受公共资金的单位的账目、财务报表、财务管理情况进行审计并出具报告。对国家级、省级部门以及单位的审计报告提交议会，对市级部门以及单位的审计报告提交市级议会。审计的职责包括对财务报表发表意见，对业绩信息做出结论，发现内部控制缺陷、违法违规行为以及有关管理问题等，具体开展以下审计业务：常规审计，包括财务审计、合法性审计、业绩信息审计等；效益审计；信息系统审计；调查项目。

依据南非《公共财政管理法案》和南非财政部《综合财务报表》的相关规定，对南非公共部门和广义政府部门的财务报表的构成和划分给出了全面的界定，并针对政府和公共机构财务报表编制的基础不同分别编制了广义政府的资产负债表和公共机构的资产负债表，进行相应的调整后编制国家资产负债表。

第三节　南非政府资产负债核算范围与分类

南非政府资产负债表的核算通常按照《通用会计实务》标准核算，其核算原则采用改进的收付实现制，交易和其他事件的确认均以收到或支付现金为准，货币单位统一采用官方认可的南非兰特进行计量。

一、南非财政部门编制的资产负债表的资产负债分类及估值

南非财政部门编制的资产负债表按照流动资产/负债和非流动资产/负债分类。流动资产主要列示未经授权支出、现金及现金等价物、其他金融资产、预付款项及垫款、应收账款、贷款、应收援助款项等；非流动资产主要列示投资、贷款、其他金融资产等。

（一）资产

如表 8－1 所示，其核算的资产项目如下：

1. 未经授权支出

未经法定程序授权而用于政府或公共政策意图的支出。

2. 现金及现金等价物

国内的现金及现金等价物在财务状况报表中以成本列示。对于现金流量表来讲，现金及现金等价物包括手头现金、持有存款、其他短期高流动性投资及银行透支。但银行透支项目在财务状况表中单独列示。国外现金及现金等价物在报表日收盘时重估可能产生的收益和损失，并计入财务业绩报表中。

3. 其他金融资产

即除贷款、现金、预付账款等之外的其他短期金融资产，以成本列示在财务状况表中，包括金融衍生产品、短期信托产品、短期基金产品等。

4. 预付款项及垫款

即政府或公共企业因购买产品或服务而提前支付的款项，以及其他情况不

应自己支付而被迫垫付的款项。在接收货物和服务时终止确认该项，以成本列示在财务状况表中。

5. 应收账款

即政府或公共企业因提供服务、产品而应收但还未到账的款项。期末时以成本加上应计利息计价记录在财务状况表中，潜在可能无法收回的账款部分应在附注中披露。

6. 贷款

债权人直接将资金借给债务人的行为。这里主要指债权人借给债务人的短期借款行为，形成流动资产。贷款确认计量以款项转移至贷款人为准，年末以初始成本加上应计利息记录在财务状况表中，潜在无法收回的贷款应在附注中披露。

7. 应收援助款项

即国际组织或其他第三方组织对南非政府或公共机构已确定但尚未拨付的援助款项，该项款项以面值记账。

8. 投资

即政府或公共企业进行投资而形成的资本、资产行为。国内的投资按照面值进行估计；国外投资初始按照面值（发行价）计量，随后按照报表日收盘汇率进行价值重估；国际货币基金组织的特别提款权按照其年末公布的特别提款权收盘汇率换算成本国货币兰特。投资和金融负债的重估收益和损失均要反映在财务业绩报表中，若有迹象表明可能发生投资减值损失，应在附注中予以披露。

9. 贷款

债权人直接将资金借给债务人的行为。这里主要指债权人借给债务人的长期借款行为，形成非流动资产，包括抵押贷款、分期贷款、租购信贷等。

10. 其他金融资产

即除上述投资、贷款之外的其他长期金融资产，包括长期信托产品、长期基金产品等。

（二）负债

南非财政部门编制的资产负债表中负债划分为流动负债和非流动负债。流动负债主要包括隶属于收入基金的股票基金、隶属于收入基金的部门收入、银行透支、应付账款、借款、应归还援助款项、未使用的援助款项；非流动负债列示应付账款、借款、多边机构等。如表 8－1 所示，其负债项目如下：

1. 隶属于收入基金的股票基金

即政府或公共企业应缴纳的股票形式的基金，类似股权激励或者股权养老计划，该基金为收入基金的组成部分。

2. 隶属于收入基金的部门收入

即政府或公共企业应上缴收入基金的收入。

3. 银行透支

即政府通过储备银行而发生的透支行为，类似财政赤字。

4. 应付账款

即政府或公共企业因购买服务或产品应付但尚未支付的短期款项。在政府各实体之间抵销合并后的短期应付款项以历史成本记录在资产负债表中。

5. 借款

即政府或公共企业向其他机构借入的短期款项，包括发行债券所形成的款项。国内流通债券主要是国库券，以票面价值入账。非流通债券主要包括固定利率债券、通胀挂钩债券、零售和零息债券。固定利率债券以面值计价。通胀挂钩债券、零售和零息债券根据交易数量予以确认，通胀挂钩债券要在年末参考 CPI 重估结算价值。零息债券按照摊余成本计价。面值和结算价值均表示到期支付给债券持有人的金额。国外贷款和债券初始按照面值确认，报表日按照收盘的汇率换算成本国货币兰特。

6. 应归还援助款项

即政府或公共企业应归还但尚未归还的所欠国际机构或第三方机构的援助款项。

7. 未使用的援助款项

即政府或公共企业接受了国际机构或第三方机构的援助，但没有动用的款项。

8. 应付账款

即政府或公共企业因购买服务或产品应付但尚未支付的长期款项。在政府各实体之间抵销合并后的长期应付款项以历史成本记录在资产负债表中。

9. 借款

即政府或公共企业向其他机构借入的长期款项，包括发行债券所形成的款项。

10. 多边机构

即政府对多边机构形成的负债。机构认购可赎回的部分确认为金融负债，以票面价值进行初始计量，报表日按照收盘的汇率进行重估价。

（三）净资产

净资产包括资本公积、可恢复收入和留存基金。如表8-1所示，净资产项目具体如下。

1. 资本公积

即政府或公共企业接受捐赠、股本溢价和法定财产重估等形成的公积金。资本公积包括上期已发生但当期才予以确认的金融资产或者负债，当期确认金额后，当标的资产被处置或相关基金被接收时转入国民收入基金账户。

2. 可恢复收入

即上一财务年度发生的款项当年有望从债务人处收回，可被确认为可恢复收入，其在收回时会转入国民收入基金项目，或者转入财务业绩报表中时予以注销。

3. 留存基金

即政府或公共企业在上一财年的基金数额结转。

二、南非统计部门编制的资产负债表中的资产负债分类及估值

（一）资产

南非统计部门编制的政府资产负债表中资产主要列示的是流动资产。如表8-2所示，具体如下：

1. 现金及等价物

国内的现金及现金等价物在财务状况报表中以成本列示。

2. 预付账款

即政府或公共企业因购买产品或服务而提前支付的款项。

3. 应收账款

即政府或公共企业因提供服务、产品而应收但还未到账的款项。

（二）负债

南非统计部门编制的政府资产负债表中主要列示了流动负债项目，与财政部编制的资产负债表项目类似。如表8-2所示，具体如下：

1. 隶属于收入基金的股票基金

即政府或公共企业应缴纳的股票形式的基金，类似股权激励或者股权养老计划，该基金为收入基金的组成部分。

2. 隶属于收入基金的部门收入

即政府或公共企业应上缴收入基金的收入。

3. 银行透支

即政府通过储备银行而发生的透支行为，类似财政赤字。

4. 应付账款

即政府或公共企业因购买服务或产品应付但尚未支付的短期款项。在政府各实体之间抵销合并后的应付款项以历史成本记录在资产负债表中。

第四节　南非政府资产负债表编制

一、南非财政部门资产负债表的编制

（一）数据来源

财政部门每年发布四类资产负债表，一是中央政府的合并资产负债表，二是公共部门机构的合并资产负债表，三是地方政府资产负债表，四是全口径的政府资产负债表。其中，全口径的政府资产负债表为前三类资产负债表的汇总。

如前所述，中央政府包括5个组群，即中央政府和管理群、财政和管理服务群、社会服务群、公正和安全保护群、经济服务和基础设施群。财政部门要求每个组群下面的各个部委制定自己的资产负债表，然后提交给其汇总。

公共部门机构主要包括国有企业、开发性金融机构、社会保障基金和其他公共实体，其数据来源于公共部门机构的财务报表和调查数据，其纳入核算范围的公共部门机构严格按照《公共财政管理法案》中所列名单。

地方政府资产负债表的相关数据主要来源于当地政府的统计年报，政府整体合并资产负债表的数据主要来源于各地方政府的资产负债表数据，根据地方政府资产负债表中的数据进行合并和轧差得出整体的资产负债表。

（二）数据整理方法

政府整体合并资产负债表的编制遵循《通用会计实务》中的相关准则，对实体内部的交易予以汇总和合并。首先，部门的年度财务报告中会在附录中披露关联实体间的交易事项。其次，总会计师办公室发展了一个内部实体轧差模版，由每一个公共实体完成。最后，统一提交到国家财政部进行合并。合并财务报表的整体性和客观性以及一切信息的责任承担者均是总会计师办公室，该部门具有开发和维护政策、程序和内部控制，以保证财务信息可靠地反映报表日统一国家部门或合并实体的财务状况。通常国会报告核算原则是修正的权责

发生制，但政府部门的合并报表核算原则改为修正的收付实现制。其核算时多以历史成本入账，成本无法获取时采用公允价值，或在必要时根据汇率重估相关资产的价值。

（三）政府资产负债表的编制

1. 中央政府的资产负债表

财政部门编制的中央政府资产负债表如表 8－3 所示。其中，横栏为资产负债维度，纵栏为机构部门维度。资产又分为流动资产和非流动资产。流动资产包括未经授权支出、浪费性支出、现金及现金等价物、其他金融资产、预付款项及垫款、应收账款、贷款、预付援助款项、应收援助款项。非流动资产又可分为投资、贷款、其他金融资产。负债分为流动负债和非流动负债。流动负债又可分为隶属于收入基金的股票基金、隶属于收入基金的部门收入、隶属于收入基金的直接支票款、银行透支、应付账款、借款、应归还援助款项、未使用的援助款项。非流动负债下设应付账款。总资产和总负债轧差之后为净资产。净资产下设资本公积、可恢复收入、留存基金等子科目。机构部门维度只涵盖了前述 5 个中央政府部门组群，即中央政府和管理群、财政和管理服务群、社会服务群、公正和安全保护群、经济服务和基础设施群，并不包括审计署和南非储备银行。

表 8－3　　　　中央政府资产负债状况

项目	中央政府和管理群	财政和管理服务群	社会服务群	公正和安全保护群	经济服务和基础设施群
资产					
流动资产					
未经授权支出					
浪费性支出					
现金及现金等价物					
其他金融资产					
预付款项及垫款					
应收账款					
贷款					
预付援助款项					
应收援助款项					
非流动资产					

续表

项目	中央政府和管理群	财政和管理服务群	社会服务群	公正和安全保护群	经济服务和基础设施群
投资					
贷款					
其他金融资产					
总资产					
负债					
流动负债					
隶属于收入基金的股票基金					
隶属于收入基金的部门收入					
隶属于收入基金的直接支票款					
银行透支					
应付账款					
借款					
应归还援助款项					
未使用的援助款项					
非流动负债					
应付账款					
总负债					
净资产					
资本公积					
可恢复收入					
留存基金					
总计					

资料来源：南非财政部：《并表财务报告》。

2. 公共机构部门的资产负债表

财政部门每年专门发布公共机构部门的资产负债表，公共机构部门主要包括国有企业、开发性金融机构、社会保障基金和其他公共实体。这些机构大部分独立编制预算，财政拨款并非其主要的收入来源，公共机构的业务和财务状况均纳入政府预算计划考虑范围之内。其中，国有企业是经济活动中的重要贡献者，贡献20%的资本形成总额。其发布的方式为先发布合并的公共机构部门的财务状况表，再分别发布国有企业、开发性金融机构、社会保障基金的内部合并的财务状况表。财务状况表均采用“竖式”报表结构，横栏列示总资产、总负债和资产净额，纵栏展示了当年数据和可比口径的上几个年度的数据。但不同部门之间的资产负债表格式并不完全一样。

（1）所选公共机构部门合并财务状况表

公共机构部门的合并财务状况表横栏包含了各个类别的总资产、总负债和资产净额，包括国有企业、开发性金融机构、社会保障基金和其他公共实体等。纵栏列示了当年及前几年可比的数据。数据按照南非本国货币兰特计价。资产和负债项目未详细列出，主要从整体把握公共部门的资产负债状况。

表 8－4　　所选公共机构部门合并财务状况　　单位：10 亿南非兰特

项目	2010/2011	2011/2012	2012/2013	2013/2014
国有企业				
总资产				
总负债				
资产净额				
开发性金融机构				
总资产				
总负债				
资产净额				
社会保障基金				
总资产				
总负债				
资产净额				
其他公共实体				
总资产				
总负债				
资产净额				

资料来源：南非财政部：《公共机构部门的财务头寸》。

（2）国有企业的合并资产负债表

纳入核算范围的国有企业名单在《公共财政管理法案》的 Schedule 2 中列示。国有企业的合并资产负债表中横栏为资产负债栏，除了总资产、总负债、资产净额指标，还增加了资产增长率、负债增长率、资产净额增长率以及净资产收益率；纵栏为年份。前几个增长率指标主要是增加了年份之间的数据可比性，净资产收益率指标可以直观反映国有企业经营效率随时间推移而发生的改变。

表 8－5　　　　国有企业的合并资产负债　　　　单位：10 亿南非兰特

项目	2007/2008	2008/2009	2009/2010	2010/2011	2011/2012
总资产					
资产增长率（%）					
总负债					
负债增长率（%）					
资产净额					
资产净额增长率（%）					
净资产收益率					

资料来源：南非财政部：《公共机构部门的财务头寸》。

（3）开发性金融机构合并资产负债表

开发性金融机构近年来扩展迅速，其成为实现国家发展规划的重要支撑部门，最大的开发性金融机构包括工业发展公司、土地银行和非洲南部开发银行。此外，几个较小的开发性金融机构对于实施政府政策有着重要的作用，包括国家授权基金、全国住房金融公司和全国城市重建和住房局。

开发性金融机构的合并资产负债表中，横栏为资产负债栏，将总资产中贷款和股权投资项目单独列示出来，其中政府贷款机构在《公共财政管理法案》的 Schedule 2 和 3 中列示，如非洲南部开发银行、工业发展公司和土地银行等。纵栏为年份，增加了未来年份的预测。

表 8－6　　　　开发性金融机构合并资产负债　　　　单位：10 亿南非兰特

项目	2013/2014	2014/2015	2015/2016	2016/2017
总资产				
其中： 贷款 股权投资				
总负债				
资产净额				

资料来源：南非财政部：《公共机构部门的财务头寸》。

（4）社会保障基金合并资产负债表

社会保障基金主要为失业人员和受伤的工人和道路使用者提供赔偿和补贴。社会保障基金的合并资产负债表包含了未来的估值预测。横栏为资产负债栏，详细列示了资产和负债项目，主要从失业保险基金、道路交通事故基金和赔偿基金三个方面进行分类核算。纵栏为年份，并且列示了预测年份。

表 8－7　　社会保障基金的合并资产负债表　　单位：10 亿南非兰特

项目	2013/2014	2014/2015	2015/2016	2016/2017	2017/2018
总资产					
失业保险基金					
道路交通事故基金					
赔偿基金					
总负债					
失业保险基金					
道路交通事故基金					
赔偿基金					
资产净额					
失业保险基金					
道路交通事故基金					
赔偿基金					

资料来源：南非财政部：《公共机构部门的财务头寸》。

3. 地方政府资产负债表

财政部门发布的地方政府资产负债表主要是某个省市的单独资产负债表，以 2008 年 6 月 30 日的 Koukamma 市政府为例介绍其资产负债表表样。市政府的资产负债表同样采用“竖式”表栏，既具有当年的数据，又具有上年可比数据。横栏上首先列示总占用资本，该项目包含基金和储备、累计盈余、信托基金和消费者存款四个项目，其中基金和储备项目又可细分为累计基金和储备项目。其次列示资本运用项目，包括固定资产和长期应收账款。最后列示净流动资产/负债项目，下面包含流动资产和流动负债项目，两者之差为净流动资产/负债的余额。其中，流动资产细分为消费者应收账款、其他应收账款、短期投资、现金及银行存款、长期应收账款的短期部分。流动负债包括预提费用、应付账款和银行透支。纵栏为年份，将前后相连年份列示，以利于比较和监测。

表 8－8　Koukamma 市政府资产负债

项目	2008 年	2007 年
1. 总占用资本		
1.1 基金和储备		
累积基金		
储备		
1.2 累计盈余		
1.3 信托基金		
1.4 消费者存款		
2. 资本运用		
2.1 固定资产		
2.2 长期应收账款		
2.3 净流动资产/负债		
2.3.1 流动资产		
2.3.1.1 消费者应收账款		
2.3.1.2 其他应收账款		
2.3.1.3 短期投资		
2.3.1.4 现金及银行存款		
2.3.1.5 长期应收账款的短期部分		
2.3.2 流动负债		
2.3.2.1 预提费用		
2.3.2.2 应付账款		
2.3.2.3 银行透支		

4. 全口径的政府资产负债表

财政部门编制的政府资产负债表为中央政府、公共机构部门和地方政府的资产负债数据的汇总。其中，中央政府包括前述 5 个中央政府部门组群的资产负债。公共机构部门包括前述国有企业、开发性金融机构、社会保障基金和其他公共实体等。财政部门编制的政府资产负债表如表 8－1 所示，在此不再赘述。在编制政府资产负债表时，需要进行以下几个层次的数据汇总和轧差：一是同一集团内部之间的资产负债数据汇总轧差；二是同类机构内部之间的资产负债数据汇总，对相互之间的经济往来形成的资产负债需要进行相应的轧差；三是不同类型机构之间的资产负债数据汇总，对不同机构之间的经济往来、交叉持股形成的资产负债需要进行相应的轧差。

二、统计部门编制的资产负债表

（一）数据来源

统计部门每年在南非政府的年度报告中公布财务业绩报表（年度流量）、财务状况表（年底存量）、净资产变动表和现金流量表。其中，财务状况表，即资产负债表。南非政府年度报告中的政府整体合并资产状况表来源于财政部门编制的政府整体财务状况表。

此外，其每年在地方政府财务普查报告中公布地方政府合并资产负债表，其数据主要来源于普查数据。2014 年，南非统计局开展的市级财务普查范围包括西开普、东开普、北开普、自由州、夸祖鲁—纳塔尔、西北省、豪登、姆普马兰加、林波波九个省份，具体涉及到 278 个市。其中，所有地方政府机构的定义均参照 1998 年的《城市法案》、1996 年的《南非共和国宪法》、1993 年的《地方政府过渡法案》、1996 年的《第二次修正法案》等。本次调查主要解决南非统计局和南非储备银行在国民账户核算中对数据的要求，普查的数据均是根据受访者提供的信息进行整合或估算的。

（二）数据整理方法

地方政府财务数据普查的问卷设计参考了上述法案，在分类和核算标准上，南非统计局对地方政府机构的分类采用 1993 年 2 月的《经济活动标准行业分类：第五版》，地方政府机构的活动也遵循《通用市政会计实务》、《通用会计实务》。

（三）政府资产负债表的编制

1. 中央政府资产负债表

统计部门编制的中央政府资产负债表表样与财政部门编制的相同，其表样如表 8 – 3 所示。其具体内容参见前述章节，在此不再赘述。

2. 地方政府合并资产负债表

统计部门编制的地方政府合并资产负债表完全基于年度的财务金融普查结果。报表为竖式结构，横栏为资产负债栏，先列出净资产，再分别列示负债和资产项目，与一般的资产负债表的顺序相反，纵栏为年份栏，不仅保留了上年可比数据，还增加了“差额”一栏，其数额填列按照 b – a 计算所得数据填写。

表8-9 地方政府合并财务状况

净资产和负债	2013（a）	2014（b）	差额
净资产			
住房发展基金			
资本重置费用			
资本公积			
政府补助储备			
捐赠和公共捐款储备			
自我保险储备			
重估储备			
职工工伤和疾病赔偿储备			
其他储备			
留存收益			
外部股东权益			
非流动负债			
可流通贷款股份和债券			
可流通贷款股份持有			
其他地方政府机构			
公共金融公司			
公共非金融公司			
其他（包括公共/私人企业、个人等）			
债券持有			
其他地方政府机构			
公共金融公司			
公共非金融公司			
其他（包括公共/私人企业、个人等）			
长期贷款（来源）			
中央政府			
省政府			
地方政府机构			
非洲南部开发银行			
当局贷款基金			
公共金融公司			
公共非金融公司			

续表

净资产和负债	2013（a）	2014（b）	差额
银行			
保险公司			
养老基金			
国内其他来源（包括基础设施融资股份有限公司）			
长期租赁			
非流动预提准备金			
退休金债务			
流动负债			
短期贷款（来源）			
中央政府			
省政府			
地方政府机构			
非洲南部开发银行			
当局贷款基金			
公共金融公司			
公共非金融公司			
银行			
保险公司			
养老基金			
国内其他来源（包括基础设施融资股份有限公司）			
短期租赁			
流动预提准备金			
退休金债务			
未动用的条件拨款			
应付增值税			
银行透支			
应付账款			
贸易应付账款			
消费者存款			
预售收入			
其他应付账款			

续表

净资产和负债	2013（a）	2014（b）	差额
其他未反映的负债			
总净资产和负债			
资产			
非流动资产			
物业、厂房和设备（账面价值）			
投资性房地产			
无形资产			
生物（培育）资产			
有价证券投资			
市政府股票			
其他有价证券			
政府证券			
国库券			
其他地方政府机构股票			
公共金融公司股票			
公共非金融公司股票			
公司股份			
政府、政府机构和其他地方的非市场工具的投资			
长期应收账款、贷款、存款和投资			
长期应收款			
汽车贷款			
住宅销售计划贷款			
排污设备贷款			
电力设备采购计划			
其他（包括地方政府机构）			
长期贷款（去向）			
其他地方政府机构			
公共金融公司			
公共非金融公司			
其他公司/机构			
长期存款和投资			
银行			

续表

净资产和负债	2013（a）	2014（b）	差额
公共金融公司			
公共非金融公司			
其他			
流动资产			
存货			
短期贷款、存款和投资			
短期贷款（去向）			
其他地方政府机构			
公共金融公司			
公共非金融公司			
其他公司/机构			
短期存款和投资			
银行			
公共金融公司			
公共非金融公司			
其他			
应收账款			
消费者应收账款			
其他应收账款（包括长期应收款中的短期部分）			
应收增值税			
预付账款			
备用金及银行			
其他未反映资产			
总资产			

资料来源：南非统计局：《2014 年 6 月 30 日地方政府财政财务状况》。

非流动资产主要列示物业、厂房和设备，投资性房地产，无形资产，生物资产，有价证券投资，长期应收账款，贷款，长期存款和投资。流动资产主要列示存货，短期贷款，短期存款和投资，应收账款，应收增值税，预付账款，备用金基金，其他未反映资产。非流动负债主要列示可流通贷款股份和债券，长期租赁，非流动预提准备金，退休金债务等。流动负债主要列示短期贷款，短期租赁，流动预提准备金，退休金债务，未动用的条件拨款，应付增值税，银行透支，应付账款等。净资产主要包括住房发展基金，资本重置储备，资本公积，政府补助储备，捐赠和公共捐款储备，自我保险储备，职工工伤和疾病赔偿储备，其他储备，留存收益和外部股东权益。

3. 合并的政府资产负债表

统计部门编制的政府资产负债表是在上述中央政府、地方政府以及其他机构部门资产负债表编制基础上汇总形成的。该表格式如表 8－2 所示。在编制政府总体资产负债表时，需要对相关数据进行汇总轧差：一是地方政府之间的经济往来形成的资产负债需要进行相应的合并；二是中央政府对地方政府的资金往来形成的资产负债需要进行相应的轧差。

三、南非储备银行发布的资产负债表

根据我们收集到的材料，目前南非储备银行披露的只有社保基金、地方政府、非金融公共企业和金融公共企业的资产及负债表。南非储备银行目前没有编制中央政府以及全口径的政府资产负债表。

（一）数据来源

南非储备银行主要发布了公共财政相关数据，分别发布了社会保障基金、地方政府、非金融公共企业和公司、金融公共企业和公司的资产和负债列表。数据主要来源于南非统计局和南非财政局的数据。

（二）数据处理方法

南非储备银行获得数据以后，根据其资产和负债分类对数据进行处理和整合，以保证准确反映公共部门的资产和负债数据。其资产负债并未列示在同一张表格中，而是于两张表格分别列示，表样以时序为主，采用一横一纵格式。

（三）南非储备银行政府资产负债表的编制

1. 社会保障基金资产负债表

社会保障基金主要包括失业保险基金、道路事故基金、矿工和工人职业病补偿基金。负债项目中的未决赔款准备金主要是针对每个会计年度期末对已发生事故但未上报给道路事故基金的可能发生赔款的估计。负债的存款项目在 2013/2014 财政年度还包含了银行透支项目。资产列表中的非金融资产主要包括固定资产、存货、贵重物品和非生产资产。承兑票据项在 2013/2014 财政年度包含了金融衍生产品。应收账款包括燃油税费、应计利息和其他应收账款的转移收入。

负债表横栏为季度，列示了不同年份的季度时点。纵栏为负债项目，列示了股权及其他权益、保险技术准备金、金融衍生品、应付账款。其中，股权及其他权益项目下列示了储备和留存收益。应付账款项目下列示了未决赔款准备金、贸易债权人、存款、职员福利。

（1）负债

表 8－10　　　　社会保障基金负债状况

截止时间	股权及其他权益		保险技术准备金	金融衍生品	应付账款				总计
	储备	留存收益			未决赔款准备金	贸易债权人	存款	职员福利	
3 月 31 日									
2013									
2014									
2015									
2013：02									
03									
04									
2014：01									
02									
03									
04									
2015：01									

编制单位：南非储备银行。

资产表横栏为季度，列示了不同年份的季度时点。纵栏为资产项目，列示了非金融资产和金融资产。其中，金融资产项目下列示了现金及存款、股票外证券、股票及其他、应收账款等。

（2）资产

表 8－11　　　　社会保障基金资产状况

截止时间	非金融资产	金融资产							总计
		现金及存款		股票外证券			股票及其他	应收账款	
		现金	定期存款	债券	票据及转让存款证	承兑票据			
3 月 31 日									
2013									

续表

截止时间	非金融资产	金融资产							总计
		现金及存款		股票外证券			股票及其他	应收账款	
		现金	定期存款	债券	票据及转让存款证	承兑票据			
2014									
2015									
2013：02									
03									
04									
2014：01									
02									
03									
04									
2015：01									

编制单位：南非储备银行。

2. 地方政府

地方政府的核算范围主要是指大都市、地区和地方市政当局，其数据自1987年起来源于南非统计局，自1996/1997年起基于南非统计局针对地方政府的年度普查进行数据修正。自2005年6月其数据按照GRAP/GAMAP标准核算。2008年6月南非统计局调查改为现季度金融统计数据格式。因此，数据与之前年份的数据不严格可比。资产负债核算时，部门内部债权已进行合并。

负债核算中，非股票证券类别中的其他项目包括票据、信用债券、可转让大额存单、银行承兑汇票。贷款项目中按照期限分为长期贷款和短期贷款，按照具体内容还可以分为年金贷款、本地注册的股票、融资租赁、回购协议、政府及其他贷款。权益包括累积赤字、政府补助储备及其他。政府补助储备主要是直辖市政府用于有关物业厂房和设备的交易的储备。其他权益包括重估储备、住房发展基金、资本储备、捐赠和公众捐款储备、资本置换储备、信托基金。保险技术准备金包括自我保险和工伤补偿储备。应付账款中其他项中包括递延收入、未使用的条件拨款、银行透支、递延税收和其他未分类的金融负债。

资产项目核算时，非生产性资产主要包括土地、地下资产和某些无形资产。贷款项目按照内容分包括回购协议、房地产贷款、汽车及其他贷款。应收账款项目中其他项目包括预付账款、应计利息、增值税和其他短期应收款项。

负债表横栏为季度，列示了不同年份的季度时点。纵栏为负债项目，列示了非股票证券、贷款、权益、保险技术准备金、应付账款。其中，非股票证券项目下列示了债券、商业票据、其他；贷款项目下列示了长期贷款和短期贷款；权益项目下列示了累计赤字、政府补助储备、其他；应付账款项目下列示了贸易债权人、消费者存款、其他。

（1）负债

表 8－12　　地方政府负债状况

截止时间	非股票证券			贷款		权益			保险技术准备金	应付账款			总计
	债券	商业票据	其他	长期	短期	累计赤字	政府补助储备	其他		贸易债权人	消费者存款	其他	
3 月 31 日													
2013													
2014													
2015													
2013：02													
03													
04													
2014：01													
02													
03													
04													
2015：01													

编制单位：南非储备银行。

资产表横栏为季度，列示了不同年份的季度时点。纵栏为资产项目，列示了非金融资产和金融资产。其中，非金融资产项目下列示了固定资产、存货、非生产性资产；金融资产项目下列示了现金及存款、非股票证券、贷款、股票和其他权益、金融衍生工具、应收账款。

（2）资产

表8-13　　**地方政府资产状况**

截止时间	非金融资产			金融资产									总计
				现金及存款	非股票证券		贷款		股票和其他权益	金融衍生工具	应收账款		
	固定资产	存货	非生产性资产		政府证券	其他	长期	短期			消费者债务人	其他	
3月31日													
2013													
2014													
2015													
2013：02													
03													
04													
2014：01													
02													
03													
04													
2015：01													

编制单位：南非储备银行。

3. 非金融公共企业

纳入核算的非金融公共企业和公司主要包括 Eskom 公司、南非电信、Transnet 公司、南非国家道路局有限公司、Water Boards 等。资产负债核算时部门内部的债权债务已经进行合并和消除。

负债核算中，非股票类证券除了债券，其他项目主要包括南非政府国库券、国外发行的股票、信用债券、国内外银行本票。此外，还包括单位信托基金、物业单位信托基金以及其他固定利率证券。贷款项目中其他贷款指的是来自国内非银行私营机构和公共机构的贷款，以及国外贷款。股票项目中中央银行的股票包括优先股和普通股，其他股东包含国内外的优先股和普通股。金融衍生工具项包括国内外金融衍生工具相关的负债。其他应付账款包括国内外部门的存款以及法定的养老基金保险赤字。

资产核算中，非金融资产包括固定资产、存货、贵重物品和非生产性资产。在2009/2010年度，南非国家公路有限公司基于折旧重置成本对道路网络和结构进行了价值重估。现金及存款按照金融机构和其他机构进行区分，其中，金融机构主要包括南非中央银行、公共存款公司、土地银行、银行及互助银行；其他机构存款包括国外短期转让和其他存款。贷款项分为抵押贷款和其他长期贷款，其中其他长期贷款是指针对居民和非居民的长期贷款。其他应收账款包括保险技术准备金和其他国内外短期贷款。

负债表横栏为季度，列示了不同年份的季度时点。纵栏为负债，列示了非股票证券、贷款、股票及其他权益、金融衍生工具、其他应付账款。其中，非股票证券项目下列示了国内债券、国外债券；贷款项目下列示了居民、非居民、银行、其他贷款；股票及其他权益项目下列示了中央政府、其他股东、资本金、储备和未分配利润。

（1）负债

表 8－14　　非金融公共企业负债状况

<table>
<tr><th rowspan="3">截止时间</th><th colspan="3">非股票证券</th><th colspan="4">贷款</th><th colspan="3">股票及其他权益</th><th rowspan="3">金融衍生工具</th><th rowspan="3">其他应付账款</th><th rowspan="3">总计</th></tr>
<tr><th colspan="2">债券</th><th rowspan="2">其他</th><th colspan="2">长期</th><th colspan="2">短期</th><th rowspan="2">中央政府</th><th rowspan="2">其他股东</th><th rowspan="2">资本金、储备和未分配利润</th></tr>
<tr><th>国内债券</th><th>国外债券</th><th>居民</th><th>非居民</th><th>银行</th><th>其他</th></tr>
<tr><td>3 月 31 日</td><td></td><td></td><td></td><td></td><td></td><td></td><td></td><td></td><td></td><td></td><td></td><td></td><td></td></tr>
<tr><td>2013</td><td></td><td></td><td></td><td></td><td></td><td></td><td></td><td></td><td></td><td></td><td></td><td></td><td></td></tr>
<tr><td>2014</td><td></td><td></td><td></td><td></td><td></td><td></td><td></td><td></td><td></td><td></td><td></td><td></td><td></td></tr>
<tr><td>2015</td><td></td><td></td><td></td><td></td><td></td><td></td><td></td><td></td><td></td><td></td><td></td><td></td><td></td></tr>
<tr><td>2013：02</td><td></td><td></td><td></td><td></td><td></td><td></td><td></td><td></td><td></td><td></td><td></td><td></td><td></td></tr>
<tr><td>03</td><td></td><td></td><td></td><td></td><td></td><td></td><td></td><td></td><td></td><td></td><td></td><td></td><td></td></tr>
<tr><td>04</td><td></td><td></td><td></td><td></td><td></td><td></td><td></td><td></td><td></td><td></td><td></td><td></td><td></td></tr>
<tr><td>2014：01</td><td></td><td></td><td></td><td></td><td></td><td></td><td></td><td></td><td></td><td></td><td></td><td></td><td></td></tr>
<tr><td>02</td><td></td><td></td><td></td><td></td><td></td><td></td><td></td><td></td><td></td><td></td><td></td><td></td><td></td></tr>
<tr><td>03</td><td></td><td></td><td></td><td></td><td></td><td></td><td></td><td></td><td></td><td></td><td></td><td></td><td></td></tr>
<tr><td>04</td><td></td><td></td><td></td><td></td><td></td><td></td><td></td><td></td><td></td><td></td><td></td><td></td><td></td></tr>
</table>

编制单位：南非储备银行。

资产表横栏为季度，列示了不同年份的季度时点。纵栏为资产，列示了非金融资产、金融资产项目。其中，非金融资产项目下列示了国内、国外；金融资产项目下列示了现金及存款、非股票证券、贷款、股票及其他权益、金融衍生工具、其他应收款项。

（2）资产

表 8－15　　非金融公共企业资产状况

截止时间	非金融资产		金融资产										总计
			现金及存款		非股票证券			贷款		股票及其他权益	金融衍生工具	其他应收款项	
	国内	国外	金融机构	非金融机构	可转让大额存单	债券	票据及其他	抵押贷款	其他长期贷款				
3月31日													
2013													
2014													
2015													
2013：02													
03													
04													
2014：01													
02													
03													
04													

编制单位：南非储备银行。

4. 金融公共企业

金融公共企业和公司的核算范围主要包括南非工业发展有限公司等金融性质的公共企业和公司，但南非中央储备银行、公共存款公司、土地银行和邮政银行未纳入核算范围，因为其统计数据包含在货币统计分析中。与前面相同，资产负债核算时部门内部债券已经合并或抵销。资产负债核算中，具体项目包含的内容与上面的非金融公共企业和公司一致，具体内容不再赘述。

负债表横栏为季度，列示了不同年份的季度时点。纵栏为负债，列示了非股票证券、贷款、股票及其他权益、金融衍生工具、其他应付账款。其中，非股票证券项目下列示了国内债券、国外债券；贷款项目下列示了居民、非居民、银行、其他贷款；股票及其他权益项目下列示了中央政府、其他股东、资本金、储备和未分配利润。

（1）负债

表 8－16　　金融公共企业负债状况

截止时间	非股票证券			贷款				股票及其他权益			金融衍生工具	其他应付账款	总计
	债券		其他	长期		短期							
	国内债券	国外债券		居民	非居民	银行	其他	中央政府	其他股东	资本金、储备和未分配利润			
3 月 31 日													
2013													
2014													
2015													
2013：02													
03													
04													
2014：01													
02													
03													
04													

编制单位：南非储备银行。

资产表横栏为季度，列示了不同年份的季度时点。纵栏为资产，列示了非金融资产、金融资产项目。其中，金融资产项目下列示了现金及存款、非股票证券、贷款、股票及其他权益、金融衍生工具、其他应收款项。

（2）资产

表 8－17　　金融公共企业资产状况

截止时间	非金融资产	金融资产										其他应收款项	总计
		现金及存款		非股票证券			贷款			股票及其他权益	金融衍生工具		
							长期贷款		短期贷款				
		金融机构	非金融机构	可转让大额存单	债券	票据及其他	抵押贷款	其他					
3 月 31 日													
2013													

续表

截止时间	非金融资产	金融资产										其他应收款项	总计
		现金及存款		非股票证券			贷款			股票及其他权益	金融衍生工具		
		金融机构	非金融机构	可转让大额存单	债券	票据及其他	长期贷款		短期贷款				
							抵押贷款	其他					
2014													
2015													
2013：02													
03													
04													
2014：01													
02													
03													
04													

编制单位：南非储备银行。

四、部门间资产负债表比较

表 8－18　　部门间资产负债表编制的比较

部门	公共机构部门资产负债表（合并）	公共机构部门资产负债表（单项）	地方政府资产负债表（单独）	地方政府资产负债表（合并）	政府整体资产负债表
财政部门	✓	✓（国有企业、开发性金融机构、社会保障基金、其他公共实体）	✓		✓
统计部门				✓	✓
南非储备银行		✓（社会保障基金、地方政府、非金融公共企业和公司、金融公共企业和公司）		✓	

注：✓表示该部分制定并发布该类报表。

总的来看，南非虽然属于发展中国家，但其在编制政府资产负债表方面工作还是做得比较扎实。主要有以下几个特点：

一是有三个政府部门涉及编制政府资产负债表，即财政部门、统计部门和南非储备银行。并且这三个政府部门编制多个层次的政府资产负债表，其中，财政部门编制 4 类表，统计部门编制 2 类表，南非储备银行编制 2 类表。

二是南非编制的政府资产负债表类型较多，层次也不一样。其中，第一个层次为政府的整体资产负债表，该表涵盖了南非公共机构部门、地方政府。第二个层次为合并表，包括公共机构部门资产负债合并表、地方政府资产负债合并表，前表为不同机构部门的资产负债合并而来，后者为不同的地方政府资产负债合并而来；第三个层次为单项表，包括每个公共机构部门编制自己的资产负债表，每个地方政府编制自己的资产负债表。

三是表式结构差异比较大。从各表表式来看，基本分为两大类。其中，财政部门和统计部门的表式类似，都属于竖式表式，而南非储备银行的表式属于另一类，其纵栏和横栏维度的内容刚好与前两个部门编制的政府资产负债表式相反。

四是每类表格核算的资产负债范围和层次差异较大。由于机构层次和性质不同，不同类型的资产负债表中涵盖的资产、负债范围层次差异比较大。总的来看，政府整体资产负债表涵盖的资产负债类型最全，金融资产、非金融资产在每个表格中具体涵盖的要素和层次划分都有所差异。

五是有些部门编制的资产负债表将资产和负债单列，资产编制一张表，负债编制一张表。有些部门将资产负债编制在一张表内。一般而言，合并整体报表将资产负债做在一张表内，而单个部门或单个企事业单位编制资产负债表时将资产负债表单列，将其编制成两张表，如南非储备银行编制金融公共企业资产负债表。

六是数据来源与数据整理存在较大差异。由于是不同政府部门编制相应的资产负债表，其获取数据的来源手段相应不同，对数据整理加工手段也不同。如财政部门编制的地方政府资产负债表数据来源当地政府的统计年报，统计部门编制的地方政府合并资产资产负债表数据来源于普查。财政部门编制政府整体合并资产负债表时会对实体内部的交易予以合并和轧差，单个公共机构的资产负债表就相对比较简单，不需要做合并和轧差。

第五节　对南非政府资产负债状况的分析

通过南非政府披露的政府资产负债数据，我们可以发现：

一是从财政部门核算的政府资产负债情况来看，政府总资产2012/2013财年为4166亿兰特，2013/2014财年为4560亿兰特。总负债2012/2013财年为14805亿兰特，2013/2014财年为17184亿兰特。净资产在两个财年都为负数，主要是因为留存基金亏空太大。

表8－19　南非政府财务状况　单位：千兰特

项目	2013/2014	2012/2013
资产		
流动资产	221942216	200637056
未经授权支出	585307	660756
现金及现金等价物	205940698	185696172
其他金融资产	16093	14168
预付款项及垫款	9972570	8616256
应收账款	3850436	4460059
贷款	1568803	1180101
应收援助款项	8309	9544
非流动资产	234008852	215931301
投资	169061655	149785508
贷款	64889411	66091985
其他金融资产	57786	53808
总资产	455951068	416568357
负债		
流动负债	273241380	237612141
隶属于收入基金的股票基金	937758	237336
隶属于收入基金的部门收入	91491	472571
银行透支	11470207	11026158
应付账款	3084606	2337749
借款	257057662	222324556
应归还援助款项	423557	1018848
未使用的援助款项	176099	194923

续表

项目	2013/2014	2012/2013
非流动负债	1445131207	1242903660
应付账款	1343838	772826
借款	1327466298	1143016765
多边机构	116321071	99114069
总负债	1718372587	1480515801
净资产	-1262421519	-1063947444
资本公积	48503670	48155799
可恢复收入	65578509	66590669
留存基金	-1376503698	-1178693912
总计	-1262421519	-1063947444

资料来源：南非财政部：《并表财政财务信息》。

二是从统计部门核实的地方政府资产负债情况来看，2012/2013 财年总净资产和负债（反映在资产方为总资产）为 5976 亿兰特，2013/2014 财年为 6305 亿兰特。净资产中占比最大的为留存收益。负债中贸易应付账款占比最大。资产中物业、厂房和设备占比最大。

表 8-20　　南非地方政府合并财务状况　　单位：千兰特

净资产和负债	2013（a）	2014（b）	差额
净资产			
住房发展基金	1456995	1313522	-143473
资本重置费用	1993888	1990280	-3608
资本公积	1659728	1693732	34004
政府补助储备	1940184	2400364	460180
捐赠和公共捐款储备	103809	135631	31822
自我保险储备	671911	715212	43301
重估储备	10704358	11274149	569791
职工工伤和疾病赔偿储备	250374	176665	-73709
其他储备	3060027	2973368	-86659
留存收益	413037296	432423058	19385762

续表

净资产和负债	2013（a）	2014（b）	差额
外部股东权益	177889	272602	94713
非流动负债			
可流通贷款股份和债券			
可流通贷款股份持有			
其他地方政府机构	0	0	0
公共金融公司	0	0	0
公共非金融公司	0	0	0
其他（包括公共/私人企业、个人等）	265587	233082	-32505
债券持有			
其他地方政府机构	0	0	0
公共金融公司	0	0	0
公共非金融公司	0	0	0
其他（包括公共/私人企业、个人等）	16086000	18329000	2243000
长期贷款（来源）			
中央政府	0	0	0
省政府	0	0	0
地方政府机构	0	0	0
非洲南部开发银行	14642451	16979154	2336703
当局贷款基金	0	0	0
公共金融公司	0	0	0
公共非金融公司	0	0	0
银行	14054860	12933859	-1121001
保险公司	0	0	0
养老基金	0	0	0
国内其他来源（包括基础设施融资股份有限公司）	6342349	5897926	-444423

续表

净资产和负债	2013（a）	2014（b）	差额
长期租赁	834783	926595	91812
非流动预提准备金	10881882	13132086	2250204
退休金债务	17018975	17828505	809530
流动负债			
短期贷款（来源）			
中央政府	0	0	0
省政府	0	0	0
地方政府机构	0	0	0
非洲南部开发银行	1064016	1077793	13777
当局贷款基金	0	0	0
公共金融公司	0	0	0
公共非金融公司	0	0	0
银行	4761205	3545078	-1216127
保险公司	0	0	0
养老基金	0	0	0
国内其他来源（包括基础设施融资股份有限公司）	564557	794408	229851
短期租赁	405226	438207	32981
流动预提准备金	3330103	2869910	-460193
退休金债务	1017923	1075088	57165
未动用的条件拨款	11432877	10429246	-1003631
应付增值税	2769792	2867656	97864
银行透支	1204540	1471604	267064
应付账款			
贸易应付账款	25714886	29617134	390224
消费者存款	4671841	5057885	386044

续表

净资产和负债	2013（a）	2014（b）	差额
预售收入	3884550	4385024	500474
其他应付账款	20313250	23558302	3245052
其他未反映的负债	1277037	1677266	400229
总净资产和负债	597595149	630493391	32898242
资产			
非流动资产			
物业、厂房和设备（账面价值）	464416299	490478609	26062310
投资性房地产	20520404	21091007	570603
无形资产	3150309	3176635	26326
生物（培育）资产	181462	229656	48194
有价证券投资			
市政府股票	711	711	0
其他有价证券			
政府证券	60746	69820	9074
国库券	0	0	0
其他地方政府机构股票	980441	516038	-464403
公共金融公司股票	0	0	0
公共非金融公司股票	0	0	0
公司股份	14714	71437	56723
政府、政府机构和其他地方的非市场工具的投资	795034	101994	-693040
长期应收账款、贷款、存款和投资			
长期应收款			
汽车贷款	0	0	0
住宅销售计划贷款	173167	171720	-1447
排污设备贷款	0	0	0

续表

净资产和负债	2013（a）	2014（b）	差额
电力设备采购计划	4003	3119	-884
其他（包括地方政府机构）	1752868	536087	-1216781
长期贷款（去向）			
其他地方政府机构	0	0	0
公共金融公司	0	0	0
公共非金融公司	0	0	0
其他公司/机构	916	836	-80
长期存款和投资			
银行	944662	965852	21190
公共金融公司	0	0	0
公共非金融公司	0	0	0
其他	3512237	6079432	2567195
流动资产			
存货	6311671	6722995	411324
短期贷款、存款和投资			
短期贷款（去向）			
其他地方政府机构	0	0	0
公共金融公司	0	0	0
公共非金融公司	0	0	0
其他公司/机构	1022	979	-43
短期存款和投资			
银行	30472836	29359177	-1113659
公共金融公司	0	0	0
公共非金融公司	0	0	0
其他	2860458	2614291	-246167

续表

净资产和负债	2013（a）	2014（b）	差额
应收账款			
消费者应收账款	28294013	31860523	3566510
其他应收账款（包括长期应收款中的短期部分）	12388597	14173045	1784448
应收增值税	2120835	2840860	720025
预付账款	109145	486520	377375
备用金及银行	18203483	18699539	496056
其他未反映资产	325116	242509	-82607
总资产	597595149	630493391	32898242

资料来源：南非统计局：《2014 年 6 月 30 日地方政府财政财务状况》。

三是公共机构部门的资产净额每年都在增加。其中，国有企业的资产净额在公共机构中占比达 50%，社保基金占比最小。

表 8－21　　南非公共机构部门合并财务状况　　单位：10 亿南非兰特

项目	2010/2011	2011/2012	2012/2013	2013/2014
国有企业				
总资产	639.4	708.1	793.9	903.6
总负债	422.9	470.6	541.7	628.9
资产净额	216.5	237.5	252.2	274.7
开发性金融机构				
总资产	181.7	199.6	221.5	249.5
总负债	57.8	76.1	93.5	106.7
资产净额	123.8	123.5	128	142.9
社会保障基金				
总资产	88.5	107.2	132.4	145.6
总负债	43.5	64.1	95.0	109.9
资产净额	45.0	43.1	37.4	35.7
其他公共实体				
总资产	525.6	655.8	720.7	807.5
总负债	152.0	194.3	237.7	259.4
资产净额	373.5	461.5	483.0	548.1

资料来源：南非财政部：《公共机构部门的财务头寸》。

四是国有企业总资产增长率每年波动比较大，负债增长率呈年度下降趋势，资产净额增长率年度波动幅度比较大。净资产收益率近年来呈上升趋势。

表 8－22　　南非国有企业的合并资产负债状况　　单位：10 亿南非兰特

项目	2007/2008	2008/2009	2009/2010	2010/2011	2011/2012
总资产	382.5	450.1	517.8	639.4	707.0
资产增长率（%）	22.0	17.7	15.0	23.5	10.7
总负债	229.0	290.6	341.6	422.9	469.7
负债增长率（%）	22.0	26.9	17.6	23.8	11.1
资产净额	153.5	159.5	176.2	216.5	237.3
资产净额增长率（%）	22.0	3.9	10.5	22.9	9.6
净资产收益率（%）	4.7	－4.0	3.8	6.7	9.3

资料来源：南非财政部：《公共机构部门的财务头寸》。

五是开发性金融机构总资产、总负债年度呈上升趋势，资产净额年度变化较大，有时上升，有时下降。

表 8－23　　南非开发性金融机构合并资产负债状况　单位：10 亿南非兰特

项目	2013/2014	2014/2015	2015/2016	2016/2017
总资产	249.1	244.7	267.9	306.4
其中：				
贷款	108.7	134.4	156.1	178.3
股权投资	86.7	101.5	104.4	120.2
总负债	106.6	112.6	131.4	153.4
资产净额	142.5	132.1	136.5	153.0

资料来源：南非财政部：《公共机构部门的财务头寸》。

六是社保基金总资产、总负债、资产净额年度呈上升态势。其中，失业保险基金在总资产中占比最大，道路交通事故基金在总负债中占比最大，失业保险基金在资产净额中占比最大。道路交通事故基金资产净额为负，预测 2017/2018 年为－1398 亿兰特。

表 8－24　　南非社会保障基金的合并资产负债状况　　单位：10 亿南非兰特

项目	2013/2014	2014/2015	2015/2016	2016/2017	2017/2018
总资产	145.6	161.9	181.8	203.5	227.7
失业保险基金	94.3	110.1	127.7	147.0	168.2
道路交通事故基金	7.7	6.0	6.4	7.0	7.5
赔偿基金	43.6	45.8	47.6	49.5	52.0
总负债	109.9	129.7	142.7	157.0	173.2
失业保险基金	3.9	4.3	4.6	5.0	5.4
道路交通事故基金	98.5	107.3	119.3	132.5	147.3
赔偿基金	7.5	18.1	18.8	19.5	20.5
资产净额	35.7	32.3	39.1	46.5	54.5
失业保险基金	90.4	105.9	123.1	142.0	162.8
道路交通事故基金	－90.8	－101.3	－112.8	－125.5	－139.8
赔偿基金	36.1	27.7	28.8	30	31.5

资料来源：南非财政部：《公共机构部门的财务头寸》。

总体来看，南非政府的总资产和总负债近年来都呈上升态势，反映资产负债规模在膨胀，但其资产净额为负数，反映其家底比较薄弱，历史问题比较多。另外，养老、失业和道路交通事故基金等负债包袱较大，值得我们引以为鉴。

参考文献

［1］南非财政部：《并表财政财务信息》，2014。
［2］南非财政部：《公共机构部门的财务头寸》，2014。
［3］南非财政部：《Koukamma 年度报告》，2008。
［4］南非统计局：《统计表格——公共金融》，2014。

第九章　泰国政府资产负债表的编制

第一节　泰国政府资产负债表编制的基本情况

目前，泰国财政部根据 IMF《政府财政统计手册（2001 年版）》（GFSM2001）的标准，逐年编制并发布政府资产负债表。

一、泰国政府资产负债表的编制历程

2001 年，泰国财政部决定根据《政府财政统计手册（2001 年版）》（以下简称 GFSM2001）的方法来编制本国的政府财政统计报告[①]。此前，除了未偿付债务表（Outstanding Debt），其未编制其他政府资产负债信息。

此后，泰国财政部依据 GFSM2001 的标准来编辑整理政府运营数据，并推进权责发生制在中央预算内政府部门和地方政府的运用，逐步形成了覆盖整个广义政府部门的、可用于编制泰国政府财政统计报告的源数据[②]。

从 2004—2005 财年起[③]，泰国财政部按 GFSM 标准编制了政府负债信息；从 2009—2010 财年起，其将按 GFSM 标准核算的政府资产信息（包括非金融资产和金融资产）引入资产负债表，编制并发布了较完整的政府资产负债表。

二、泰国政府资产负债表的现状

泰国财政部编制并于每个财年的第 6 个月份的第一个工作日发布上一财年

---

① Thailand's Government Finance Statistics：Information on Methodology，Data Coverage，and Compilation Practices，第 9 页。

② Thailand's Government Finance Statistics：Information on Methodology，Data Coverage，and Compilation Practices，第 9 页。

③ 泰国的财年是每年 10 月 1 日至下一自然年的 9 月 30 日，如 2004—2005 财年是指 2004 年 10 月 1 日至 2005 年 9 月 30 日。

的政府资产负债表[①]。泰国政府资产负债表只涵盖广义政府部门，尚未编制公共公司（包括公共非金融公司和公共金融公司）的资产负债信息。具体说，其资产负债表包括以下6张子表：预算内中央政府、预算外基金和机构、社保基金、中央政府、地方政府和广义政府6个机构部门的资产负债表。

各子报表的表式基本一致，其主栏表示各资产负债项目，宾栏表示时间，以此反映某一政府分部门在各财年的资产负债存量。以广义政府部门资产负债表为例，具体表式如表9－1所示。

表9－1　　泰国广义政府部门资产负债表

（2009—2010财年至2012—2013财年，9月30日期末余额数）

单位：百万泰铢

项目	2013	2012	2011	2010
净值（资产总额减去负债总额）	8652094.7	7152323.3	7033906.4	6883282
非金融资产	5542609.1	4996685.5	4695315.6	4709849.9
固定资产	NA	NA	NA	NA
建筑物和构建物	NA	NA	NA	NA
机器设备	NA	NA	NA	NA
其他固定资产	NA	NA	NA	NA
存货	NA	NA	NA	NA
贵重物品	NA	NA	NA	NA
非生产性资产	NA	NA	NA	NA
土地	NA	NA	NA	NA
地下资产	NA	NA	NA	NA
其他自然形成的资产	NA	NA	NA	NA
无形非生产性资产	NA	NA	NA	NA
金融资产	7147359.9	5707562	5547254.9	5108722.5
国内金融资产	7147359.9	5707562	5547254.9	5108722.5
通货和存款	1644468.4	1293580.5	1132567.8	1055690.1
非股票证券	1191854	1087204.5	1059547	916001.2
贷款	2356632.2	1357530	831302	1076267.3

① Thailand's Government Finance Statistics: Information on Methodology, Data Coverage, and Compilation Practices，第19页。

续表

项目	2013	2012	2011	2010
股票和其他股权	1643507.5	1645982.7	1550045.6	1439338.2
保险技术准备金	NA	NA	NA	NA
金融衍生品	NA	NA	NA	NA
其他应收账款	310897.8	323264.3	973792.5	621425.7
国外金融资产	NA	NA	NA	NA
通货和存款	NA	NA	NA	NA
非股票证券	NA	NA	NA	NA
贷款	NA	NA	NA	NA
股票和其他股权	NA	NA	NA	NA
保险技术准备金	NA	NA	NA	NA
金融衍生品	NA	NA	NA	NA
其他应收账款	NA	NA	NA	NA
货币黄金和特别提款权	NA	NA	NA	NA
负债	NA	NA	NA	NA
国内负债	3733957.5	3499276.7	2876211.1	2881102.7
通货和存款	0.0	0.0	0.0	0.0
非股票证券	3656969.6	3416850.9	2681176.2	2853294.7
贷款	76987.9	79425.7	195034.9	27808
股票和其他股权	0.0	0.0	0.0	0.0
保险技术准备金	0.0	0.0	0.0	0.0
金融衍生品	0.0	0.0	0.0	0.0
其他应付账款	0.0	0.0	0.0	0.0
国外负债	68746.1	52647.6	332453	54187.7
特别提款权	0.0	0.0	0.0	0.0
通货和存款	0.0	0.0	0.0	0.0
非股票证券	3241.9	13163.9	299960.3	0.0
贷款	65504.2	39483.7	32492.7	54187.7
股票和其他股权	0.0	0.0	0.0	0.0
保险技术准备金	0.0	0.0	0.0	0.0
金融衍生品	0.0	0.0	0.0	0.0
其他应付账款	0.0	0.0	0.0	0.0
备忘项目				

续表

项目	2013	2012	2011	2010
净金融价值（金融资产减去金融负债）	1964111.0	1137018.4	1440771.8	1378048.1
债务的市值	NA	NA	NA	NA
债务的名义价值	NA	NA	NA	NA
欠款	NA	NA	NA	NA
社保基金福利支出的责任	NA	NA	NA	NA
或有负债	NA	NA	NA	NA
未资本化的军队的武器、运输系统	NA	NA	NA	NA

注：经询泰国财政部工作层，表中“NA”表示此数据不可用（Not Available），据泰国财政部工作层解释，数据不可用是由于缺乏专门机构来对此进行核算与记录从而使这些源数据尚未被统计。

资料来源：引自泰国财政部官网。

各机构部门子表的表式基本一致（如表 9－1 所示），因此通过简单整理，即可得到主栏为资产与负债项目，宾栏为各机构部门的表式，来反映某一财年各机构部门的资产负债存量。经整理并省略数据均不可用的资产负债项后，得到表 9－2。

本书的研究即根据表 9－2 展开。需要注意的是，表 9－1 中的中央政府部门的数据是预算内中央政府、预算外基金和机构以及社保基金三个分部门数据的简单加总；广义政府部门的数据是中央政府和地方政府数据的简单加总。经询泰国财政部工作层得知，因数据可用性不足等原因，尚未对机构部门之间以及不同层级政府之间的交易和借贷关系进行冲减，因此也尚未编制合并后（Consolidated）的中央政府部门或广义政府部门的资产负债表。

表 9－2　　经整理后的泰国政府资产负债表（分机构部门）

（2012—2013 财年，9 月 30 日期末余额数）　　单位：百万泰铢

项目	预算内中央政府（1）	预算外基金和机构（2）	社保基金（3）	中央政府（4）＝（1）＋（2）＋（3）	地方政府（5）	广义政府（6）＝（4）＋（5）
净值（资产总额减去负债总额）	5350583.6	1645972.7	1145374.6	8141930.9	510163.8	8652094.7
非金融资产	5398540.0	23609.2	0	5422149.2	120459.9	5542609.1
金融资产	3725772.8	1622363.5	1145374.6	6493510.8	418678.4	7147359.8
国内金融资产	3725772.8	1622363.5	1380545.2	6728681.5	418678.4	7147359.8
通货和存款	864863.7	185384.2	220801.1	1271049.0	373419.4	1644468.4

续表

项目	预算内中央政府（1）	预算外基金和机构（2）	社保基金（3）	中央政府（4）＝（1）＋（2）＋（3）	地方政府（5）	广义政府（6）＝（4）＋（5）
非股票证券	155604.7	0	1036249.3	1191854.0	0	1191854.0
贷款	969439.3	1387192.9	0	2356632.2	0	2356632.2
股票和其他股权	1642001.9	0	0	1642001.9	1505.6	1643507.5
保险技术准备金	0	0	0	0	0	0
金融衍生品	0	0	0	0	0	0
其他应收账款	93863.2	49786.4	123494.8	267144.4	43753.4	310897.8
国外金融资产	0	0	0	0	0	0
货币黄金和特别提款权	NA	NA	NA	NA	NA	NA
国内负债	3704983.0	0	0	3704983.0	28974.5	3733957.5
通货和存款	0	NA	NA	0	0	0
非股票证券	3656969.6	NA	NA	3656969.6	0	3656969.6
贷款	48013.4	NA	NA	48013.4	28974.5	76987.9
股票和其他股权	0	NA	—	0	0	0
保险技术准备金	0	NA	NA	0	0	0
金融衍生品	0	NA	NA	0	0	0
其他应付账款	0	NA	NA	0	0	0
国外负债	68746.1	NA	NA	68746.1	0	68746.1
特别提款权	0	NA	—	0	—	0
通货和存款	0	NA	0	0	0	0
非股票证券	3241.9	NA	NA	3241.9	0	3241.9
贷款	65504.2	NA	NA	65504.2	0	65504.2
股票和其他股权	0	NA	—	0	0	0
保险技术准备金	0	NA	NA	0	0	0
金融衍生品	0	NA	NA	0	0	0
其他应付账款	0	NA	NA	0	0	0

注：表中“NA”表示此数据不可用（Not Available），据泰国财政部工作层解释，数据不可用是由于缺乏专门机构来对此进行核算与记录从而使这些源数据尚未被统计。“—”表示该机构部门没有相应资产负债项。

第二节　泰国政府机构范围与层次

如前所述，泰国政府资产负债表的机构范围是广义政府部门。根据相关编制说明以及泰国财政部工作层的解释，其定义的“广义政府部门”包括中央政府（Center Government）和地方政府（Local Government）两个层级；而中央政府又进一步细分为预算内中央政府部门（Budgetary Central Government）、预算外基金和机构（Extra - budgetary Funds and Institutions）以及社保基金（Social Security Funds）三个机构部门①。

其中，“预算内中央政府部门”相当于 GFSM2001 中定义的狭义政府加上部分非市场非营利机构（如公立医院、公立中小学、大学等）；“预算外基金和机构”与 GFSM2001 中的非市场非营利机构的定义基本吻合。同时，泰国财政部将社保基金归于中央政府层级内，亦符合 GFSM2001 中“社保基金可与经营社保基金的那一层级政府的其他部门合并起来”的要求②。

一、预算内中央政府部门

泰国预算内中央政府部门包括其一般财政预算覆盖的所有单位实体，它们完全由泰国财政预算提供资金，并按法律规定行使公共管理和服务职能，相当于 GFSM2001 中定义的狭义政府加上部分非市场非营利机构。泰国预算内中央政府部门包括以下四类机构：

1. 中央政府各机关单位：如国家反腐败委员会办公室、反假币发行办公室、法律改革委员会、教育委员会办公室、财政部、国家经济社会发展委员会办公室、国家政策研究办公室等。

2. 相对独立的公共管理部门：如王国研究院、审计长办公室、国家佛教事务办公室等。

3. 依据宪法成立的独立机构：如选举委员会办公室、法庭审判办公室、参议院和上议院的秘书处等。

4. 一般财政预算完全覆盖的公共实体：如公立医院、公立中小学以及 27 所大学。

---

① Thailand's Government Finance Statistics: Information on Methodology, Data Coverage, and Compilation Practices，第 10 页。

② 杜金富：《政府财政统计学》，32 页，北京，中国金融出版社，2008。

二、预算外基金和机构

泰国预算外基金和机构是指那些独立核算且不接受财政资金或至少不以预算内资金为其主要资金来源、依法成立或在中央政府特许下经营、在某些领域发挥公共管理和公共服务职能的基金和公共机构①，包括自治性政府机构（Autonomous Government Agencies）与其他预算外和周转性基金。

1. 自治性政府机构

它类似于上述预算内中央政府部门中的“依据宪法成立的独立机构”，主要区别在于它们更加独立且有自己的收入来源而不以一般预算为主②。泰国的自治性政府机构共有 8 家，包括泰国体育局、泰国旅游局、水资源和废物管理局、国家科技博物馆、植物园、泰国科学和技术研究院、民用航空培训中心等③。

2. 其他预算外和周转性基金

包括教育贷款基金、国家科学技术基金、泰国农村发展基金、国民医疗安全基金、石油基金、泰国健康提升基金等 108 个其他预算外和周转性基金。这些基金在中央政府的特许下独立经营，以支持经济社会特定领域的发展，它们也接受一般财政预算的转移支付但不以其为主要资金来源，它们有自己的收入来源但不以营利为主要目的④。

从上述定义和分类可见，泰国政府资产负债表中的“预算外基金和机构”概念与 SNA2008 中对非市场非营利机构的判别标准基本吻合，即“不以为组建或控制它们或为它们提供资金的单位获取财务回报为目的”、“政府拥有或控制”以及“其提供的商品或服务不具经济显著性”，因此它相当于 GFSM2001 定义的“非市场非营利机构”。

三、社保基金

泰国政府资产负债表中的社保基金包括社保基金和职工赔偿基金

① Thailand's Government Finance Statistics：Information on Methodology，Data Coverage，and Compilation Practices，第 10 页。

② Thailand's Government Finance Statistics：Information on Methodology，Data Coverage，and Compilation Practices，第 10 页脚注 4。

③ Thailand's Government Finance Statistics：Information on Methodology，Data Coverage，and Compilation Practices，第 10 – 11 页。

④ Thailand's Government Finance Statistics：Information on Methodology，Data Coverage，and Compilation Practices，第 10 – 11 页。

（Workmen's Compensation Fund），如前所述，泰国社保基金与经营它们的中央政府合并处理①。

根据泰国政府资产负债表的机构定义和范围，上述预算内中央政府部门、预算外基金和机构及社保基金三个机构部门构成中央层级的广义政府部门。

四、地方政府

与 GFSM2001 不同，泰国政府资产负债表中只有中央政府和地方政府两个政府层级，而没有州（省）这一层级的政府。其地方政府资产负债表数据涵盖曼谷直辖市、75 个行政区、2283 个自治市（区）和 5492 个村镇的地方政府当局和相应的公共机构②。

五、广义政府部门

综上所述，根据泰国政府资产负债表的机构定义和范围，预算内中央政府部门、预算外基金和机构及社保基金三个机构部门构成中央层级的广义政府部门，加上地方层级的广义政府部门，一起构成了泰国政府资产负债表中的广义政府部门。

第三节　泰国政府资产负债核算的范围与分类

总体看，在数据可得的前提下，泰国政府资产负债表中资产和负债项目的定义、范围和分类与 GFSM2001 标准基本一致③，具体如下④。

一、非金融资产

非金融资产又具体分为固定资产、库存、贵重物品以及非生产资产四类。

1. 固定资产：指在政府的生产过程中能够重复并连续不断使用的已生产出来的资产。具体包括建筑物和构建物、机器和设备、其他固定资产等。

2. 库存：指被政府持有的，为了销售、用于再生产或在更晚时期使用的商

---

① Thailand's Government Finance Statistics：Information on Methodology，Data Coverage，and Compilation Practices，第 10 页。

② 资料来源：泰国财政部工作层提供的补充材料：Definition of Government Institution。

③ Thailand's Government Finance Statistics：Information on Methodology，Data Coverage，and Compilation Practices，第 14 页。

④ 具体分类来自泰国财政部工作层提供的补充材料：Detail Description of Balance Sheet Items。

品。具体包括战略性库存、原料及供给品、在制品、自用的制成品及用于转售的商品。

3. 贵重物品：指被政府持有的，其价值将随时间而增值的商品。

4. 非生产资产：指政府生产过程中所需的非生产出来的资产，包括土地、地下资产和无形非生产资产。

泰国政府资产负债表中给出了非金融资产总存量的数据，未提供其子类别的数据（如表 9 - 1 所示，表中标示"NA"，表示此数据不可用）。经询泰国财政部工作层，他们表示，这些数据尚未进行统计，因为没有专门机构去做这件事。

二、金融资产

按照 GFSM2001 的标准，泰国将金融资产分为国内金融资产和国外金融资产两部分，从金融工具划分的角度，两部分金融资产的分类是基本一致的，都分为以下子类别（如表 9 - 2 所示，对于数据均为"0"或"NA"的子类别，如保险技术准备金和金融衍生品，在此不再对其定义及涵盖范围进行详述）。

1. 通货和存款：指政府发行的纸币、硬币，以及作为现金等价物的可转让存款。

2. 非股票证券：在泰国主要是指与长期投资相关的、由政府部门持有的长期债券等。

3. 贷款：主要包括短期和长期的应收贷款、短期投资和长期应收款等。

4. 股票和其他股权：指泰国政府在附属公司或联营公司中的股权。

5. 保险技术准备金和金融衍生品。

6. 其他应收账款：包括短期应收账款、应计收入、其他流动资产、其他非流动资产等。

此外，金融资产还包括货币黄金和特别提款权，与 GFSM2001 一致，泰国政府资产负债表中将货币黄金和特别提款权作为与国内金融资产和国外金融资产并列的金融资产子类别。

三、负债

按照 GFSM2001 标准，泰国将负债分为国内金融资产和国外金融资产两部分，从金融工具划分的角度，两部分负债的分类是基本一致的，都分为以下子类别：

1. 通货和存款：主要是指政府信托所持有的短期基金。

2. 非股票证券：在泰国主要是政府部门发行的短期债券。

3. 贷款：包括政府部门取得的短期贷款、长期贷款等。

4. 保险技术准备金和金融衍生品。

5. 其他应付账款：包括短期应付款、应计支出、其他流动负债、长期应付款、其他非流动负债等。

四、备忘项

与 GFSM2001 标准一致，泰国财政部编制的政府资产负债表中，还有如下备忘项目（Memorandum Items）：

1. 净金融价值（Net Financial Worth）：等于金融资产总量减去负债总量。

2. 债务的市值：即政府债务（如债券）的当前市场价格。

3. 债务的名义价值：定义为未来支付本金和利息（按现有合同的利率）的现值。

4. 欠款：定义为到支付日期后形成的支付责任。

5. 社保基金福利支出的责任：即未来社保基金福利支出的现值。

6. 或有负债：指根据合同安排在未来可能产生的对广义政府单位的潜在的或有债权，如广义政府单位对贷款的担保。

7. 未资本化的军队的武器和物理运输系统：即在取得时作为支出处理的军队的武器和武器运输系统的存量。

第四节　泰国政府资产负债表的编制

与多数报表一样，泰国政府资产负债表的编制也要经过数据记录、数据采集、数据整理、编辑输入、输出报表、数据修正等过程。

一、记录时间

2001 年决定编制政府资产负债表时，泰国预算内政府部门和地方政府的交易数据基于收付实现制来确定记录时间，而预算外基金以及社保基金采用权责发生制来记录交易数据①。

---

① Thailand's Government Finance Statistics：Information on Methodology，Data Coverage，and Compilation Practices，第 9 页。

2001年以后，基于编制政府资产负债表的需要，泰国财政部逐步对收付实现制的数据进行权责发生制的调整，至2008年，除非金融资产和固定资本损耗的估值外，基本采用权责发生制（或修正的权责发生制）来记录和编辑数据[①]。

目前，泰国政府资产负债表中，除预算内中央政府部门的数据是采用修正后的权责发生制来记录和编辑外，预算外基金和机构、社保基金、地方政府等其他机构部门的数据均采用权责发生制来记录和编辑[②]。

二、数据来源

根据编制说明，泰国政府资产负债表的数据来源于以下机构单位，即泰国审计部门、公共债务管理办公室、财政政策办公室、技术和经济合作部、国家经济和社会部、泰国银行（中央银行）、国营企业政策办公室，以及曼谷直辖市和各地方政府当局[③]。

三、数据整理

编制政府资产负债表时，泰国财政部的数据整理工作主要涉及汇总、轧差与合并。

（一）汇总

汇总即将某一分部门中所有机构单位的存量进行加总，或将某一门类的所有分部门的资产或负债进行加总。例如，计算某一部门的总资产时，可将该部门所有类别资产的数值进行逐行加总等。

（二）轧差

轧差又称取净额，即一组流量（或存量）之和减去另一组流量（或存量）之和。例如，存货量变化时应轧差，用增加额减去提用额的净额表示存货量的总体变化；非金融资产存量应以剔除折旧、重估、枯竭和其他变化后的净额表示；金融资产的获得与处置时应轧差，以其净取得（或净损失）表示金融资产存量的总变化；负债的变化应在新增负债和偿还额之间进行轧差，以净值反映负债存量变化等。

---

① Thailand's Government Finance Statistics：Information on Methodology，Data Coverage，and Compilation Practices，第9页。

② 资料来源：泰国财政部工作层的补充材料。

③ Thailand's Government Finance Statistics：Information on Methodology，Data Coverage，and Compilation Practices，第18页。

（三）合并

合并是指冲销属于一个核算范围内的机构单位之间的存量或流量，即所有发生在拟合并处理单位之间的交易和借贷关系的消减。它包括两种类型的合并：一是在每一层级政府或每一政府分部门内，对它们之间的交易和借贷关系进行消减，例如，对预算部门内单位间的交易和借贷关系进行消减。二是跨政府层级或政府分部门地对两层级（或分部门）政府间的交易和借贷关系进行消减，如在预算内和预算外基金间的消减，以及中央政府和地方政府间的消减。

对泰国政府资产负债表而言，合并意味着当将预算中央政府、预算外基金和社保基金的数据合并形成中央政府数据时，它们之间相互的交易和借贷关系需要进行消减以避免重复计算。相似地，当中央政府和地方政府数据合并为广义政府部门数据时，也需要进行相应的消减①。

但在泰国财政部的编制实践中，如前所述，由于缺乏详细数据，尚未对各机构部门之间（如预算内中央政府部门与预算外基金之间）以及不同层级政府之间（如中央政府和地方政府之间）的交易和借贷关系进行冲减，因此也尚未编制合并后的中央政府部门或广义政府部门的资产负债表。

四、数据发布

编制后的泰国政府资产负债表通过新闻稿、财政部和财政政策办公室的公开网站，以及财政政策办公室出版的财政报告等各种渠道发布，发布时间通常是下一财年第 6 个月的第一个工作日②。

第五节　对泰国政府资产负债表的初步分析

2010—2013 财年泰国政府资产负债表见表 9 - 3，我们从以下两个角度进行了分析。

---

① Thailand's Government Finance Statistics：Information on Methodology，Data Coverage，and Compilation Practices，第 17 页。

② Thailand's Government Finance Statistics：Information on Methodology，Data Coverage，and Compilation Practices，第 19 页。

表 9 – 3 **2010 财年至 2013 财年**

（分机构

项目	预算内中央政府部门			
	2013	2012	2011	2010
净值	5350583.6	4357284.2	4091641.1	3916282.7
非金融资产	5398540.0	4963343.9	4625542.4	4519124.5
金融资产	3725772.8	2908951.1	2646954.8	2304640.6
通货和存款	864863.7	797292.9	717967.4	581666.7
非股票证券	155604.7	144804.6	168330.8	127118.8
贷款	969439.3	152751.4	135527.2	84486.7
股票和其他股权	1642001.9	1645344.3	1548583.7	1438746.3
其他应收账款	93863.2	168757.9	76545.7	72622.2
负债	3773729.1	3515010.8	3180856.1	2907482.4
国内负债	3704983.0	3462363.3	2848403.1	2853294.7
非股票证券	3656969.6	3419850.9	2681176.2	2853294.7
贷款	48013.4	42512.4	167226.9	0
国外负债	68746.1	52647.6	332453.0	54187.7
非股票证券	3241.9	13163.9	299960.3	0
贷款	65504.2	39483.7	32492.7	54187.7

泰国政府资产负债表

部门）　　　　　　　　　　　　　　　　　　单位：百万泰铢

预算外基金和机构				社保基金			
2013	2012	2011	2010	2013	2012	2011	2010
1645972. 7	1478099. 5	1809822. 8	1761882. 4	1145374. 6	1018619. 4	897819. 1	795384. 0
23609. 2	22617. 8	28970. 0	30301. 7	0	0	0	0
1622363. 5	1455481. 7	1780852. 8	1731580. 7	1145374. 6	1018619. 4	897819. 1	795384. 0
185384. 2	197850. 7	176166. 1	183352. 6	220801. 1	18126. 3	21856. 3	19398. 2
0	4646. 5	58568. 0	54312. 7	1036249. 3	937753. 5	832648. 2	737024. 6
1387192. 9	1204778. 5	695774. 8	991780. 6	0	0	0	0
0	0	0	0	0	0	0	0
49786. 4	48206. 1	850343. 8	505134. 8	123494. 8	62739. 6	43314. 7	38961. 2
0	0	0	0	0	0	0	0
0	0	0	0	0	0	0	0
NA	NA	NA	NA	0	0	0	0
NA	NA	NA	NA	0	0	0	0
NA	NA	NA	NA	0	0	0	0
NA	NA	NA	NA	0	0	0	0
NA	NA	NA	NA	0	0	0	0

项目	中央政府			
	2013	2012	2011	2010
净值	8141930. 9	6854003. 1	6799283. 0	6473549. 0
非金融资产	5422149. 2	4985961. 7	4654512. 5	4549426. 1
金融资产	6493510. 8	5383052. 2	5325626. 6	4831605. 3
通货和存款	1271049. 0	1013269. 9	915989. 7	784417. 4
非股票证券	1191854. 0	1087204. 5	1059547. 0	915456. 1
贷款	2356632. 2	1357530. 0	831302. 0	1076267. 3
股票和其他股权	1642001. 9	1645344. 3	1548583. 7	1438746. 3
其他应收账款	267144. 4	279703. 5	970204. 2	616718. 2
负债	3773729. 1	3515010. 8	3180856. 1	2907482. 4
国内负债	3704983. 0	3462363. 3	2848403. 1	2853294. 7
非股票证券	3656969. 6	3419850. 9	2681176. 2	2853294. 7
贷款	48013. 4	42512. 4	167226. 9	0
国外负债	68746. 1	52647. 6	332453. 0	54187. 7
非股票证券	3241. 9	13163. 9	299960. 3	0
贷款	65504. 2	39483. 7	32492. 7	54187. 7

注：为清晰简明，上表略去了原表中数据均为“0”或均为“NA”的资产负债项；同时，由于2014

续表

地方政府				广义政府			
2013	2012	2011	2010	2013	2012	2011	2010
510163. 8	298320. 2	234623. 5	409733. 0	8652094. 7	7152323. 3	7033906. 4	6883282. 0
120459. 9	10723. 8	40803. 1	160423. 8	5542609. 1	4996685. 5	4695315. 6	4709849. 9
418678. 4	324509. 8	221628. 3	277117. 1	6912189. 2	5707562. 0	5547255. 0	5108722. 4
373419. 4	280310. 6	216578. 1	271272. 6	1644468. 4	1293580. 5	1132567. 8	1055690. 1
0	NA	0	545. 1	1191854. 0	1087204. 5	1059547. 0	916001. 2
0	NA	0	0	2356632. 2	1357530. 0	831302. 0	1076267. 3
1505. 6	638. 4	1461. 9	591. 9	1643507. 5	1645982. 7	1550045. 6	1439338. 2
43753. 4	43560. 8	3588. 3	4707. 5	310897. 8	323264. 3	973792. 5	621425. 7
28974. 5	36913. 4	27808. 0	27808. 0	NA	NA	NA	NA
28974. 5	36913. 4	27808. 0	27808. 0	3733957. 5	3499276. 7	2876211. 1	2881102. 7
0	0	0	0	3656969. 6	3419850. 9	2681176. 2	2853294. 7
28974. 5	36913. 4	27808. 0	27808. 0	76987. 9	79425. 7	195034. 9	27808. 0
0	0	0	0	68746. 1	52647. 6	332453. 0	54187. 7
0	0	0	0	3241. 9	13163. 9	299960. 3	0
0	0	0	0	65504. 2	39483. 7	32492. 7	54187. 7

财年数据尚未完全发布，上表仅包含 2009—2013 财年共 4 年的数据。

一、对泰国中央政府的分析

1. 泰国中央政府的净资产为正值并逐年增加

2010财年至2013年财年的4年间，泰国中央政府的净资产均为正值，并从2010财年的约6.5万亿泰铢增长到2013财年的8.1万亿泰铢，累计增长24.6%，反映泰国政府掌控的净资产逐年增加。其中，资产增长2.3亿泰铢，累计增幅为33.8%；负债增长0.9万亿泰铢，增幅为31%。

2. 中央政府资产中，金融资产略多于非金融资产，但金融资产增速远快于非金融资产

以2013财年为例，中央政府持有的金融资产约为6.5万亿泰铢，约占总资产的54.6%；非金融资产约为5.4万亿泰铢，占45.4%。2010财年至2013财年，金融资产增加1.7万亿泰铢，增幅为35.4%；非金融资产增加0.8万亿泰铢，增长17.3%，金融资产的增长远快于非金融资产的增长。

3. 中央政府各机构部门持有的主要金融资产各不相同

以2013财年为例，预算内部门持有的金融资产以“股票和其他股权”为主，占44%；其次为发放的贷款，占26%。预算外基金和机构持有的金融资产以发放的贷款为主，占85.8%；其次为“通货和存款”，占11.7%。社保基金持有的金融资产以非股票证券为主，占90.4%。

4. 中央政府负债以国内负债为主，而国内负债的绝大部分为非股票证券（债券）

以2013财年为例，国内负债3.7万亿泰铢，占总负债3.8万亿泰铢的97%，而国外负债尚不足万亿泰铢。国内负债中，非股票证券负债占98.7%。

5. 预算内部门是泰国中央政府的主体

这反映在无论是资产还是负债，预算内政府部门所占比重都最大。2013财年，泰国预算内政府的资产存量为9.1万亿泰铢，分别是预算外基金和机构5.7倍，是社保基金的8.2倍；负债存量3.7万亿泰铢，占中央政府总负债的100%，即中央政府债务均为预算内部门举债。

二、对广义政府部门的分析

1. 泰国中央政府资产负债的体量远大于地方政府，拥有比地方政府雄厚很多的财富

以2013财年为例，泰国中央政府的总资产为11.9万亿泰铢，约为同期地方

政府总资产的22倍；负债总额为3.8万亿泰铢，约为同期地方政府负债的27倍。同时，中央政府拥有的净资产为8.1万亿泰铢，约为地方政府持有净资产的16倍，显示中央政府拥有比地方政府更雄厚的财富。

2. 地方政府的资产以金融资产为主，非金融资产很少且在2011财年和2012财年大量减少

2010财年至2013财年的4年间，地方政府持有的金融资产分别是同期非金融资产的1.7倍、5.4倍、29.5倍、3.4倍。地方政府持有的非金融资产很少，4年平均仅为830亿泰铢，且在2011财年和2012财年分别减少到400亿泰铢和100亿泰铢。

3. 泰国地方政府融资渠道单一，远不如中央政府融资渠道多样化

这反映在政府资产负债表中，地方政府只有“贷款”这一唯一的负债项目（其他项目存量均为“0”），而中央政府除获得贷款外，还可以发行非股票证券以及向国外举债等，融资渠道相对多元化。

参考文献

[1] 杜金富:《政府财政统计学》，北京，中国金融出版社，2008。

[2] 杜金富:《货币与金融统计学》，北京，中国金融出版社，2013。

[3] Thailand's Government Finance Statistics: Information on Methodology, Data Coverage, and Compilation Practices.

[4] Data Quality Assessment Framework (DQAF) for Government Finance Statistics.

[5] Definition of Government Institution.

[6] Detail Description of Balance Sheet Items.

附　表

不同国家（地区）非金融资产状况

国家	澳大利亚	奥地利	巴巴多斯	比利时	玻利维亚	加拿大	哥伦比亚	哥斯达黎加	捷克共和国	多米尼加共和国	萨尔瓦多	爱沙尼亚
最近年份	2010	2011	2010	2011	2007	2010	2010	2010	2011	2006	2010	2009
非金融资产	109.3	37.0	33.7	37.6	5.7	43.1	35.7	48.7	161.3	11.0	1.5	—
生产资产	40.7	37.0	17.3	37.6	3.3	33.9	27.4	0.9	138.8	10.8	1.0	—
固定资产	40.6	37.0	17.3	37.6	3.2	33.9	26.3	0.9	131.7	10.8	0.9	—
有形固定资产	38.6	36.8	—	37.5	3.1	33.9	—	—	131.4	—	—	3.8
住宅	0.5	0.2	13.7	0.0	2.8	0.9	22.6	0.6	5.7	9.3	0.4	—
其他建筑和构建物	33.3	34.1	—	35.7	—	—	—	—	122.0	—	—	—
非住宅建筑物	—	—	—	13.4	—	30.5	—	—	82.8	—	—	—
其他构建物	—	—	—	22.2	—	—	—	—	39.1	—	—	—
机器和设备	2.9	2.5	1.7	1.8	0.3	2.5	2.8	0.3	3.7	1.5	0.3	—
培育资产	0.0	—	—	0.0	—	—	—	—	0.0	—	—	—
无形固定资产	2.0	0.3	—	0.2	—	—	—	—	0.3	—	—	—
矿物开采	0.0	—	—	0.0	—	—	—	—	0.0	—	—	—
计算机软件	0.6	—	—	0.2	—	—	—	—	0.3	—	—	—
娱乐文化艺术原作	0.1	—	—	0.0	—	—	—	—	0.0	—	—	—
其他无形固定资产	1.3	—	—	—	—	—	—	—	0.0	—	—	—
库存	0.1	—	—	—	0.1	0.0	1.0	—	7.0	—	0.1	—

续表

国家	澳大利亚	奥地利	巴巴多斯	比利时	玻利维亚	加拿大	哥伦比亚	哥斯达黎加	捷克共和国	多米尼加共和国	萨尔瓦多	爱沙尼亚
贵重物品	—	—	—	—	—	—	0.1	—	0.1	—	—	—
非生产资产	68.6	—	16.5	—	2.4	—	8.3	47.8	22.5	0.2	0.5	—
有形非生产资产	68.6	—	16.4	—	2.4	—	8.3	47.8	19.7	0.2	0.5	—
土地	21.9	—	16.4	—	2.4	9.2	4.4	47.8	19.7	0.2	0.5	—
地下资产	46.0	—	—	—	—	—	4.0	—	0.0	—	—	—
非培育生物/水资源	0.7	—	—	—	—	—	—	—	0.0	—	—	—
无形非生产资产	0.0	—	0.1	—	—	—	—	—	2.8	—	—	—
数据来源	OECD/Eurosta	OECD	GFS	GFS	OECD	GFS	GFS	OECD/Eurosta	OECD/Eurosta	GFS	OECD/Eurosta	OECD/GFS
国家	芬兰	法国	德国	中国香港	匈牙利	以色列	意大利	日本	韩国	拉脱维亚	立陶宛	
最近年份	2011	2011	2011	2010	2010	2007	2010	2010	2010	2010	2011	
非金融资产	47.7	88.3	43.4	18.3	115.1	37.8	—	120.2	127.9	184.0	57.2	
生产资产	47.7	54.4	43.4	18.2	115.1	37.8	—	94.3	57.1	168.8	57.2	
固定资产	47.7	53.5	43.4	18.1	115.1	37.4	—	93.9	56.6	166.4	57.2	
有形固定资产	47.5	53.1	43.3	—	114.9	—	—	94.2	56.5	165.9	56.8	
住宅	0.6	2.9	1.3	15.0	3.5	0.0	3.5	91.4	—	1.6	2.1	
其他建筑和构建物	44.2	48.9	40.7	—	105.9	35.3	—	—	—	160.4	51.8	
非住宅建筑物	19.6	18.2	—	—	—	—	—	—	—	—	—	
其他构建物	24.6	30.7	—	—	—	—	—	—	—	—	—	

续表

国家	芬兰	法国	德国	中国香港	匈牙利	以色列	意大利	日本	韩国	拉脱维亚	立陶宛	
机器和设备	2.7	1.3	1.3	0.6	5.5	—	—	2.2	—	3.9	3.0	
培育资产	—	0.0	0.0	—	0.0	0.0	—	—	—	—	—	
无形固定资产	0.2	0.4	0.2	—	0.2	—	—	—	0.1	0.6	0.4	
矿物开采	—	0.0	—	—	—	—	—	—	—	—	—	
计算机软件	0.2	0.4	—	—	0.2	—	—	—	—	0.3	—	
娱乐文化艺术原作	—	0.0	—	—	—	—	—	—	—	0.1	—	
其他无形固定资产	—	0.0	—	—	—	—	—	—	—	0.1	—	
库存	—	0.9	—	0.1	—	0.3	—	0.4	0.5	2.3	—	
贵重物品	—	0.0	—	—	—	—	—	—	—	—	—	
非生产资产	—	33.9	—	—	—	—	—	26.0	69.3	15.2	—	
有形非生产资产	—	33.9	—	—	—	—	—	26.0	69.3	—	—	
土地	—	33.8	—	—	—	—	—	26.0	69.3	—	—	
地下资产	—	0.1	—	—	—	—	—	—	4.9	—	—	
非培育生物/水资源	—	0.0	—	—	—	—	—	—	1.0	—	—	
无形非生产资产	—	0.0	—	—	—	—	—	—	—	—	—	
数据来源	OECD/Eurostat	OECD/Eurostat	OECD/Eurostat	GFS	OECD/Eurostat	OECD	OECD/Eurostat	GFS	National source	Eurostat	Eurostat	

续表

国家	卢森堡	荷兰	新西兰	挪威	波兰	俄罗斯	斯洛伐克共和国	斯洛文尼亚	瑞典	瑞士	英国	美国
最近年份	2010	2011	2010	2010	2010	2010	2010	2011	2010	2009	2011	2011
非金融资产	87. 3	99. 4	94. 0	46. 5	—	46. 3	74. 4	51. 2	—	23. 2	49. 2	66. 3
生产资产	87. 3	63. 6	—	46. 5	—	43. 8	66. 8	51. 2	—	19. 9	49. 2	66. 3
固定资产	87. 3	63. 5	—	46. 5	—	38. 8	66. 0	51. 2	—	19. 8	49. 2	66. 3
有形固定资产	87. 0	63. 2	—	—	—	—	—	50. 2	—	—	49. 2	65. 8
住宅	0. 2	0. 5	—	43. 0	4. 2	17. 1	61. 2	5. 5	0. 3	18. 6	0. 6	2. 2
其他建筑和构建物	83. 7	59. 9	—	—	—	—	—	40. 8	—	—	46. 4	60. 7
非住宅建筑物	42. 7	17. 1	—	—	—	—	—	23. 9	—	—	17. 9	30. 0
其他构建物	41. 0	42. 9	—	—	—	—	—	17. 0	—	—	28. 5	30. 7
机器和设备	3. 0	2. 8	—	3. 5	—	5. 0	4. 3	3. 8	—	1. 1	2. 1	2. 9
培育资产	0. 0	0. 0	—	—	—	—	—	0. 0	—	—	0. 1	—
无形固定资产	0. 3	0. 3	—	—	—	—	—	1. 0	—	—	0. 0	0. 5
矿物开采	0. 0	0. 0	—	—	—	—	—	—	—	—	—	—
计算机软件	0. 3	0. 3	—	—	—	—	—	0. 4	—	—	—	0. 5
娱乐文化艺术原作	0. 0	0. 0	—	—	—	—	—	0. 0	—	—	—	—
其他无形固定资产	0. 0	0. 0	—	—	—	16. 7	—	0. 5	—	0. 1	0. 0	—
库存	—	0. 1	—	—	—	5. 0	0. 8	—	—	0. 1	0. 0	—
贵重物品	—	—	—	—	—	—	0. 0	—	—	—	—	—
非生产资产	—	35. 7	—	—	—	—	7. 6	—	—	3. 3	—	—
有形非生产资产	—	35. 7	—	—	—	2. 6	7. 6	—	—	3. 3	—	—
土地	—	9. 0	—	—	—	0. 1	7. 5	—	—	3. 3	—	—
地下资产	—	26. 8	—	—	—	—	—	—	—	—	—	—
非培育生物/水资源	—	—	—	—	—	2. 5	—	—	—	—	—	—
无形非生产资产	—	—	—	—	—	—	—	—	—	0. 0	—	—
数据来源	OECD/Eurostat	OECD	GFS	GFS	OECD	GFS	GFS	OECD/Eurostat	OECD/Eurostat	GFS	OECD/Eurostat	OECD/GFS